Michael Wittschier

BASISWISSEN ABITUR

PHILOSOPHIE

Texte – Positionen – Methoden – Tests

zum Abitur ab 2014

bsv patmos

Basiswissen Abitur Philosophie
Texte – Positionen – Methoden – Tests

erarbeitet von Michael Wittschier

Redaktion:	Berthold Frinken
Bildredaktion:	Bettina Schaschke
Umschlaggestaltung:	MT-Vreden, Vreden
Technische Umsetzung:	Rainer Moers, Viersen

www.oldenbourg-bsv.de

1. Auflage, 1. Druck 2013

Druck: H. Heenemann, Berlin

ISBN 978-3-7627-0555-0

Inhalt gedruckt auf säurefreiem Papier aus nachhaltiger Forstwirtschaft.

Inhaltsverzeichnis

Vorwort 7

Probleme des menschlichen Handelns – Ethik 8

1.1 Übersicht: Normative Ethik - Metaethik 8
1.2 Übersicht: Der naturalistische Fehlschluss 9
1.3 Übersicht: Außermoralische und moralische Werturteile 9
1.4 Übersicht: Wollen und Tun 10
1.5 Übersicht: Stufen des moralischen Bewusstseins - L. Kohlberg 11

Moralität und Freiheit 12

2.1 **Immanuel Kant** - Leben 12
2.2 *Grundlegung zur Metaphysik der Sitten/Kritik der praktischen Vernunft* 13
2.3 Übersicht: Einteilung der Philosophie 14
2.4 Übersicht: Der gute Wille - Pflichten 15
2.5 Übersicht: Vernunft - Neigungen - Wille 18
2.6 Übersicht: Der kategorische Imperativ - Pflichten 21
2.7 Übersicht: Autonomie - Freiheit - Würde 25
2.8 Zusammenfassung und Kritik 27
2.9 Test 30

Freiheit und Verantwortung 31

3.1 **Hans Jonas** - Leben 31
3.2 *Das Prinzip Verantwortung* 32
3.3 Übersicht: Der kategorische Imperativ: alt und neu 34
3.4 Zusammenfassung und Kritik 36
3.5 Test 37

Positionen des Utilitarismus 38

4.1 **Jeremy Bentham** - Leben 38
4.2 Jeremy Bentham als Autoikone 39
4.3 *Eine Einführung in die Prinzipien der Moral und der Gesetzgebung* 40
4.4 Übersicht: Das Prinzip der Nützlichkeit 41
4.5 Übersicht: Glückskalkül 43
4.6 Übersicht: Prinzipien des Utilitarismus 46
4.7 Zusammenfassung und Kritik 48
4.8 Test 50

5.1 **John Stuart Mill** - Leben 51
5.2 *Der Utilitarismus* 52
5.3 Übersicht: Der Utilitarimus 57
5.4 Zusammenfassung und Kritik 59
5.5 Test 61

Probleme von Politik, Recht, Staat und Gesellschaft ... 62

6.1 Elemente des Staates ... 62
6.2 Verschiedene Rechtsauffassungen ... 63

Recht, Macht und Gewalt ... 64

7.1 **Thomas Hobbes** - Leben ... 64
7.2 Titelbild »Leviathan« ... 65
7.3 *Leviathan* ... 66
7.4 Übersicht: Naturzustand ... 67
7.5 Übersicht: Naturrecht und Naturgesetz ... 71
7.6 Übersicht: Leviathan ... 73
7.7 Zusammenfassung und Kritik ... 80
7.8 Test ... 82

8.1 **Hannah Arendt** - Leben ... 83
8.2 *Macht und Gewalt* ... 84
8.3 Übersicht: Volk und Macht ... 85
8.4 Übersicht: Herrschaftsformen ... 88
8.5 Übersicht: Mensch und Politik ... 93
8.6 Zusammenfassung und Kritik ... 95
8.7 Test ... 98

Recht und Gerechtigkeit ... 99

9.1 **John Rawls** - Leben ... 99
9.2 *Eine Theorie der Gerechtigkeit* ... 100
9.3 Übersicht: Gerechtigkeit als Fairness ... 103
9.4 Zusammenfassung und Kritik ... 108
9.5 Test ... 110

Probleme des Denkens, Erkennens und der Wissenschaft ... 111

10.1 Übersicht: Objektivität der Erkenntnis ... 111
10.2 Übersicht: Primäre Erkenntnisquelle ... 112
10.3 Übersicht: Positionen der Erkenntnistheorie: Platon - Hume - Popper ... 112

Grundlagen der Erkenntnis ... 113

11.1 **Platon** - Leben ... 113
11.2 *Der Staat (Höhlen-, Sonnen- und Liniengleichnis)* ... 114
11.3 Übersicht: Höhlengleichnis ... 115
11.4 Übersicht: Sonnengleichnis und das platonische Dreieck ... 121
11.5 Übersicht: Liniengleichnis ... 122
11.6 Zusammenfassung und Kritik ... 124
11.7 Test ... 126

12.1 **René Descartes** - Leben 127
12.2 *Meditationen* 128
12.3 Übersicht: Titel und Zweifel 128
12.4 Übersicht: Zweifelsweg 1. Meditation 132
12.5 Übersicht: Cogito, ergo sum 135
12.6 Übersicht: Rationalismus und Objektivität 138
12.7 Übersicht: Gottesbeweis 141
12.8 Zusammenfassung und Kritik 142
12.9 Test 145

13.1 **John Locke** - Leben 146
13.2 *Versuch über den menschlichen Verstand* 147
13.3 Übersicht: Erkenntnisquellen 150
13.4 Übersicht: Realität des Wissens 155
13.5 Zusammenfassung und Kritik 158
13.6 Test 161

Wissenschaftliche Verfahrensweisen 162

14.1 **Karl Popper** - Leben 162
14.2 *Logik der Forschung/Objektive Erkenntnis* 163
14.3 Übersicht: Induktion und Falsifikation 163
14.4 Übersicht: Reformulierung des Induktionsproblems 167
14.5 Übersicht: Kübeltheorie und Kontrollpeilungen 169
14.6 Zusammenfassung und Kritik 172
14.7 Test 174

Abituranforderungen 175

15.1 Philosophie-Operatoren 175
15.2 Argumentationsanalyse mit Hilfe performativer Verben 176
15.3 Argumentationsanalyse - Beispielaufgabe und Lösung 178

Tests: Lösungen 181

Schränkte das Lernen sich auf bloßes Empfangen ein,
so wäre die Wirkung nicht viel besser,
als wenn wir Sätze auf das Wasser schrieben.

G. W. F. Hegel

Vorwort

Dieses Buch ist eine Verständnis-, Lern- und Übungshilfe für alle Schülerinnen und Schüler, die sich für die grundlegenden Positionen, Texte und Methoden der Philosophie interessieren oder sich effektiv auf das Zentralabitur[1] vorbereiten wollen.
Die Texte wurden so ausgewählt, dass sie in sich verständlich und zugleich repräsentativ für die Auffassung des jeweiligen Philosophen sind, dessen Leben und Werk zu Beginn jedes Kapitels kurz vorgestellt wird. Für den unterrichtlichen Zusammenhang können sie didaktisch noch weiter reduziert werden. Im »Textschlüssel Philosophie«[2] finden sich eine Vielzahl interessanter Methoden für ihre Erschließung.
Alle Texte wurden mit hilfreich-erläuternden Randbemerkungen (Marginalien) versehen, und jede philosophische Position wird mit Hilfe von Grafiken veranschaulicht.
Diese lassen sich sowohl für die Texterarbeitung einsetzen[3] als auch für die Ergebnissicherung.
Am Ende jedes Kapitels findet man die wesentlichen Gedanken des vorgestellten Philosophen noch einmal kurz und verständlich zusammengefasst, und das bereits erworbene Wissen kann man mit Hilfe eines Tests überprüfen.
Als zusätzliche Verständnishilfe sind die Schaubilder zu den Themenbereichen Ethik, Politik und Erkenntnistheorie gedacht.
Dieses Lern- und Übungsbuch enthält auch wichtige Tipps für das Verfassen von Inhaltsangaben philosophischer Texte unter Berücksichtigung von Aspekten der Sprechakttheorie.
Ich hoffe, dass die angebotenen Verständnishilfen zu einem erfolgreichen Schulabschluss im Abiturfach Philosophie beitragen.

Wipperfürth im Oktober 2012 Michael Wittschier

1 Die vorliegende Textauswahl deckt alle obligatorischen inhaltlichen Schwerpunkte des Zentralabiturs NRW ab 2014 für den Grundkursbereich ab. Die veränderten Vorgaben der Obligatorik haben eine Neuauflage notwendig gemacht.

2 Michael Wittschier, Textschlüssel Philosophie – 30 Erschließungsmethoden mit Beispielen, München (bsv/Patmos) 2010

3 Vgl. dazu Modul 1.5 im ›Textschlüssel Philosophie‹

Probleme des menschlichen Handelns – Ethik

1.1 Normative Ethik – Metaethik

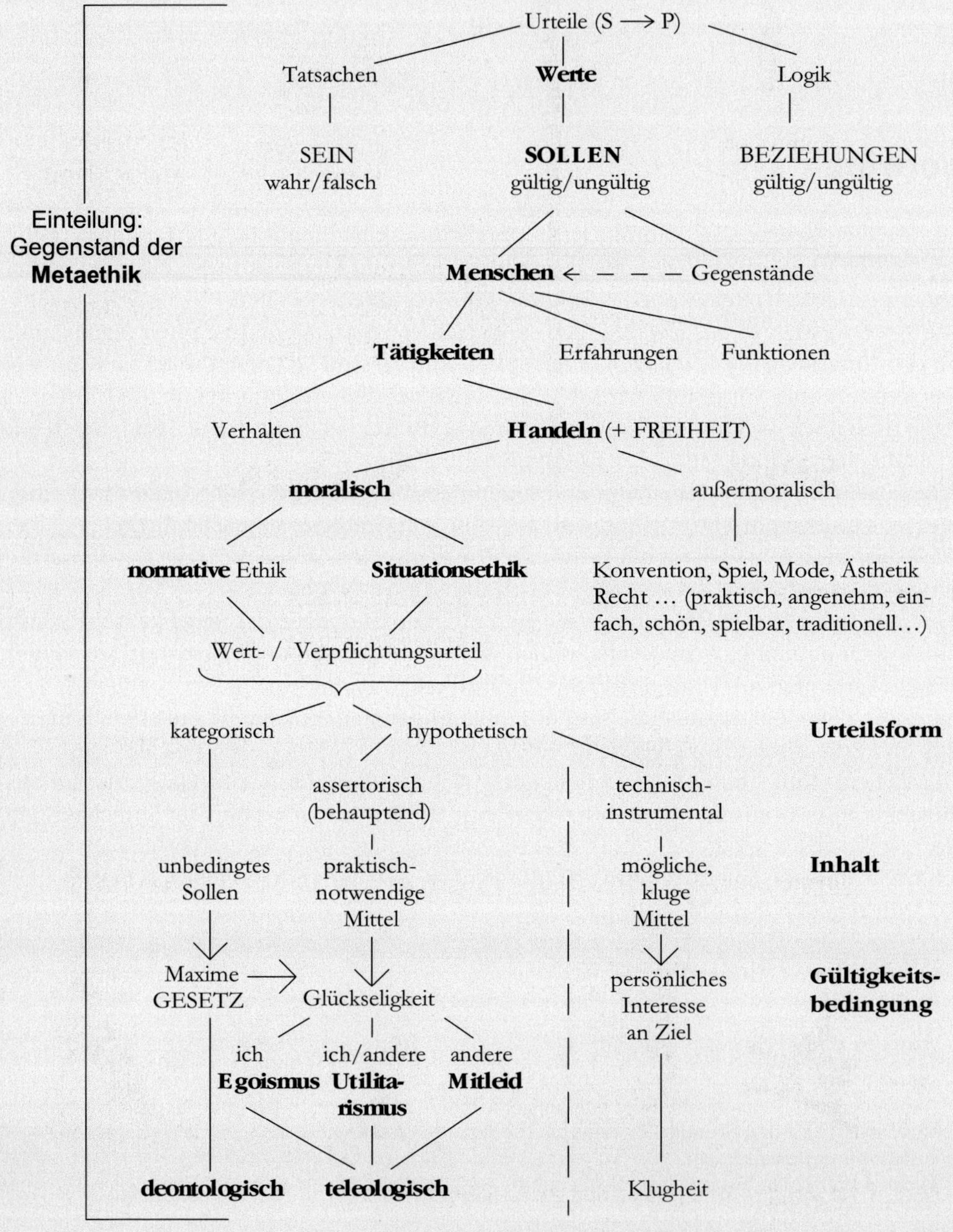

1.2 Der naturalistische Fehlschluss

TATSACHEN

Konrad lutscht am Daumen.

?

WERTE

Lutsche nicht am Daumen mehr! — Verpflichtungsurteil

Kinder sollen niemals am Daumen lutschen! — Grundsatz

?

SEIN | **SOLLEN**

1.3 Außermoralische und moralische Werturteile

WERTURTEILE

- außermoralisch
  - unsachgemäß
  - brav
  - unklug
- moralisch
  - gewalttätig

kein böser Junge

kein gutes Mädchen

kein böser Junge

ein böser Junge

1.4 Wollen und Tun

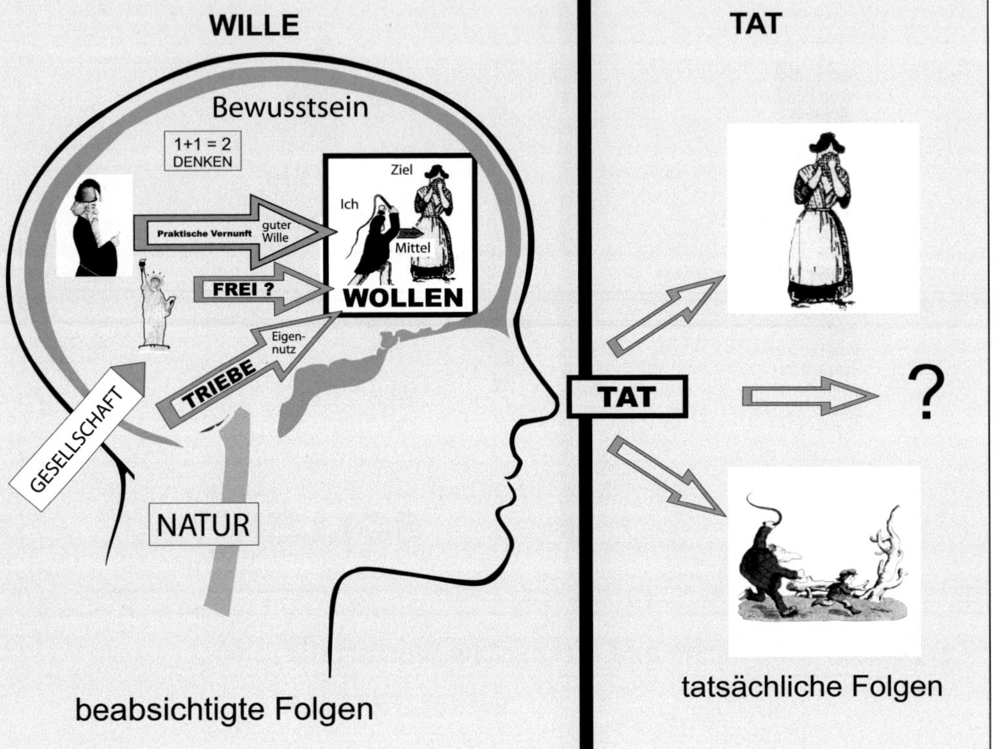

1.5 Stufen des moralischen Bewusstseins – L. Kohlberg

Stufe universalethischer Prinzipien: gesamte Menschheit

Stufe des Sozialvertrags, sozialen Nutzens, individueller Rechte: Prinzipien, Verfassung

PRO: Heinz sollte das Medikament stehlen, da das Recht auf Leben das Recht auf Eigentum verdrängt oder sogar übersteigt.

CONTRA: Man sollte das Gesetz achten, weil das Gesetz die grundlegenden Rechte einzelner gegenüber anderen sichert, die diese verletzen.

Stufe des sozialen Systems: Verpflichtungen der Gesellschaft nachkommen, Solidarität

PRO: Heinz sollte das Medikament stehlen, weil Menschen zum Nutzen der Gesellschaft Verantwortung für andere übernehmen müssen.

CONTRA: Man sollte das Gesetz achten, denn der Respekt vor dem Gesetz würde zerstört, wenn die Bürger meinen, sie könnten jederzeit Gesetze brechen, wenn sie nicht mit ihnen übereinstimmen.

Beziehungen und interpersonale Konformität: gute, nette Rolle spielen Regeln, Erwartungen folgen

PRO: Heinz sollte das Medikament stehlen, selbst wenn er seine Frau nicht mehr liebt oder es für einen Fremden ist, denn wir sollten bereit sein, anderen zu helfen.

CONTRA: Heinz sollte es nicht stehlen, um einen guten Eindruck in der Gemeinschaft zu hinterlassen.

Individuelle Stufe → instrumentelle Absichten: faire Abmachungen, Marktplatzsituation

PRO: Heinz sollte das Medikament stehlen, weil seine Frau ihm eines Tages auch einen Gefallen tun könnte.

CONTRA: Heinz sollte es nicht stehlen, wenn er seine Frau nicht mehr liebt, wäre es die ganzen Schwierigkeiten nicht wert.

Stufe des heteronomen Urteilens: blinder Gehorsam, Vermeiden von Strafe

PRO: Heinz sollte das Medikament stehlen, weil seine Frau vielleicht eine bedeutende Persönlichkeit ist oder sehr viele Möbel besitzt.

CONTRA: Heinz sollte es nicht stehlen, da er dafür ins Gefängnis kommen kann.

(eher) emotional		(eher) rational
präkonventionelle Ebene	konventionelle Ebene	postkonventionelle Ebene

„Irgendwo in Europa stand eine Krebskranke kurz vor dem Tode. Es gab ein Medikament, das sie hätte retten können, eine Radiumverbindung, die ein Apotheker der Stadt vor kurzem entdeckt hatte. Der Apotheker verlangte dafür 2000 Dollar, das Zehnfache dessen, was ihn die Herstellung des Medikaments kostete. Der Mann der kranken Frau, Heinz, bat alle seine Bekannten, ihm Geld zu borgen, aber er konnte nur etwa die Hälfte des Preises zusammenbringen. Er sagte dem Apotheker, dass seine Frau im Sterben liege, und bat ihn, ihm das Medikament billiger zu verkaufen oder ihn später bezahlen zu lassen. Aber der Apotheker sagte ‚Nein'. In seiner Verzweiflung brach der Ehemann in die Apotheke ein und stahl das Medikament für seine Frau. Sollte er das tun? Warum?“

Moralität und Freiheit

2.1 Immanuel Kant – Leben

* 22. April 1724, Königsberg
† 12. Februar 1804, Königsberg

Immanuel Kant ist in vielerlei Hinsicht der einflussreichste und wichtigste Philosoph der letzten Jahrhunderte. Der deutsche Dichter Heinrich Heine hat ihn als einen ›zerstörenden, weltzermalmenden‹ Denker bezeichnet. Trotzdem gelten seine Überlegungen zur Moralphilosophie, Erkenntnistheorie, Ästhetik, Anthropologie und Weltpolitik bis heute als bahnbrechend und grundlegend für jedes weitere Nachdenken.
Das vierte Kind eines einfachen, pietistischen Sattlers besuchte das Collegium Fridericianum in Königsberg und war bereits im Alter von 16 Jahren Student an der Albertina, der Königsberger Universität.
Dort hörte er in der Zeit zwischen 1740 und 1746 Vorlesungen in Theologie, Philosophie, Mathematik und Physik. Nach dem Tode seines Vaters übernahm er neun Jahre lang eine Stelle als Hauslehrer in der näheren Umgebung seiner Heimatstadt. Seit 1755 war er Privatdozent an der Universität zu Königsberg für die Fächer Logik, Metaphysik, Anthropologie, Moralphilosophie, Theologie, Mathematik, Physik, Mechanik, Geographie, Pädagogik und Naturrecht.
Seine Vorlesungen waren gut besucht, obwohl sie von 7.00 bis 9.00 Uhr morgens stattfanden, und die Art seines Vortrags wurde von den Studenten hoch geschätzt. Erst im Alter von 46 Jahren erhielt Immanuel Kant eine Stelle als ordentlicher Professor für Metaphysik und Logik in Königsberg, und erst elf Jahre später (1781) erschien sein 1. Hauptwerk, die ›Kritik der reinen Vernunft‹. In rascher Folge erschienen seine anderen großen ›Kritiken‹ (praktische Vernunft [1788]/Urteilskraft [1790]) und etwas später die ›Metaphysik der Sitten‹ (1797).
Wegen seiner schwächlichen körperlichen Konstitution verordnete sich Kant einen streng eingeteilten Tagesablauf, den er bis auf eine Ausnahme über 40 Jahre lang einhielt. Als er J. J. Rousseaus Erziehungsroman ›Emile‹ las, ließ er seinen Nachmittagsspaziergang ausfallen.
Bis zum Ende seiner Lehrtätigkeit im Jahre 1797 hatte Kant Probleme mit

der Zensurbehörde. Er starb fast 80-jährig in seiner Vaterstadt Königsberg und wurde unter großer Anteilnahme der Bevölkerung am Dom begraben.

2.2 Immanuel Kant – Grundlegung zur Metaphysik der Sitten – Kritik der praktischen Vernunft

Grundlegung zur Metaphysik der Sitten (1785)
Vorrede

Die Einteilung der Philosophie

Die alte griechische Philosophie teilte sich in drei Wissenschaften ab: Die Physik, die Ethik und die Logik. (...)

materiale und formale Vernunfterkenntnis

Gesetze der Natur und der Freiheit

Alle Vernunfterkenntnis ist entweder material, und betrachtet irgendein Objekt; oder formal, und beschäftigt sich bloß mit der Form des Verstandes und der Vernunft selbst, und den allgemeinen Regeln des Denkens überhaupt, ohne Unterschied der Objekte. Die formale Philosophie heißt Logik, die materiale aber, welche es mit bestimmten Gegenständen und den Gesetzen zu tun hat, denen sie unterworfen sind, ist wiederum zwiefach. Denn diese Gesetze sind entweder Gesetze der Natur oder der Freiheit. Die Wissenschaft von der ersten heißt Physik, die der andern ist Ethik; jene wird auch Naturlehre, diese Sittenlehre genannt.

empirische und reine Philosophie

Man kann alle Philosophie, so fern sie sich auf Gründe der Erfahrung fußt, empirische, die aber, so lediglich aus Prinzipien a priori[1] ihre Lehren vorträgt, reine Philosophie nennen. (...)

Metaphysik der Natur und der Sitten

Auf solche Weise entspringt die Idee einer zwiefachen Metaphysik, einer Metaphysik der Natur und einer Metaphysik der Sitten. Die Physik wird also ihren empirischen, aber auch einen rationalen Teil haben; die Ethik gleichfalls; wiewohl hier der empirische Teil besonders praktische Anthropologie, der rationale aber eigentlich Moral heißen könnte. (...)

Es ist notwendig mit Hilfe der Metaphysik der Sitten ein Moralgesetz aufzustellen

Moralgesetz gilt notwendig und allgemein

Da meine Absicht hier eigentlich auf die sittliche Weltweisheit gerichtet ist, so schränke ich die vorgelegte Frage nur darauf ein: ob man nicht meine, dass es von der äußersten Notwendigkeit sei, einmal eine reine Moralphilosophie zu bearbeiten, die von allem, was nur empirisch sein mag und zur Anthropologie gehört, völlig gesäubert wäre; denn, dass es eine solche geben müsse, leuchtet von selbst aus der gemeinen Idee der Pflicht und der sittlichen Gesetze ein. Jedermann muss eingestehen, dass ein Gesetz, wenn es moralisch, d.i.[2] als Grund einer Verbindlichkeit, gelten soll, absolute Notwendigkeit bei sich führen müsse; dass das Gebot: du sollst nicht lügen, nicht etwa bloß für Menschen gelte, andere

1 a priori: (lat.) vom Früheren her, hier: unabhängig, vor aller Erfahrung
2 d.i.: das ist

Erfahrungen erlauben nur eine praktische Regel

vernünftige Wesen sich aber daran nicht zu kehren hätten; und so alle übrige eigentliche Sittengesetze; dass mithin der Grund der Verbindlichkeit hier nicht in der Natur des Menschen, oder den Umständen in der Welt, darin er gesetzt ist, gesucht werden müsse, sondern a priori lediglich in Begriffen der reinen Vernunft, und dass jede andere Vorschrift, die sich auf Prinzipien der bloßen Erfahrung gründet, und sogar eine in gewissem Betracht allgemeine Vorschrift, so fern sie sich dem mindesten Teile, vielleicht nur einem Bewegungsgrunde nach, auf empirische Gründe stützt, zwar eine praktische Regel, niemals aber ein moralisches Gesetz heißen kann. (...)

Ohne Moralgesetz ist die Sittlichkeit gefährdet

Eine Metaphysik der Sitten ist also unentbehrlich notwendig, nicht bloß aus einem Bewegungsgrunde der Spekulation, um die Quelle der a priori in unserer Vernunft liegenden praktischen Grundsätze zu erforschen, sondern weil die Sitten selber allerlei Verderbnis unterworfen bleiben, so lange jener Leitfaden und oberste Norm ihrer richtigen Beurteilung fehlt. (...)

Ziel der ›Grundlegung zur Metaphysik der Sitten‹

Gegenwärtige Grundlegung ist aber nichts mehr, als die Aufsuchung und Festsetzung des obersten Prinzips der Moralität (...)

2.3 Einteilung der Philosophie (Kant)

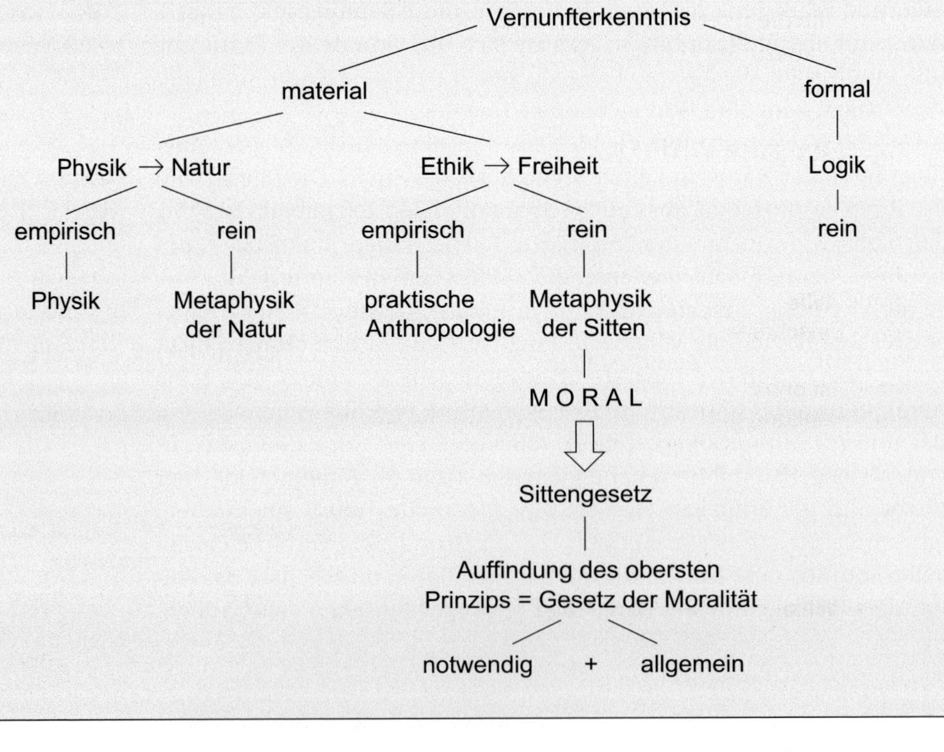

Erster Abschnitt
Übergang von der gemeinen sittlichen Vernunfterkenntnis zur philosophischen

Es ist überall nichts in der Welt, ja überhaupt auch außer derselben zu denken möglich, was ohne Einschränkung für gut könnte gehalten werden, als allein ein guter Wille. Verstand, Witz, Urteilskraft, und wie die Talente des Geistes sonst heißen mögen, oder Mut, Entschlossenheit, Beharrlichkeit im Vorsatze, als Eigenschaften des Temperaments, sind ohne Zweifel in mancher Absicht gut und wünschenswert; aber sie können auch äußerst böse und schädlich werden, wenn der Wille, der von diesen Naturgaben Gebrauch machen soll und dessen eigentümliche Beschaffenheit darum Charakter heißt, nicht gut ist. Mit den Glücksgaben ist es eben so bewandt. Macht, Reichtum, Ehre, selbst Gesundheit, und das ganze Wohlbefinden und Zufriedenheit mit seinem Zustande, unter dem Namen der Glückseligkeit, machen Mut und hiedurch öfters auch Übermut, wo nicht ein guter Wille da ist, der den Einfluss derselben aufs Gemüt, und hiemit auch das ganze Prinzip zu handeln, berichtige und allgemein-zweckmäßig mache; ohne zu erwähnen, dass ein vernünftiger unparteiischer Zuschauer sogar am Anblicke eines ununterbrochenen Wohlergehens eines Wesens, das kein Zug eines reinen und guten Willens zieret, nimmermehr ein Wohlgefallen haben kann, und so der gute Wille die unerlässliche Bedingung selbst der Würdigkeit, glücklich zu sein, auszumachen scheint. (...)

1. Satz: Nur der gute Wille ist uneingeschränkt gut

Natur- und Glücksgaben sind nur eingeschränkt gut

Der gute Wille als Bedingung für alle anderen Güter

2.4.1 Der gute Wille (Kant)

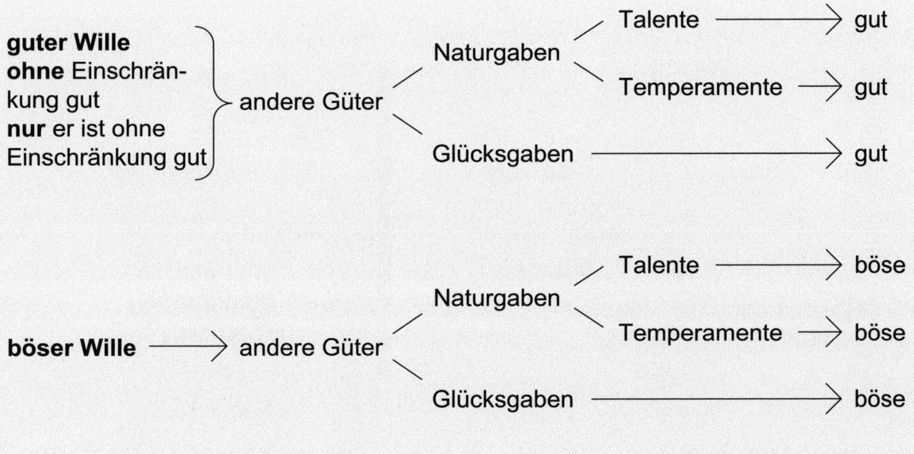

Der gute Wille ist allein durch sein Wollen gut, nicht aber als Mittel zu einem anderen Zweck oder wegen der durch ihn hervorgebrachten Folgen

Der gute Wille ist nicht durch das, was er bewirkt, oder ausrichtet, nicht durch seine Tauglichkeit zu Erreichung irgendeines vorgesetzten Zweckes, sondern allein durch das Wollen, d.i. an sich, gut, und, für sich selbst betrachtet, ohne Vergleich weit höher zu schätzen, als alles, was durch ihn zu Gunsten irgendeiner Neigung, ja, wenn man will, der Summe aller Neigungen, nur immer zu Stande gebracht werden könnte. Wenn gleich durch eine besondere Ungunst des Schicksals, oder durch kärgliche Ausstattung einer stiefmütterlichen Natur, es diesem Willen gänzlich an Vermögen fehlete, seine Absicht durchzusetzen; wenn bei seiner größten Bestrebung dennoch nichts von ihm ausgerichtet würde, und nur der gute Wille (freilich nicht etwa ein bloßer Wunsch, sondern als die Aufbietung aller Mittel, so weit sie in unserer Gewalt sind) übrig bliebe: so würde er wie ein Juwel doch für sich selbst glänzen, als etwas, das seinen vollen Wert in sich selbst hat. Die Nützlichkeit oder Fruchtlosigkeit kann diesem Werte weder etwas zusetzen, noch abnehmen. (...)

Der gute Wille ist mehr als ein frommer Wunsch

Der Begriff der Pflicht enthält den des guten Willens

Um aber den Begriff eines an sich selbst hochzuschätzenden und ohne weitere Absicht guten Willens, (...) zu entwickeln: wollen wir den Begriff der Pflicht vor uns nehmen, der den eines guten Willens, obzwar unter gewissen subjektiven Einschränkungen und Hindernissen, enthält. (...)

2.4.2 Pflichten (Kant)

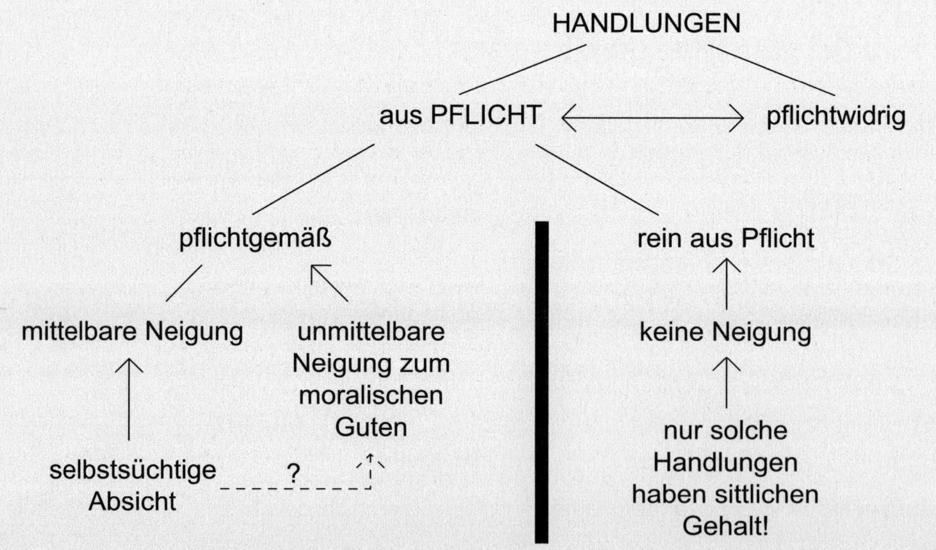

pflichtwidrige Handlungen

pflichtgemäße Handlungen und eigennützige Absicht

pflichtgemäße Handlungen und Neigung zur Pflicht

Der ehrliche, aber egoistische Kaufmann

Ich übergehe hier alle Handlungen, die schon als pflichtwidrig erkannt werden, ob sie gleich in dieser oder jener Absicht nützlich sein mögen; denn bei denen ist gar nicht einmal die Frage, ob sie aus Pflicht geschehen sein mögen, da sie dieser sogar widerstreiten. Ich setze auch die Handlungen bei Seite, die wirklich pflichtmäßig sind, zu denen aber Menschen unmittelbar keine Neigung haben, sie aber dennoch ausüben, weil sie durch eine andere Neigung dazu getrieben werden. Denn da lässt sich leicht unterscheiden, ob die pflichtmäßige Handlung aus Pflicht oder aus selbstsüchtiger Absicht geschehen sei. Weit schwerer ist dieser Unterschied zu bemerken, wo die Handlung pflichtmäßig ist und das Subjekt noch überdem unmittelbare Neigung zu ihr hat. Z.B. es ist allerdings pflichtmäßig, dass der Krämer seinen unerfahrnen Käufer nicht überteure, und, wo viel Verkehr ist, tut dieses auch der kluge Kaufmann nicht, sondern hält einen festgesetzten allgemeinen Preis für jedermann, so dass ein Kind eben so gut bei ihm kauft, als jeder anderer. Man wird also ehrlich bedient; allein das ist lange nicht genug, um deswegen zu glauben, der Kaufmann habe aus Pflicht und Grundsätzen der Ehrlichkeit so verfahren; sein Vorteil erforderte es; dass er aber überdem noch eine unmittelbare Neigung zu den Käufern haben sollte, um gleichsam aus Liebe keinem vor dem andern im Preise den Vorzug zu geben, lässt sich hier nicht annehmen. Also war die Handlung weder aus Pflicht, noch aus unmittelbarer Neigung, sondern bloß in eigennütziger Absicht geschehen.

Beispiel für eine Handlung rein aus Pflicht

Dagegen, sein Leben zu erhalten, ist Pflicht, und überdem hat jedermann dazu noch eine unmittelbare Neigung. Aber um deswillen hat die oft ängstliche Sorgfalt, die der größte Teil der Menschen dafür trägt, doch keinen innern Wert, und die Maxime[3] derselben keinen moralischen Gehalt. Sie bewahren ihr Leben zwar pflichtmäßig, aber nicht aus Pflicht. Dagegen, wenn Widerwärtigkeiten und hoffnungsloser Gram den Geschmack am Leben gänzlich weggenommen haben; wenn der Unglückliche, stark an Seele, über sein Schicksal mehr entrüstet, als kleinmütig oder niedergeschlagen, den Tod wünscht, und sein Leben doch erhält, ohne es zu lieben, nicht aus Neigung, oder Furcht, sondern aus Pflicht: alsdenn hat seine Maxime einen moralischen Gehalt. (...)

Pflicht zur Glückseligkeit

Seine eigene Glückseligkeit sichern, ist Pflicht (wenigstens indirekt), denn der Mangel der Zufriedenheit mit seinem Zustande, in einem Gedränge von vielen Sorgen und mitten unter unbefriedigten Bedürfnissen, könnte leicht eine große Versuchung zu Übertretung der Pflichten werden. (...)

2. Satz: Handlung aus Pflicht hat ihren Wert nicht in erzielter Wirkung

Der zweite Satz[4] ist: eine Handlung aus Pflicht hat ihren moralischen Wert nicht in der Absicht, welche dadurch erreicht werden soll, sondern in der Maxime, nach der sie beschlossen wird, hängt also nicht von der Wirklichkeit des Gegenstandes der Handlung ab, sondern bloß von dem Prinzip des Wollens, nach welchem die Handlung, unangesehen aller Gegenstände des Begehrungsvermögens, geschehen ist. (...)

2.5 Vernunft – Neigungen – Wille (Kant)

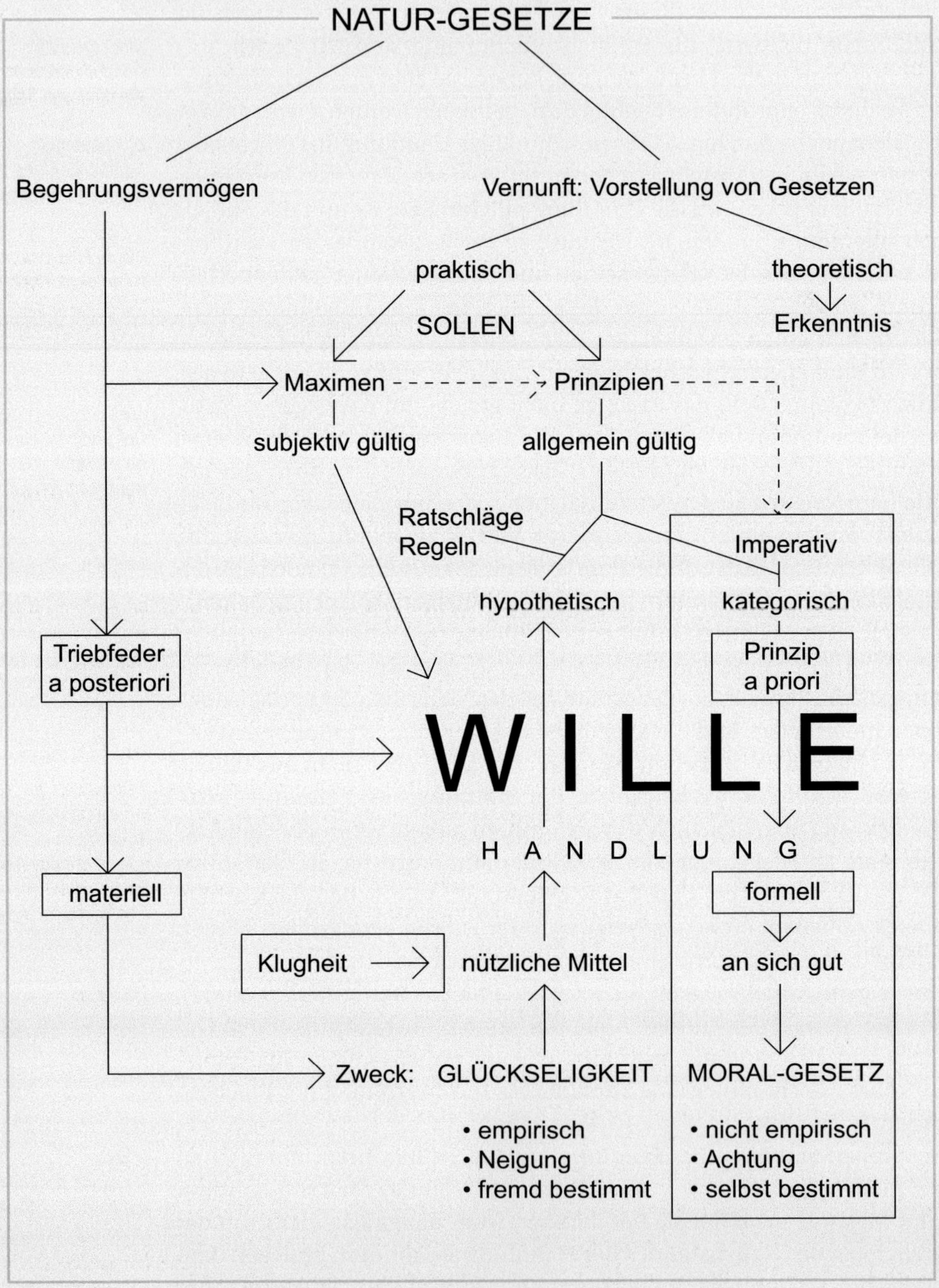

Worin kann also dieser Wert liegen, wenn er nicht im Willen, in Beziehung auf deren verhoffte Wirkung, bestehen soll? Er kann nirgend anders liegen, als im Prinzip des Willens, unangesehen der Zwecke, die durch solche Handlung bewirkt werden können; denn der Wille ist mitten inne zwischen seinem Prinzip a priori, welches formell ist, und zwischen seiner Triebfeder a posteriori, welche materiell ist, gleichsam auf einem Scheidewege, und, da er doch irgendwodurch muss bestimmt werden, so wird er durch das formelle Prinzip des Wollens überhaupt bestimmt werden müssen, wenn eine Handlung aus Pflicht geschieht, da ihm alles materielle Prinzip entzogen worden.

Der Wert einer Handlung aus Pflicht liegt allein im Wollen

Der Wille zwischen Vernunft und Neigung

Den dritten Satz, als Folgerung aus beiden vorigen, würde ich so ausdrücken: Pflicht ist die Notwendigkeit einer Handlung aus Achtung fürs Gesetz. Zum Objekte als Wirkung meiner vorhabenden Handlung kann ich zwar Neigung haben, aber niemals Achtung, eben darum, weil sie bloß eine Wirkung und nicht Tätigkeit eines Willens ist. (...)

3. Satz: Pflicht ist die Notwendigkeit einer Handlung aus Achtung fürs Gesetz

Da ich den Willen aller Antriebe beraubet habe, die ihm aus der Befolgung irgendeines Gesetzes entspringen könnten, so bleibt nichts als die allgemeine Gesetzmäßigkeit der Handlungen überhaupt übrig, welche allein dem Willen zum Prinzip dienen soll, d.i. **ich soll niemals anders verfahren, als so, dass ich auch wollen könne, meine Maxime solle ein allgemeines Gesetz werden**. Hier ist nun die bloße Gesetzmäßigkeit überhaupt (ohne irgendein auf gewisse Handlungen bestimmtes Gesetz zum Grunde zu legen) das, was dem Willen zum Prinzip dient, und ihm auch dazu dienen muss, wenn Pflicht nicht überall ein leerer Wahn und chimärischer Begriff sein soll; hiemit stimmt die gemeine Menschenvernunft in ihrer praktischen Beurteilung auch vollkommen überein, und hat das gedachte Prinzip jederzeit vor Augen.

Der kategorische Imperativ

Die Frage sei z. B.: darf ich, wenn ich im Gedränge bin, nicht ein Versprechen tun, in der Absicht, es nicht zu halten? Ich mache hier leicht den Unterschied, den die Bedeutung der Frage haben kann, ob es klüglich, oder ob es pflichtmäßig sei, ein falsches Versprechen zu tun. Das erstere kann ohne Zweifel öfters stattfinden. Zwar sehe ich wohl, dass es nicht genug sei, mich vermittelst dieser Ausflucht aus einer gegenwärtigen Verlegenheit zu ziehen, sondern wohl überlegt werden müsse, ob mir aus dieser Lüge nicht hinterher viel größere Ungelegenheit entspringen könne, als die sind, von denen ich mich jetzt befreie, und, da die Folgen bei aller meiner vermeinten Schlauigkeit nicht so leicht vorauszusehen sind, dass nicht ein einmal verlornes Zutrauen mir weit nachteiliger werden könnte, als alles Übel, das ich jetzt zu vermeiden gedenke, ob es nicht klüglicher gehandelt sei, hierbei nach einer allgemeinen Maxime zu verfahren, und es sich zur Gewohnheit zu machen, nichts zu versprechen, als in der Absicht, es zu halten. Allein es leuchtet mir hier bald ein, dass eine solche Maxime doch immer nur die besorglichen Folgen zum Grunde habe. Nun ist es doch etwas ganz anderes, aus Pflicht wahrhaft

Anwendung des kategorischen Imperativs: Kann die kluge Maxime der Notlüge zum Moralgesetz werden?

Die Maxime der Notlüge orientiert sich an den Folgen

zu sein, als aus Besorgnis der nachteiligen Folgen; indem, im ersten Falle, der Begriff der Handlung an sich selbst schon ein Gesetz für mich enthält, im zweiten ich mich allererst anderwärtsher umsehen muss, welche Wirkungen für mich wohl damit verbunden sein möchten. Denn, wenn ich von dem Prinzip der Pflicht abweiche, so ist es ganz gewiss böse; werde ich aber meiner Maxime der Klugheit abtrünnig, so kann das mir doch manchmal sehr vorteilhaft sein, wiewohl es freilich sicherer ist, bei ihr zu bleiben. Um indessen mich in Ansehung der Beantwortung dieser Aufgabe, ob ein lügenhaftes Versprechen pflichtmäßig sei, auf die allerkürzeste und doch untrügliche Art zu belehren, so frage ich mich selbst: würde ich wohl damit zufrieden sein, dass meine Maxime (mich durch ein unwahres Versprechen aus Verlegenheit zu ziehen) als ein allgemeines Gesetz (sowohl für mich als andere) gelten solle, und würde ich wohl zu mir sagen können: es mag jedermann ein unwahres Versprechen tun, wenn er sich in Verlegenheit befindet, daraus er sich auf andere Art nicht ziehen kann? So werde ich bald inne, dass ich zwar die Lüge, aber ein allgemeines Gesetz zu lügen gar nicht wollen könne; denn nach einem solchen würde es eigentlich gar kein Versprechen geben, weil es vergeblich wäre, meinen Willen in Ansehung meiner künftigen Handlungen andern vorzugeben, die diesem Vorgeben doch nicht glauben, oder, wenn sie es übereilter Weise täten, mich doch mit gleicher Münze bezahlen würden, mithin meine Maxime, so bald sie zum allgemeinen Gesetze gemacht würde, sich selbst zerstören müsse. (...)

Es gibt eine unbedingte Pflicht zu Wahrheit

Man kann vernünftiger Weise zwar die Notlüge für sich als Maxime wollen, nicht aber ein Gesetz zu lügen

Zweiter Abschnitt
Übergang von der populären sittlichen Weltweisheit zur Metaphysik der Sitten

Vernunft kann den Willen gesetzmäßig bestimmen

Ein jedes Ding der Natur wirkt nach Gesetzen. Nur ein vernünftiges Wesen hat das Vermögen, nach der Vorstellung der Gesetze, d.i. nach Prinzipien zu handeln, oder einen Willen. (...) Die Vorstellung eines objektiven Prinzips, sofern es für einen Willen nötigend ist, heißt ein Gebot (der Vernunft) und die Formel des Gebots heißt Imperativ.

Definition des Begriffs Imperativ: Sollen!

Alle Imperative werden durch ein Sollen ausgedrückt und zeigen dadurch das Verhältnis eines objektiven Gesetzes der Vernunft zu einem Willen an, der seiner subjektiven Beschaffenheit nach dadurch nicht notwendig bestimmt wird (eine Nötigung). Sie sagen, dass etwas zu tun oder zu unterlassen gut sein würde, allein sie sagen es einem Willen, der nicht immer darum etwas tut, weil ihm vorgestellt wird, dass es zu tun gut sei. (...)

hypothetische und kategorische Imperative

Alle Imperative nun gebieten entweder hypothetisch oder kategorisch. Jene stellen die praktische Notwendigkeit einer möglichen Handlung als Mittel, zu etwas anderem, was man will (oder doch möglich ist, dass man

2.6.1 Der kategorische Imperativ (Kant)

Ich soll niemals anders verfahren, als so, dass ich auch wollen könne, meine Maxime solle ein allgemeines Gesetz werden.	**1. Formulierung**	Betonung auf Gesetzmäßigkeit
Handle nur nach derjenigen Maxime, durch die du **zugleich** wollen kannst, dass sie ein allgemeines Gesetz werde.	**Grundformel**	Betonung auf moralischem Gehalt
Handle so, **als ob** die Maxime deiner Handlung durch deinen Willen zum allgemeinen Naturgesetze werden sollte.	**Naturgesetz-Formel**	Betonung auf strenger Allgemeingültigkeit: Form der Maxime
Handle so, dass du die **Menschheit**, sowohl in deiner Person, als in der Person eines jeden andern, jederzeit **zugleich** als **Zweck**, niemals **bloß** als Mittel brauchest.	**Menschheits-Zweckformel**	Betonung auf Menschenwürde: Materie der Maxime
Handle so, **als ob** du durch deine Maxime ein **gesetzgebendes** Glied im **allgemeinen** Reich der **Zwecke** wärest.	**Reich der Zwecke-Formel**	Betonung auf Selbstgesetzgebung (Autonomie) ⟶ Freiheit: vollständige Bestimmung der Maxime

es wolle), zu gelangen, vor. Der kategorische Imperativ würde der sein, welcher eine Handlung als für sich selbst, ohne Beziehung auf einen andern Zweck, als objektiv-notwendig vorstellte. (...)

Der kategorische Imperativ beinhaltet Notwendigkeit und Allgemeinheit

Wenn ich mir einen hypothetischen Imperativ überhaupt denke, so weiß ich nicht zum Voraus, was er enthalten werde: bis mir die Bedingung gegeben ist. Denke ich mir aber einen kategorischen Imperativ, so weiß ich sofort, was er enthalte. Denn da der Imperativ außer dem Gesetze nur die Notwendigkeit der Maxime enthält, diesem Gesetze gemäß zu sein, das Gesetz aber keine Bedingung enthält, auf die es eingeschränkt war, so bleibt nichts, als die Allgemeinheit eines Gesetzes überhaupt übrig, welchem die Maxime der Handlung gemäß sein soll, und welche Gemäßheit allein den Imperativ eigentlich als notwendig vorstellt.

Der kategorische Imperativ

Der kategorische Imperativ ist also nur ein einziger, und zwar dieser: **Handle nur nach derjenigen Maxime, durch die du zugleich wollen kannst, dass sie ein allgemeines Gesetz werde. (...)**

Die Naturgesetzformel des kategorischen Imperativs

Weil die Allgemeinheit des Gesetzes, wonach Wirkungen geschehen, dasjenige ausmacht, was eigentlich Natur im allgemeinsten Verstande (der Form nach), d.i. das Dasein der Dinge, heißt, so fern es nach allgemeinen Gesetzen bestimmt ist, so könnte der allgemeine Imperativ der Pflicht auch so lauten: **Handle so, als ob die Maxime deiner Handlung durch deinen Willen zum allgemeinen Naturgesetze werden sollte.**

Nun wollen wir einige Pflichten herzählen, nach der gewöhnlichen Einteilung derselben, in Pflichten gegen uns selbst und gegen andere Menschen, (...)

1. Beispiel: Die Maxime der Selbstliebe

Als Naturgesetz widerspräche die Maxime der Selbstliebe dem Prinzip des Lebens

1) Einer, der durch eine Reihe von Übeln, die bis zur Hoffnungslosigkeit angewachsen ist, einen Überdruss am Leben empfindet, ist noch so weit im Besitze seiner Vernunft, dass er sich selbst fragen kann, ob es auch nicht etwa der Pflicht gegen sich selbst zuwider sei, sich das Leben zu nehmen. Nun versucht er: ob die Maxime seiner Handlung wohl ein allgemeines Naturgesetz werden könne. Seine Maxime aber ist: ich mache es mir aus Selbstliebe zum Prinzip, wenn das Leben bei seiner langem Frist mehr Übel droht, als es Annehmlichkeit verspricht, es mir abzukürzen. Es fragt sich nur noch, ob dieses Prinzip der Selbstliebe ein allgemeines Naturgesetz werden könne. Da sieht man aber bald, dass eine Natur, deren Gesetz es wäre, durch dieselbe Empfindung, deren Bestim-

2.6.2 Pflichten (Kant)

Moralische Pflichten		
	vollkommene Pflichten	unvollkommene Pflichten
Pflichten gegen sich selbst	Selbstmordverbot	Verbot der Nichtentwicklung eigener Fähigkeiten
Pflichten gegen andere	Verbot des falschen Versprechens	Verbot der Gleichgültigkeit gegen fremde Not
	Ein Verstoß gegen diese Pflichten lässt sich nach Kant noch nicht einmal widerspruchsfrei denken	Bei den unvollkommenen Pflichten stellt sich dagegen nur die Frage, ob man sie widerspruchsfrei wollen kann

mung es ist, zur Beförderung des Lebens anzutreiben, das Leben selbst zu zerstören, ihr selbst widersprechen und also nicht als Natur bestehen würde, mithin jene Maxime unmöglich als allgemeines Naturgesetz stattfinden könne, und folglich dem obersten Prinzip aller Pflicht gänzlich widerstreite.

2. Beispiel: Darf man aus Selbstliebe ein falsches Versprechen geben?

2) Ein anderer sieht sich durch Not gedrungen, Geld zu borgen. Er weiß wohl, dass er nicht wird bezahlen können, sieht aber auch, dass ihm nichts geliehen werden wird, wenn er nicht festiglich verspricht, es zu einer bestimmten Zeit zu bezahlen. Er hat Lust, ein solches Versprechen zu tun; noch aber hat er so viel Gewissen, sich zu fragen: ist es nicht unerlaubt und pflichtwidrig, sich auf solche Art aus Not zu helfen? Gesetzt, er beschlösse es doch, so würde seine Maxime der Handlung so lauten: wenn ich mich in Geldnot zu sein glaube, so will ich Geld borgen, und versprechen, es zu bezahlen, ob ich gleich weiß, es werde niemals geschehen. Nun ist dieses Prinzip der Selbstliebe, oder der eigenen Zuträglichkeit, mit meinem ganzen künftigen Wohlbefinden vielleicht wohl zu vereinigen, allein jetzt ist die Frage: ob es recht sei? Ich verwandle also die Zumutung der Selbstliebe in ein allgemeines Gesetz, und richte die Frage so ein: wie es dann stehen würde, wenn meine Maxime ein allgemeines Gesetz würde. Da sehe ich nun sogleich, dass sie niemals als allgemeines Naturgesetz gelten und mit sich selbst zusammenstimmen könne, sondern sich notwendig widersprechen müsse. Denn die Allgemeinheit eines Gesetzes, dass jeder, nachdem er in Not zu sein glaubt, versprechen könne, was ihm einfällt, mit dem Vorsatz, es nicht zu halten, würde das Versprechen und den Zweck, den man damit haben mag, selbst unmöglich machen, indem niemand glauben würde, dass ihm was versprochen sei, sondern über alle solche Äußerung, als eitles Vorgeben, lachen würde.

Die Pflicht, aus Selbstliebe ein falsches Versprechen zu geben, stellte das Prinzip des Versprechens in Frage

3. Beispiel: Maxime der Verwahrlosung von Naturgaben

3) Ein dritter findet in sich ein Talent, welches vermittelst einiger Kultur ihn zu einem in allerlei Absicht brauchbaren Menschen machen könnte. Er sieht sich aber in bequemen Umständen, und zieht vor, lieber dem Vergnügen nachzuhängen, als sich mit Erweiterung und Verbesserung seiner glücklichen Naturanlagen zu bemühen. Noch fragt er aber: ob, außer der Übereinstimmung, die seine Maxime der Verwahrlosung seiner Naturgaben mit seinem Hange zur Ergötzlichkeit an sich hat, sie auch mit dem, was man Pflicht nennt, übereinstimme. Da sieht er nun, dass zwar eine Natur nach einem solchen allgemeinen Gesetze immer noch bestehen könne, obgleich der Mensch (so wie die Südsee-Einwohner) sein Talent rosten ließe, und sein Leben bloß auf Müßiggang, Ergötzlichkeit, Fortpflanzung, mit einem Wort, auf Genuss zu verwenden bedacht wäre; allein er kann unmöglich wollen, dass dieses ein allgemeines Naturgesetz werde, oder als ein solches in uns durch Naturinstinkt

Die Pflicht zur Verwahrlosung von Naturgaben widerspräche der Zweckmäßigkeit von Naturgaben

gelegt sei. Denn als ein vernünftiges Wesen will er notwendig, dass alle Vermögen in ihm entwickelt werden, weil sie ihm doch zu allerlei möglichen Absichten dienlich und gegeben sind.

4. Beispiel: Die Maxime der Teilnahmslosigkeit gegenüber Mitmenschen

Noch denkt ein vierter, dem es wohl geht, indessen er sieht, dass andere mit großen Mühseligkeiten zu kämpfen haben (denen er auch wohl helfen könnte): was geht's mich an? mag doch ein jeder so glücklich sein, als es der Himmel will, oder er sich selbst machen kann, ich werde ihm nichts entziehen, ja nicht einmal beneiden; nur zu seinem Wohlbefinden, oder seinem Beistande in der Not, habe ich nicht Lust, etwas beizutragen! Nun könnte allerdings, wenn eine solche Denkungsart ein allgemeines Naturgesetz würde, das menschliche Geschlecht gar wohl bestehen, und ohne Zweifel noch besser, als wenn jedermann von Teilnehmung und Wohlwollen schwatzt, auch sich beeifert, gelegentlich dergleichen auszuüben, dagegen aber auch, wo er nur kann, betrügt, das Recht der Menschen verkauft, oder ihm sonst Abbruch tut. Aber, obgleich es möglich ist, dass nach jener Maxime ein allgemeines Naturgesetz wohl bestehen könnte: so ist es doch unmöglich, zu wollen, dass ein solches Prinzip als Naturgesetz allenthalben gelte. Denn ein Wille, der dieses beschlösse, würde sich selbst widerstreiten, indem der Fälle sich doch manche eräugnen können, wo er anderer Liebe und Teilnehmung bedarf, und wo er, durch ein solches aus seinem eigenen Willen entsprungenes Naturgesetz, sich selbst alle Hoffnung des Beistandes, den er sich wünscht, rauben würde. (...)

Die Pflicht zur Teilnahmslosigkeit gegenüber anderen widerspräche sich selbst

Materiale Zwecke sind insgesamt nur relativ

Die Zwecke, die sich ein vernünftiges Wesen als Wirkungen seiner Handlung nach Belieben vorsetzt (materiale Zwecke), sind insgesamt nur relativ; denn nur bloß ihr Verhältnis auf ein besonders geartetes Begehrungsvermögen des Subjekts gibt ihnen den Wert, der daher keine allgemeine für alle vernünftige Wesen, und auch nicht für jedes Wollen gültige und notwendige Prinzipien, d.i. praktische Gesetze, an die Hand geben kann. Daher sind alle diese relative Zwecke nur der Grund von hypothetischen Imperativen.

Im Menschen als Zweck an sich selbst liegt der Grund für den kategorischen Imperativ

Gesetzt aber, es gäbe etwas, dessen Dasein an sich selbst einen absoluten Wert hat, was, als Zweck an sich selbst, ein Grund bestimmter Gesetze sein könnte, so würde in ihm, und nur in ihm allein, der Grund eines möglichen kategorischen Imperativs, d.i. praktischen Gesetzes, liegen. Nun sage ich: der Mensch, und überhaupt jedes vernünftige Wesen, existiert als Zweck an sich selbst, nicht bloß als Mittel zum beliebigen Gebrauche für diesen oder jenen Willen, sondern muss in allen seinen, sowohl auf sich selbst, als auch auf andere vernünftige Wesen gerichteten Handlungen jederzeit zugleich als Zweck betrachtet werden. (...)

Die Menschheitszweckformel des kategorischen Imperativs

Der praktische Imperativ wird also folgender sein: **Handle so, dass du die Menschheit, sowohl in deiner Person, als in der Person eines jeden andern, jederzeit zugleich als Zweck, niemals bloß als Mittel brauchest. (...)**

2.7 Autonomie – Freiheit – Würde (Kant)

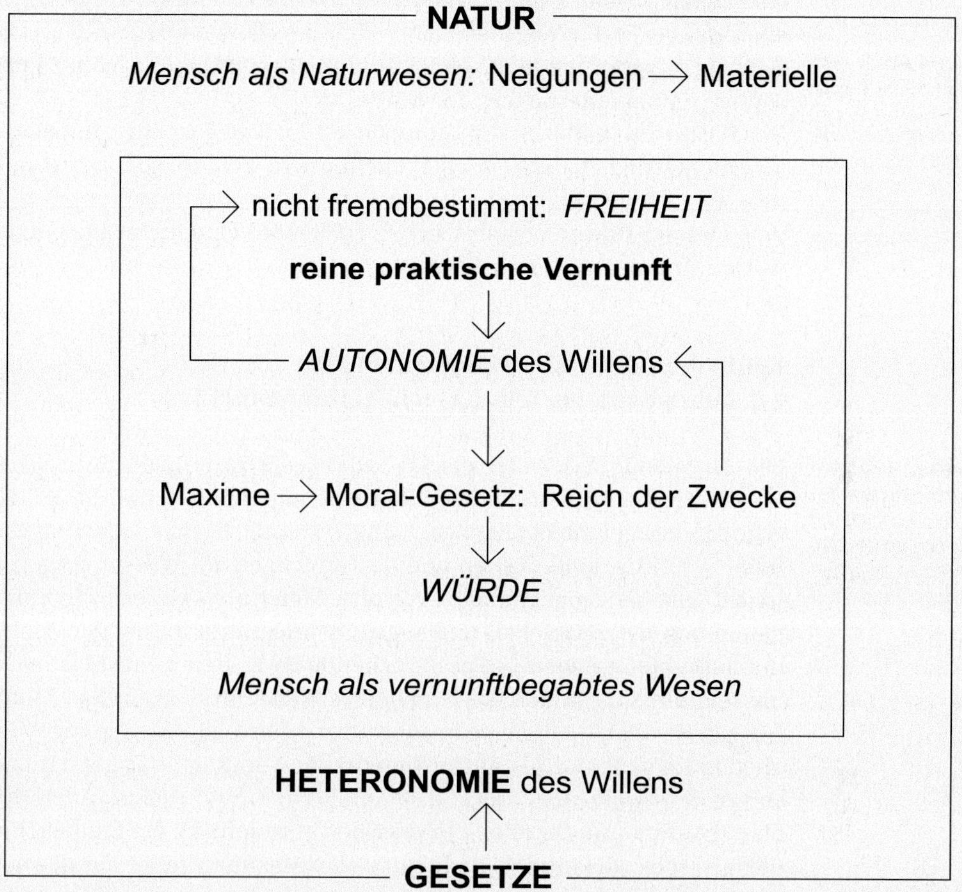

Vernünftige Wesen stehen alle unter dem Gesetz, dass jedes derselben sich selbst und alle andere niemals bloß als Mittel, sondern jederzeit zugleich als Zweck an sich selbst behandeln solle. Hiedurch aber entspringt eine systematische Verbindung vernünftiger Wesen durch gemeinschaftliche objektive Gesetze, d.i. ein Reich, welches, weil diese Gesetze eben die Beziehung dieser Wesen aufeinander, als Zwecke und Mittel, zur Absicht haben, ein Reich der Zwecke (freilich nur ein Ideal) heißen kann. Im Reiche der Zwecke hat alles entweder einen Preis, oder eine Würde. Was einen Preis hat, an dessen Stelle kann auch etwas anderes, als Äquivalent, gesetzt werden; was dagegen über allen Preis erhaben ist, mithin kein Äquivalent verstattet, das hat eine Würde. Was sich auf die allgemeinen menschlichen Neigungen und Bedürfnisse bezieht, hat ei-

Die Moral verbindet die Menschen als vernünftige und würdige Wesen durch objektive Gesetze

Neigungen haben einen Marktpreis

Zwecklose Bedürfnisse haben Affektionspreis

nen Marktpreis; das, was, auch ohne ein Bedürfnis vorauszusetzen, einem gewissen Geschmacke, d.i. einem Wohlgefallen am bloßen zwecklosen Spiel unserer Gemütskräfte, gemäß ist, einen Affektionspreis; das aber, was die Bedingung ausmacht, unter der allein etwas Zweck an sich selbst sein kann, hat nicht bloß einen relativen Wert, d.i. einen Preis, sondern einen innern Wert, d.i. Würde.

Als autonomer moralischer Gesetzgeber erfährt sich der Mensch als selbstbestimmend

Der Wille wird [in der Bestimmung durch den kategorischen Imperativ] also nicht lediglich dem Gesetze unterworfen, sondern so unterworfen, dass er auch als selbstgesetzgebend, und eben um deswillen allererst dem Gesetze (davon er selbst sich als Urheber betrachten kann) unterworfen, angesehen werden muss. (...)

Kritik der praktischen Vernunft (1788)
§ 8. Lehrsatz IV (1. Teil, 1. Buch, 1. Hauptstück)

Durch die Autonomie in der moralischen Selbst-Gesetzgebung erfährt der Mensch Freiheit im negativen und positiven Sinne

Die Autonomie des Willens ist das alleinige Prinzip aller moralischen Gesetze und der ihnen gemäßen Pflichten; alle Heteronomie der Willkür gründet dagegen nicht allein gar keine Verbindlichkeit, sondern ist vielmehr dem Prinzip derselben und der Sittlichkeit des Willens entgegen. In der Unabhängigkeit nämlich von aller Materie des Gesetzes (nämlich einem begehrten Objekte) und zugleich doch Bestimmung der Willkür durch die bloße allgemeine gesetzgebende Form, deren eine Maxime fähig sein muss, besteht das alleinige Prinzip der Sittlichkeit. Jene Unabhängigkeit aber ist Freiheit im negativen, diese eigene Gesetzgebung aber der reinen, und, als solche, praktischen Vernunft ist Freiheit im positiven Verstande. Also drückt das moralische Gesetz nichts anders aus, als die Autonomie der reinen praktischen Vernunft, d.i. der Freiheit, und diese ist selbst die formale Bedingung aller Maximen, unter der sie allein mit dem obersten praktischen Gesetze zusammenstimmen können. (...)

Beschluss

Zwei Dinge erfüllen das Gemüt mit immer neuer und zunehmenden Bewunderung und Ehrfurcht, je öfter und anhaltender sich das Nachdenken damit beschäftigt: Der bestirnte Himmel über mir, und das moralische Gesetz in mir. Beide darf ich nicht als in Dunkelheiten verhüllt, oder im Überschwänglichen, außer meinem Gesichtskreise, suchen und bloß vermuten; ich sehe sie vor mir und verknüpfe sie unmittelbar mit dem Bewusstsein meiner Existenz. (...) (2. Teil)

Gedenktafel an der Russischen Universität in Kaliningrad (Königsberg)

2.8 Zusammenfassung und Kritik

Immanuel Kant wollte ein für alle Menschen gleichermaßen verbindliches Moralgesetz aufstellen. Sitten und Gebräuche bzw. kluge Lebensregeln (»Was du nicht willst, was man dir tu', das füg' auch keinem andern zu!«), die auf unterschiedlichen Lebenserfahrungen beruhen, bieten dafür keine geeignete Grundlage. Sie können nämlich nicht dem Anspruch genügen, notwendig und allgemein gültig zu sein. Und genau diese beiden Kriterien muss ein Gesetz erfüllen.

Wenn aber jegliche Erfahrung zur Begründung von Moral wegfällt, bleibt nur die reine Vernünftigkeit übrig, um den moralisch guten Willen zu bestimmen. Damit scheiden nach Kant auch alle von Menschen als positiv erlebten Werte wie Frieden, Liebe, Freundschaft usw. als Bestimmungsgrundlage eines moralisch guten Willens aus.

Für Kant zeigt sich ein moralisch guter Wille nur in Handlungen, die rein aus Pflicht geschehen. Sobald Neigungen im Spiel sind (Dazu gehört auch die Neigung gerne Gutes tun zu wollen.), kann man nicht ausschließen, dass (wie verdeckt auch immer) egoistische Motive das entscheidende Handlungsmotiv darstellen.

Demnach können objektiv nur die bloße Gesetzmäßigkeit und subjektiv nur die Achtung (ohne irgendeine Form von Neigung) vor dem Gesetz den guten Willen bestimmen.

Beide finden ihren Ausdruck im kategorischen Imperativ: Handle nur nach derjenigen Maxime, durch die du zugleich wollen kannst, dass sie ein allgemeines Gesetz werde.
Im Gegensatz zu den Regeln der Klugheit, die auf unsere Glückseligkeit abzielen, empfinden wir den kategorischen Imperativ als Nötigung.
Gleichwohl ist es undenkbar, die Ratschläge der Klugheit, z. B. sich durch eine Notlüge vor Unannehmlichkeiten zu schützen, zu einem allgemeinen Gesetz zu machen: Damit würde der Lügner selbst die Voraussetzung für die Möglichkeit zu lügen unmöglich machen.
Da sich alles menschliche Handeln nach Gesetzen richtet (subjektiv: nach Maximen, objektiv: nach Prinzipien), muss ich so handeln können, als ob die Maxime (= subjektiver Handlungsgrundsatz) meiner Handlung durch meinen Willen zum allgemeinen Naturgesetz werden könnte.
Diesen Anspruch des Moralgesetzes steigert Kant noch, indem er fordert, dass man so handeln solle, dass man die Menschheit, sowohl in seiner eigenen Person als in der Person eines jeden andern, jederzeit zugleich als Zweck und niemals bloß als Mittel gebrauche.
Damit bestimmt Kant den Menschen als ein Lebewesen, dessen Würde mit keinem materiellen Wert aufgewogen werden kann und das man niemals bloß als Mittel zu irgendeinem Zwecke benutzen darf (z. B. erzwungene Prostitution).
Und nur wenn sich der Mensch mit Hilfe seiner reinen praktischen Vernunft aus moralischen Gründen einem selbst gegebenen Moralgesetz unterwirft, erweist er sich frei gegenüber den (triebbedingten) Gesetzen der Natur; er macht sich damit zu einem gesetzgebenden Glied im allgemeinen Reich der Zwecke, das heißt zu einem Wesen, das autonom sein Leben bestimmt.

Gegen Kants kategorischen Imperativ und seine rein formale Pflichtethik sind verschiedene Einwände erhoben worden:
- Ist es überhaupt denkbar, alle menschenmöglichen Handlungen mit Hilfe eines einzigen Gesetzes bestimmen zu können?
- Denken wir bei der Anwendung des kategorischen Imperativs nicht doch an die negativen bzw. positiven Folgen, die eine bestimmte Handlungsweise, wenn sie denn zu einem allgemeinen Gesetz würde, auch für uns hat?
- Müssen wir angesichts globaler Gegenwarts-Probleme nicht unbedingt an die Langzeitfolgen unseres Handelns (für spätere Generationen) denken?
- Wie sollen wir uns denn im Falle eines Pflichtenkonflikts verhalten? Steht der unbedingte Wert der Wahrheit über dem Wert des menschlichen Lebens?
- Ist es nicht sogar moralisch wünschenswert, dass wir aus Liebe zur

Pflicht handeln! Warum schließt Kant so rigoros das Sinnliche als Bestimmungsgrund eines guten Willens aus?

- Dass ich wollen kann, dass meine Maxime ein allgemeines Gesetz werden kann, schafft noch keine soziale, moralische Verbindlichkeit!
- Woher nimmt Kant die Gewissheit, dass es etwas Gutes an sich gibt? Setzt er damit nicht schon unhinterfragt voraus, dass es überzeitliche Werte gibt?
- Was ist von Kants Forderung zu halten, dass wir uns unbedingt unter ein Moralgesetz zu beugen haben?
- Kant besteht darauf, dass man unter allen Umständen sein Leben erhalten soll. Aber kann es nicht auch gute, moralisch vertretbare Gründe dafür geben, seinem Leben ein Ende zu setzen? Besteht nicht in dieser jederzeit vorhandenen Möglichkeit die größte Freiheit des Menschen?

2.9 Test*

1. Welches Ziel verfolgt Kant mit der ›Grundlegung zur Metaphysik der Sitten‹?
   Kant will ....
2. Was zeichnet die besondere Güte des guten Willens gegenüber anderen Gütern aus?
   a) ....
   b) ....
3. Für Kant ist der gute Wille
   ❑ gut, weil er sich als gutes Mittel erweist
   ❑ gut, weil er gute Folgen hervorbringt
   ❑ durch sein Wollen gut
   ❑ gut, weil er für gut gehalten wird
4. Kant unterscheidet 3 Formen pflichtgemäßen Handelns:
   a) Pflichtgemäßes Handeln ....
   b) Pflichtgemäßes Handeln ....
   c) Pflichtgemäßes Handeln ....
5. Worin kann nach Kant allein der Wert des guten Willens liegen?
   Allein in ....
6. Nach Kant muss ich, wenn ich moralisch handeln will, wollen können, dass meine .... zum allgemeinen .... wird.
7. Ein hypothetischer Imperativ hat nach Kant nur dann Gültigkeit, wenn ich seine ❑ Ursache ❑ Bedingung ❑ Wirkung kenne.
8. Der kategorische Imperativ wird nach Kant
   ❑ a posteriori ❑ a priori ❑ formell ❑ materiell bestimmt
9. Heteronomie bedeutet, dass
   ❑ ich meinen Willen selbst bestimme
   ❑ mein Wille durch fremde Gesetze bestimmt wird
   ❑ ich andere mit meinem Willen bestimme
10. Mit dem Begriff der Autonomie sind folgende Begriffe untrennbar verbunden:
    ❑ Glückseligkeit ❑ Freiheit ❑ Würde ❑ Marktpreis
11. Was ist ausgeschlossen, wenn man den Menschen als Zweck an sich selbst betrachtet?

    ....

* Eintragungen gegebenenfalls nur auf einer Kopie der Seite vornehmen.

Freiheit und Verantwortung

3.1 Hans Jonas – Leben

* 10. Mai 1903, Mönchengladbach
† 5. Februar 1993, New York

Hans Jonas war ein wichtiger Religionsphilosoph und der engagierte Verfechter einer globalen Verantwortungsethik.
Nach seinem Abitur im Jahre 1921 studierte der Sohn eines jüdischen Textilfabrikanten Philosophie, Theologie und Kunstgeschichte in Freiburg, Berlin, Heidelberg und Marburg.
Er war unter anderem eng mit Hannah Arendt, Deutschland bekanntester Philosophin des letzten Jahrhunderts, befreundet.
Aus politischen Gründen emigrierte Hans Jonas 1933 über London nach Jerusalem, wo er 1938/39 und von 1946 bis 1948 als Dozent tätig war. Von 1940 bis 1945 diente er als britischer Soldat, später dann in der israelischen Armee.
Nach seiner Rückkehr nach Deutschland erfuhr er von der Ermordung seiner Mutter in Auschwitz.
1949 nahm Jonas eine Professur in Kanada (Montreal und Ottawa) an, von 1955 bis 1976 lehrte er an den Universität in Princeton, der Columbia University, der University of Chicago und der Universität München.
Für sein philosophisches Werk wurde Hans Jonas mehrfach international geehrt. Neben dem Friedenspreis des Deutschen Buchhandels (1987) erhielt er 1988 das Große Bundesverdienstkreuz; außerdem verlieh man ihm die Ehrenmitgliedschaften in der American Academy of Arts and Science (Cambridge) und der International Academy of Science.

3.2 Hans Jonas
Das Prinzip Verantwortung (1979)

Die hochtechnologische Unterwerfung der Welt verlangt nach einer neuen Ethik

Der endgültig entfesselte Prometheus[1], dem die Wissenschaft nie gekannte Kräfte und die Wirtschaft den rastlosen Antrieb gibt, ruft nach einer Ethik, die durch freiwillige Zügel seine Macht davor zurückhält, dem Menschen zum Unheil zu werden. Dass die Verheißung der modernen Technik in Drohung umgeschlagen ist, oder diese sich mit jener unlösbar verbunden hat, bildet die Ausgangsthese des Buches[2]. Sie geht über die Feststellung physischer Bedrohung hinaus. Die dem Menschenglück zugedachte Unterwerfung der Natur hat im Übermaß ihres Erfolges, der sich nun auch auf die Natur des Menschen selbst erstreckt, zur größten Herausforderung geführt, die je dem menschlichen Sein aus eigenem Tun erwachsen ist. Alles daran ist neuartig, dem Bisherigen unähnlich, der Art wie der Größenordnung nach: Was der Mensch heute tun kann und dann, in der unwiderstehlichen Ausübung dieses Könnens, weiterhin zu tun gezwungen ist, das hat nicht seinesgleichen in vergangener Erfahrung. Auf sie war alle bisherige Weisheit über rechtes Verhalten zugeschnitten. Keine überlieferte Ethik belehrt uns daher über die Normen von »Gut« und »Böse«, denen die ganz neuen Modalitäten der Macht und ihrer möglichen Schöpfungen zu unterstellen sind. Das Neuland kollektiver[3] Praxis, das wir mit der Hochtechnologie betreten haben, ist für die ethische Theorie noch ein Niemandsland. (...)

Die Voraussetzungen bisheriger Ethiken

Alle bisherige Ethik – ob als direkte Anweisung, gewisse Dinge zu tun und andere nicht zu tun, oder als Bestimmung von Prinzipien für solche Anweisungen, oder als Aufweisung eines Grundes der Verpflichtung, solchen Prinzipien zu gehorchen – teilte stillschweigend die folgenden, unter sich verbundenen Voraussetzungen:

1. Der menschliche Zustand, gegeben durch die Natur des Menschen und die Natur der Dinge, steht in den Grundzügen ein für allemal fest.
2. Das menschlich Gute lässt sich auf dieser Grundlage unschwer und einsichtig bestimmen.
3. Die Reichweite menschlichen Handelns und daher menschlicher Verantwortung ist eng umschrieben.

Es ist die Absicht der folgenden Ausführungen, zu zeigen, dass diese Voraussetzungen nicht mehr gelten, und darüber zu reflektieren[4], was dies für unsere moralische Lage bedeutet. (...)

1 Prometheus: griechische Sagengestalt, die den Menschen das Feuer und damit auch die Kultur brachte; er gilt als Inbegriff des Fortschritts.
2 Damit mein Hans Jonas sein eigenes Buch, aus dem dieser Auszug stammt: »Das Prinzip Verantwortung«
3 kollektiv: (lat.) gemeinsam, gemeinschaftlich
4 reflektieren: (lat.) nachdenken

Unter solchen Umständen wird Wissen zu einer vordringlichen Pflicht über alles hinaus, was je vorher für seine Rolle in Anspruch genommen wurde, und das Wissen muss dem kausalen Ausmaß unseres Handelns größengleich sein. Die Tatsache aber, dass es ihm nicht wirklich größengleich sein kann, das heißt, dass das vorhersagende Wissen hinter dem technischen Wissen, das unserem Handeln die Macht gibt, zurückbleibt, nimmt selbst ethische Bedeutung an. Die Kluft zwischen Kraft des Vorherwissens und Macht des Tuns erzeugt ein neues ethisches Problem. Anerkennung der Unwissenheit wird dann die Kehrseite der Pflicht des Wissens und damit ein Teil der Ethik, welche die immer nötiger werdende Selbstbeaufsichtigung unserer übermäßigen Macht unterrichten muss. Keine frühere Ethik hatte die globale[1] Bedingung menschlichen Lebens und die ferne Zukunft, ja Existenz der Gattung zu berücksichtigen. Dass eben sie heute im Spiele sind, das verlangt, mit einem Wort, eine neue Auffassung von Rechten und Pflichten, für die keine frühere Ethik und Metaphysik[2] auch nur die Prinzipien, geschweige denn die fertige Doktrin[3] bietet. (...)

Die unabsehbaren globalen Folgen unseres Handelns verlangen nach moralischer Kontrolle unserer Macht

Kants kategorischer Imperativ sagte: »Handle so, dass du auch wollen kannst, dass deine Maxime allgemeines Gesetz werde.« Das hier angerufene »kann« ist das der Vernunft und ihrer Einstimmung mit sich selbst: Die Existenz einer Gesellschaft menschlicher Akteure (handelnder Vernunftwesen) vorausgesetzt, muss die Handlung so sein, dass sie sich ohne Selbstwiderspruch als allgemeine Übung dieser Gemeinschaft vorstellen lässt. Man beachte, dass hier die Grundüberlegung der Moral nicht selber moralisch, sondern logisch ist: das »wollen können« oder »nicht können« drückt logische Selbstverträglichkeit oder -unverträglichkeit, nicht sittliche Approbation[4] oder Revulsion[5] aus. Es liegt aber kein Selbstwiderspruch in der Vorstellung, dass die Menschheit einmal aufhöre zu existieren, und somit auch kein Selbstwiderspruch in der Vorstellung, dass das Glück gegenwärtiger und nächstfolgender Generationen mit dem Unglück oder gar der Nichtexistenz späterer Generationen erkauft wird – so wenig, wie schließlich im Umgekehrten, dass die Existenz und das Glück späterer Generationen mit dem Unglück und teilweise sogar der Vertilgung gegenwärtiger erkauft wird. Das Opfer der Zukunft für die Gegenwart ist logisch nicht angreifbarer als das Opfer der Gegenwart für die Zukunft. Der Unterschied ist nur, dass im einen Fall die Reihe weitergeht, im andern nicht. (...)

Kants kategorischer Imperativ schließt negative Folgen für spätere Generationen nicht aus

Ein Imperativ, der auf den neuen Typ menschlichen Handelns passt und

1 global: (lat.) weltumspannend
2 Metaphysik: (griech.) Wissenschaft von den Dingen, die jenseits des Natürlichen, Erfahrbaren liegen.
3 Doktrin: (lat.) Lehrmeinung
4 Approbation: (lat.) Billigung, Genehmigung
5 Revulsion: (lat.) Ablehnung

3.3 Der kategorische Imperativ: alt und neu (Jonas)

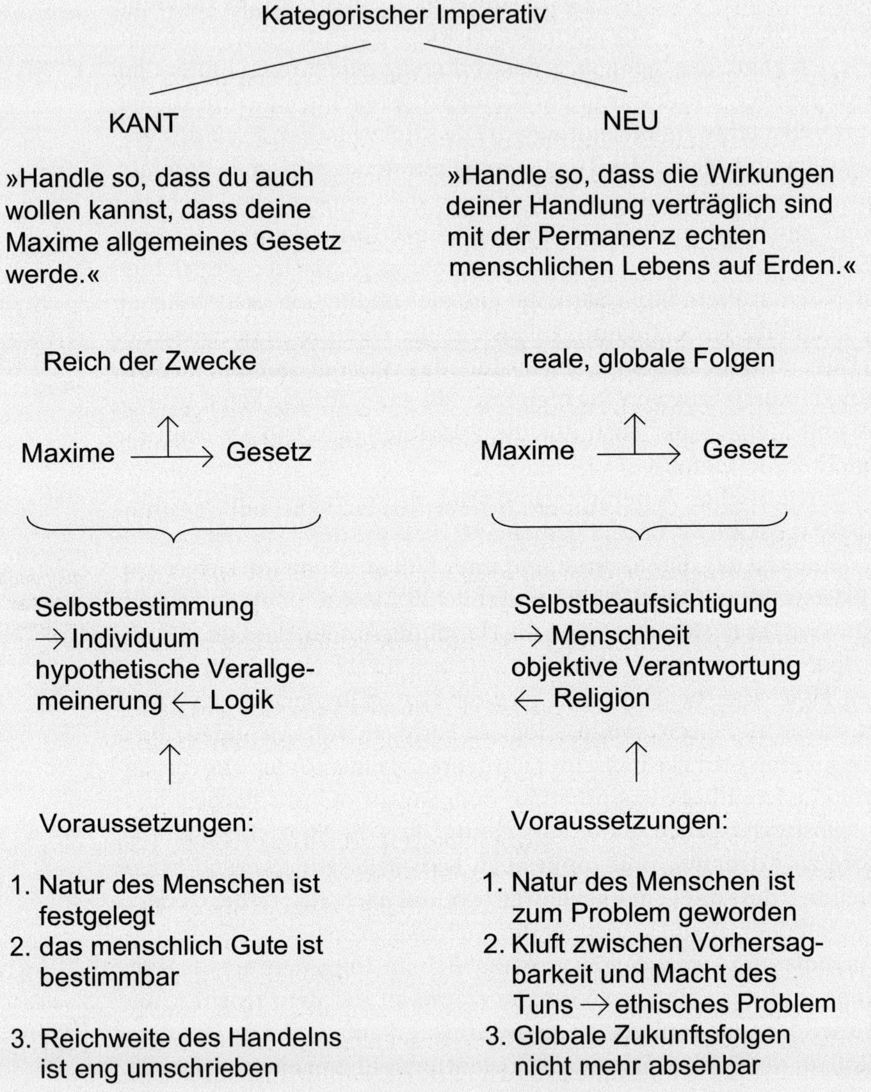

Neuformulierung von Kants kategorischem Imperativ

an den neuen Typ von Handlungssubjekt gerichtet ist, würde etwa so lauten: »Handle so, dass die Wirkungen deiner Handlung verträglich sind mit der Permanenz[1] echten menschlichen Lebens auf Erden«; oder negativ ausgedrückt: »Handle so, dass die Wirkungen deiner Handlung nicht zerstörerisch sind für die künftige Möglichkeit solchen Lebens«;

1 Permanenz: (lat.) ununterbrochene Dauer

oder einfach: »Gefährde nicht die Bedingungen für den indefiniten[1] Fortbestand der Menschheit auf Erden«; oder, wieder positiv gewendet: »Schließe in deine gegenwärtige Wahl die zukünftige Integrität[2] des Menschen als Mit-Gegenstand deines Wollens ein«.

Es ist ohne weiteres ersichtlich, dass kein rationaler[3] Widerspruch in der Verletzung dieser Art von Imperativ involviert[4] ist. Ich kann das gegenwärtige Gut unter Aufopferung des zukünftigen Guts wollen. Ich kann, so wie mein eigenes Ende, auch das Ende der Menschheit wollen. Ich kann, ohne in Widerspruch mit mir selbst zu geraten, wie für mich so auch für die Menschheit ein kurzes Feuerwerk äußerster Selbsterfüllung der Langeweile endloser Fortsetzung im Mittelmaß vorziehen.

Wir sind moralisch gegenüber unseren Nachkommen in der Pflicht

Aber der neue Imperativ sagt eben, dass wir zwar unser eigenes Leben, aber nicht das der Menschheit wagen dürfen; (...) Warum wir dieses Recht nicht haben, warum wir im Gegenteil eine Verpflichtung gegenüber dem haben, was noch gar nicht ist und »an sich« auch nicht zu sein braucht, jedenfalls als nicht existent keinen *Anspruch* auf Existenz hat, ist theoretisch gar nicht leicht und vielleicht ohne Religion überhaupt nicht zu begründen. Unser Imperativ nimmt es zunächst ohne Begründung als Axiom[5].

Der neue Imperativ richtet sich nicht nur an Individuen

Es ist ferner offensichtlich, dass der neue Imperativ sich viel mehr an öffentliche Politik als an privates Verhalten richtet, welches letztere nicht die kausale Dimension ist, auf die er anwendbar ist. Kants kategorischer Imperativ war an das Individuum gerichtet und sein Kriterium war augenblicklich. Er forderte jeden von uns auf zu erwägen, was geschehen würde, *wenn* die *Maxime*[6] meiner jetzigen Handlung zum Prinzip einer allgemeinen Gesetzgebung gemacht würde oder es in diesem Augenblick schon wäre: die Selbsteinstimmigkeit oder Nichteinstimmigkeit einer solchen *hypothetischen*[7] Verallgemeinerung wird zur Probe meiner *privaten* Wahl gemacht. Aber es war kein Teil dieser Vernunftüberlegung, es bestehe irgendeine Wahrscheinlichkeit dafür, dass meine private Wahl tatsächlich allgemeines Gesetz werde oder zu einem solchen Allgemeinwerden auch nur beitrage. In der Tat, *reale* Folgen sind überhaupt nicht ins Auge gefasst und das Prinzip ist nicht dasjenige objektiver Verantwortung, sondern das der subjektiven Beschaffenheit meiner Selbstbestimmung. Der neue Imperativ ruft eine andere Einstimmigkeit an: nicht die des Aktes mit sich selbst, sondern die seiner schließlichen *Wirkungen* mit dem Fortbestand menschlicher Aktivität in der Zukunft.

Wir müssen aus Verantwortung für die Menscheit die an die Folgen denken

1 indefinit: (lat.) unbegrenzt
2 Integrität: (lat.) Unversehrtheit
3 rational: (lat.) vernünftig
4 involvieren: (lat.) enthalten
5 Axiom: (gr.-lat.) gültige Wahrheit
6 Maxime: (lat.), eigentlich: das Höchste, hier: subjektiver Handlunggrundsatz
7 hypothetisch: (gr.-lat.) nur angenommen, auf unbewiesener Behauptung beruhend

3.4 Zusammenfassung und Kritik

Angesichts zweier Weltkriege, des Holocausts und der weltweiten Bedrohung durch Atombomben stellt sich Hans Jonas als verantwortungsbewusster Philosoph des 20. Jahrhunderts die berechtigte Frage, ob Immanuel Kants ›kategorischer Imperativ‹, der unter völlig anderen technisch-gesellschaftspolitischen Voraussetzungen formuliert wurde, heute noch so Anwendung finden sollte.
Kant konnte sich weder vorstellen, dass man mit Hilfe genetischer Manipulationen in die Natur des Menschen eingreifen kann, noch dass es technische Mittel gibt, hunderttausende von Menschen innerhalb von wenigen Minuten durch eine Atombombe zu töten.
Auch wir haben heute noch keine richtige Vorstellung davon, wie spätere Generationen zum Beispiel mit den radioaktiven Altlasten unserer Atomkraftwerke umgehen können.
Für Hans Jonas gibt es eine unüberbrückbare Kluft zwischen den technischen Möglichkeiten, über die wir schon heute verfügen, und der Möglichkeit, die Folgen, die sich daraus für (die Zukunft) der Menschheit ergeben, abzuschätzen.
Diese veränderten Möglichkeiten menschlichen Handelns haben den verantwortungsvoll denkenden Philosophen Hans Jonas dazu veranlasst, Kants kategorischen Imperativ in Frage zu stellen und neu zu formulieren. Seinem Verständnis nach kümmert sich Kant vor allen Dingen darum, dass sich der Einzelne nicht in einen logischen Widerspruch verwickelt, wenn er wollen kann, dass sein subjektiver Handlungsgrundsatz zu einem allgemeinen Gesetz wird. Dies schließt nach Hans Jonas aber grundsätzlich nicht die Möglichkeit aus, dass wir aus guten Gründen den Tanz der Menschen auf der untergehenden Weltgemeinschaft ›Titanic‹ wollen können.
Deshalb fordert er kategorisch ein – auch die Folgen des Handelns berücksichtigendes – Moralgesetz, das auch zukünftigen Generationen ein menschenwürdiges Leben auf dem ›Raumschiff Erde‹ ermöglicht.
Nach Hans Jonas sind angesichts der Möglichkeit der globalen Selbstzerstörung der Menschheit vor allem die Regierungen aufgefordert, im Sinne seines Prinzips der Verantwortung Maßnahmen zu ergreifen, die späteren Generationen die menschenwürdige Möglichkeit bietet, auf dieser Erde zu leben.

Im positiven Sinne ›fragwürdig‹ erscheinen folgende Punkte im Denken von Hans Jonas:

- Wie alle Folgenethiker kann auch Hans Jonas keinen verbindlichen Maßstab dafür benennen, was langfristig noch verantwortbar ist oder nicht. Wer weiß heute schon, was zukünftige Generationen für technische Möglichkeiten erfinden, um den globalen Folgen unserer Umweltsünden zu begegnen?

- Und: Wird Kants Pflichtethik nicht hinfällig, wenn wir letztendlich doch die Folgen unseres Handelns zum Maßstab für Moral machen (müssen)?

3.5 Test*

1. Hans Jonas fordert eine neue Verantwortungsethik, weil
   ❑ der Fortbestand der Menschheit auf dem Spiel steht.
   ❑ die Natur des Menschen selbst auf dem Spiel steht.
   ❑ Kants Ethik nicht mehr einlösbare Ansprüche stellt.
2. Alle bisherige Ethik konnte sich nach Jonas darauf berufen,
   ❑ dass die menschliche Natur ein für allemal feststeht.
   ❑ dass der Mensch von Natur aus gut ist.
   ❑ dass die Folgen menschlichen Handelns überschaubar sind.
3. Kants kategorischer Imperativ fordert nach Jonas, dass sich die moralische Vernunft nicht in .... verwickelt.
4. Für Hans Jonas ist die Grundüberlegung von Kants Pflichtethik letztlich nicht moralisch, sondern ....
5. Kants Pflichtethik schließt nach Jonas nicht aus,
   ❑ dass man das Glück der Gegenwart für die Zukunft aufopfert.
   ❑ dass man das Glück der Zukunft für die Gegenwart aufopfert.
6. Hans Jonas' neuer Imperativ lautet zum Beispiel:
   »Handle so, dass die Wirkungen deiner Handlungen nicht .... sind für .... Möglichkeit echten menschlichen Lebens.«
7. Der neue Verantwortungs-Imperativ von Hans Jonas richtet sich vor allem ❑ an privates Verhalten ❑ an die öffentliche Politik
8. Nach der Auffassung von Hans Jonas kümmert sich der kantische Imperativ nicht ❑ um die Absichten ❑ um die Folgen des Handelns
9. Nach der Verantwortungsethik von Hans Jonas darf man
   ❑ das eigene Leben aufs Spiel setzen
   ❑ zukünftiges Leben aufs Spiel setzen

* Eintragungen gegebenenfalls nur auf einer Kopie der Seite vornehmen.

Positionen des Utilitarismus

4.1 Jeremy Bentham – Leben

* 15. Februar 1748, London
† 6. Juni 1832, London

Jeremy Bentham hat als Begründer des Utilitarimus das Nützlichkeitsprinzip formuliert und damit maßgeblich eine der wichtigsten moralphilosophischen Positionen beeinflusst.
Als Sohn einer reichen Familie studierte Jeremy Bentham, der schon mit drei Jahren Griechisch und Latein lernte, ab 1760 am Queen's College in Oxford; 1763 erfolgte ein Jurastudium.
Den Beruf eines Anwalts gab er jedoch nach kurzer Zeit wieder auf. Der Tod seines Vaters ließ in 1792 finanziell unabhängig werden, so dass er sich als freier Schriftsteller in Westminster niederlassen konnte.
1789, im Jahr der Französischen Revolution, erschien in sein Hauptwerkwerk ›An Introduction to the Principles of Morals and Legislation‹ in der 2. Auflage in London. 1792 wurde Bentham zum Ehrenbürger der Französischen Republik ernannt.
Im Jahre 1808 lernte er John Stuart Mill kennen und gründete mit ihm die ›Benthamites‹, eine Bewegung für politische und soziale Reformen.
Fast vierzig Jahre lang lebte er in Westminster und produzierte jeden Tag zwischen 10 und 20 Seiten Text. Zu seinen zahlreichen angestrebten Reformen gehörte zum Beispiel das Gefängnis als totales Überwachungsgebäude mit einem Turm in der Mitte, von dem aus die Wächter rundherum ständig Einblick in die Gefängniszellen haben.
Nach seinem Tod wurde Benthams Körper entsprechend seinem Wunsch konserviert und in einem getäfelten Raum als von ihm selbst so bezeichnete »Auto-Ikone« aufbewahrt. Sie gilt heute als Wahrzeichen des University College London.

4.2 Jeremy Bentham als Auto-Ikone

4.3 Jeremy Bentham
Eine Einführung in die Prinzipien der Moral und der Gesetzgebung (1789)

Leid und Freude als Beherrscher der menschlichen Natur

1. Die Natur hat die Menschheit unter die Herrschaft zweier souveräner Gebieter – *Leid* und *Freude* – gestellt. Es ist an ihnen allein aufzuzeigen, was wir tun sollen, wie auch zu bestimmen, was wir tun werden. Sowohl der Maßstab für Richtig und Falsch als auch die Kette der Ursachen und Wirkungen sind an ihrem Thron festgemacht. Sie beherrschen uns in allem, was wir tun, was wir sagen, was wir denken: jegliche Anstrengung, die wir auf uns nehmen können, um unser Joch von uns zu schütteln, wird lediglich dazu dienen, es zu beweisen und zu bestätigen. Jemand mag zwar mit Worten vorgeben, ihre Herrschaft zu leugnen, aber in Wirklichkeit wird er ihnen ständig unterworfen bleiben. Das *Prinzip der Nützlichkeit* erkennt dieses Joch an und übernimmt es für die Grundlegung jenes Systems, dessen Ziel es ist, das Gebäude der Glückseligkeit durch Vernunft und Recht zu errichten. Systeme, die es in Frage zu stellen versuchen, geben sich mit Lauten anstatt mit Sinn, mit einer Laune anstatt mit der Vernunft, mit Dunkelheit anstatt mit Licht ab.

Das Gebäude der Glückseligkeit mit Vernunft und Recht errichten

Doch genug des bildlichen und pathetischen Sprechens: Durch solche Mittel kann die Wissenschaft der Moral nicht verbessert werden.

Das Prinzip der Nützlichkeit: Glück vermehren

2. Das Prinzip der Nützlichkeit ist die Grundlage des vorliegenden Werkes; es wird daher zweckmäßig sein, mit einer ausdrücklichen und bestimmten Erklärung dessen zu beginnen, was mit ihm gemeint ist. Unter dem Prinzip der Nützlichkeit ist jenes Prinzip zu verstehen, das schlechthin jede Handlung in dem Maß billigt oder missbilligt, wie ihr die Tendenz innezuwohnen scheint, das Glück der Gruppe, deren Interesse in Frage steht, zu vermehren oder zu vermindern, oder – das gleiche mit anderen Worten gesagt – dieses Glück zu befördern oder zu verhindern. Ich sagte: schlechthin jede Handlung, also nicht nur jede Handlung einer Privatperson, sondern auch jede Maßnahme der Regierung.

Glück hervorbringen oder Leid verhindern für Individuum oder Gesellschaft

3. Unter Nützlichkeit ist jene Eigenschaft an einem Objekt zu verstehen, durch die es dazu neigt, Gewinn, Vorteil, Freude, Gutes oder Glück hervorzubringen (dies alles läuft im vorliegenden Fall auf das gleiche hinaus) oder (was ebenfalls auf das gleiche hinausläuft) die Gruppe, deren Interesse erwogen wird, vor Unheil, Leid, Bösem oder Unglück zu bewahren; sofern es sich bei dieser Gruppe um die Gemeinschaft im Allgemeinen handelt, geht es um das Glück der Gemeinschaft; sofern es sich um ein bestimmtes Individuum handelt, geht es um das Glück dieses Individuums.

Gemeinschaft als Summe von Individuen

4. Das Interesse der Gemeinschaft« ist einer der allgemeinsten Ausdrücke, die in den Redeweisen der Moral vorkommen können; kein Wunder, dass sein Sinn oft verloren geht. Wenn er einen Sinn hat, dann diesen: Die Gemeinschaft ist ein fiktiver Körper, der sich aus den Einzelpersonen zusammensetzt, von denen man annimmt, dass sie sozusagen seine Glieder bilden. Was also ist das Interesse der Gemeinschaft? – Die Summe der Interessen der verschiedenen Glieder, aus denen sie sich zusammensetzt.

Interesse des Individuums ist gleich Interesse der Gemeinschaft

5. Es hat keinen Sinn, vom Interesse der Gemeinschaft zu sprechen, ohne zu wissen, was das Interesse des Individuums ist. Man sagt von einer Sache, sie sei dem Interesse förderlich oder zugunsten des Interesses eines Individuums, wenn sie dazu neigt, zur Gesamtsumme seiner Freuden beizutragen: oder, was auf das gleiche hinausläuft, die Gesamtsumme seiner Leiden zu vermindern.

Nützlichkeit: mehr Glück als Leid

6. Man kann also von einer Handlung sagen, sie entspreche dem Prinzip der Nützlichkeit oder – der Kürze halber – der Nützlichkeit (das heißt in Bezug auf die Gemeinschaft insgesamt), wenn die ihr innewohnende Tendenz, das Glück der Gemeinschaft zu vermehren, größer ist als irgendeine andere ihr innewohnende Tendenz, es zu vermindern.

Regierung und Nützlichkeit

7. Von einer Maßnahme der Regierung (die nichts anderes ist als eine von einer einzelnen oder von mehreren Personen ausgeführte einzelne Handlungsweise) kann man sagen, sie entspreche dem Prinzip der Nützlichkeit oder sei von diesem geboten, wenn in analoger Weise die ihr innewohnende Tendenz, das Glück der Gemeinschaft zu vermehren, grö-

4.4 Das Prinzip der Nützlichkeit (Bentham)

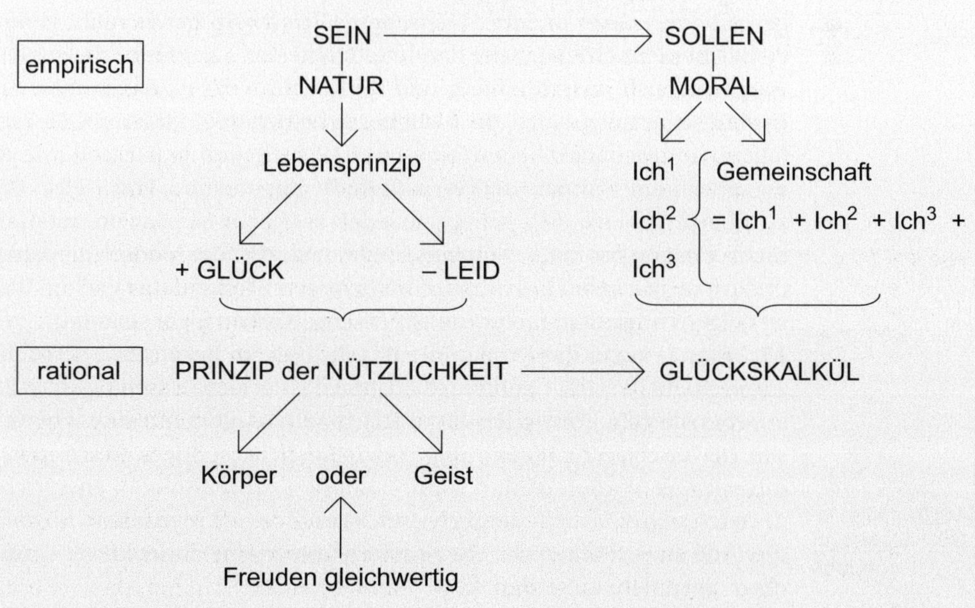

ßer ist als irgendeine andere ihr innewohnende Tendenz, es zu vermindern. (...)

Was nützlich ist, soll auch getan werden

10. Von einer Handlung, die mit dem Prinzip der Nützlichkeit übereinstimmt, kann man stets entweder sagen, sie sei eine Handlung, die getan werden soll, oder zum mindesten, sie sei keine Handlung, die nicht getan werden soll. Man kann auch sagen, es sei richtig zu sagen, dass sie getan werden sollte; es sei zum mindesten nicht falsch zu sagen, dass sie getan werden sollte: sie sei eine richtige Handlung; zum mindesten sei sie keine falsche Handlung. So verstanden haben die Wörter sollen, richtig und falsch sowie andere Wörter dieser Art einen Sinn; werden sie anders verstanden, haben sie keinen Sinn.

Das Prinzip der Nützlichkeit bedarf keines Beweises

11. Ist die Richtigkeit dieses Prinzips jemals förmlich bestritten worden? Anscheinend ja, und zwar von denen, die nicht wussten, was sie meinten. Ist es eines direkten Beweises fähig? Anscheinend nein: denn was dazu dient, um etwas anderes zu beweisen, kann nicht selber bewiesen werden; eine Beweiskette muss irgendwo anfangen. Es ist ebenso unmöglich wie überflüssig, einen solchen Beweis vorzulegen.

Die meisten Menschen halten sich intuitiv an das Prinzip der Nützlichkeit

12. Nicht dass es jenes lebendige menschliche Wesen gibt oder jemals gegeben hat – ganz gleich wie dumm oder verderbt es sein mag –, das sich ihm nicht in vielen, vielleicht sogar in den meisten Augenblicken seines Lebens unterworfen hat. Aufgrund der natürlichen Beschaffenheit der menschlichen Verfasstheit machen sich im Allgemeinen die Menschen dieses Prinzip in den meisten Augenblicken ihres Lebens zu eigen, ohne darüber nachzudenken; wenn nicht zur Leitung ihrer eigenen Handlungen, so doch zur Prüfung sowohl ihrer eigenen Handlungen als auch derer anderer Menschen. Gleichwohl hat es nicht viele – vielleicht nicht einmal unter den Intelligentesten – gegeben, die geneigt waren, es sich ausschließlich und vorbehaltlos zu eigen zu machen. Es sind sogar nur wenige, die nicht bei der einen oder anderen Gelegenheit mit ihm gehadert haben, sei es, weil sie nicht immer wussten, wie sie es anwenden sollten, sei es aufgrund irgendeines Vorurteils, das zu überprüfen sie sich scheuten, oder von dem sich zu trennen sie nicht ertragen konnten. Denn aus solchem Stoff ist der Mensch gemacht: im Prinzip wie in der Praxis, auf dem richtigen wie auf dem falschen Weg ist Folgerichtigkeit die seltenste aller menschlichen Eigenschaften.

13. Wenn jemand das Prinzip der Nützlichkeit zu bekämpfen versucht, so geschieht dies mit Gründen, die, ohne dass er sich dessen bewusst ist, auf eben diesem Prinzip beruhen. Sofern seine Argumente etwas beweisen, beweisen sie nicht, dass das Prinzip *falsch* ist, sondern dass es *falsch angewendet* worden ist und somit nicht den Anwendungen entspricht, die nach seiner Ansicht möglich sind. Ist es für einen Menschen möglich, die Erde zu verrücken? Ja, aber zuerst muss er eine andere Erde entdecken, um auf ihr zu stehen. (...)

Das Prinzip der Nützlichkeit kann nur falsch angewendet werden

II. Über Prinzipien, die dem Prinzip der Nützlichkeit entgegengesetzt sind

(...)

19. Es gibt zwei Dinge, die sehr leicht miteinander verwechselt werden; es ist jedoch für uns von Wichtigkeit, dass wir sie sorgfältig unterscheiden:

Nicht die Absichten zählen, entscheidend ist nur der Nutzen

1. das Motiv oder die Ursache, die eine Handlung hervorbringen, indem sie auf das Bewusstsein eines Individuums wirken;

4.5 Glückskalkül (Bentham)

1. Durchgang → Interessen einer **Person**, die am **unmittelbarsten** von Handlung betroffen ist

1.1 in **erster** Linie → Intensität / Dauer / (Un-)Gewissheit / Nähe-Ferne

1.1.1 FREUDE
1.1.2 LEID

1.2 in **zweiter** Linie → Folgenträchtigkeit / Reinheit

1.2.1 FREUDE
1.2.2 LEID

Zwischenergebnis: Addition von FREUDE vs. LEID → mehr FREUDE: **gut**
mehr LEID: **schlecht**

---

2. Durchgang → Anzahl der **Personen**, deren Interessen anscheinend von Handlung betroffen sind → in Bezug auf **jedes** Individuum

2.1 in **erster** Linie → Intensität / Dauer / (Un-)Gewissheit / Nähe-Ferne

2.1.1 FREUDE
2.1.2 LEID

2.2 in **zweiter** Linie → Folgenträchtigkeit / Reinheit

2.2.1 FREUDE
2.2.2 LEID

Zwischenergebnis: Addition von FREUDE vs. LEID → mehr FREUDE: **gut**
mehr LEID: **schlecht**

BILANZ: Übergewicht auf Seite der FREUDE → für die betroffene **Gesamtzahl** oder Gemeinschaft von Individuen: **G U T**

Übergewicht auf Seite des LEIDS → für die betroffene **Gesamtzahl** oder Gemeinschaft von Individuen: **S C H L E C H T**

2. den Grund oder die Rechtfertigung, die einen Gesetzgeber oder sonstigen Zuschauer berechtigen, diese Handlung mit Billigung zu betrachten. Wenn die Handlung in dem besonderen Fall, der in Frage steht, Folgen hervorbringt, die wir mit noch größerer Billigung betrachten, wenn wir feststellen, dass das gleiche Motiv auch in anderen Fällen häufig die gleichen Folgen hervorbringen kann, neigen wir dazu, unsere Billigung auf das Motiv selbst zu übertragen und die Tatsache des Hervorgehens der Handlung aus diesem Motiv als gerechtfertigten Grund für unsere Billigung der Handlung anzunehmen. Auf eben diese Weise wurde das Gefühl der Antipathie oft für einen gerechtfertigten Grund der Handlung gehalten. Antipathie ist zum Beispiel in diesem oder jenem Fall die Ursache einer Handlung, die von guten Folgen begleitet ist, doch dies macht sie weder in diesem noch in irgendeinem anderen Fall zu einem richtigen Grund der Handlung. Wenn man noch weiter geht und sagt, dass nicht nur die Folgen gut sind, sondern der Handelnde auch voraussieht, dass sie gut sein werden, so macht dies die Handlung in der Tat zu einer vollkommen richtigen Handlung, aber es macht Antipathie nicht zu einem richtigen Grund der Handlung. Denn das gleiche Gefühl der Antipathie kann, wenn man ihm ohne weiteres nachgibt, die allerschlimmsten Folgen hervorbringen, und sehr oft ist dies auch der Fall. Antipathie kann daher niemals ein richtiger Handlungsgrund sein. Das gleiche gilt für das Ressentiment, das – wie wir später genauer sehen werden – nur eine Modifikation der Antipathie ist. Der einzige richtige Handlungsgrund, der bestehen kann, ist schließlich doch die Nutzen-Erwägung, die, wenn sie in irgendeinem Fall ein richtiges Prinzip der Handlung und Billigung ist, dies auch in jedem anderen Fall ist. Zahlreiche andere Prinzipien, das heißt andere Motive, können der Grund dafür sein, warum diese oder jene Handlung getan worden ist, das heißt der Grund oder die Ursache dafür, dass sie getan wird; aber allein der Nutzen kann der Grund dafür sein, warum sie hätte getan werden können oder sollen. Antipathie oder Ressentiment bedürfen immer eines Regulativs, damit sie keinen Schaden anrichten. Welches Regulativ ist es? Stets das Prinzip der Nützlichkeit. Das Prinzip der Nützlichkeit bedarf weder eines anderen Regulativs, noch lässt es ein anderes als sich selbst zu. (…)

IV. Wie der Wert einer Menge an Freude oder Leid gemessen werden kann

Freude und Leid als einziger Maßstab

1. Freuden und das Vermeiden von Leiden sind also die *Ziele*, die der Gesetzgeber im Auge hat; ihm obliegt es somit, ihren *Wert* zu erkennen. Freuden und Leiden sind die *Instrumente*, mit denen er umzugehen hat; es obliegt ihm somit, ihre Macht zu erkennen, die wiederum unter einem anderen Gesichtspunkt ihr Wert ist.

2. Wenn man einen Menschen für sich betrachtet, so ist für ihn der Wert

Verschiedene Hinsichten für das Ausmaß von Freude und Leid

einer Freude oder eines Leids – wenn man ihn für sich betrachtet – gemäß den vier folgenden Umständen größer oder geringer, nämlich gemäß:
a) der *Intensität,*
b) der *Dauer,*
c) der *Gewissheit oder Ungewissheit,*
d) der *Nähe* oder *Ferne* einer Freude oder eines Leids.

Weitere Hinsichten, um Leid und Freude (Tendenz) zu beurteilen

3. Diese Umstände müssen in Betracht gezogen werden, wenn man eine Freude oder ein Leid jeweils für sich beurteilt. Wenn man aber den Wert einer Freude oder eines Leids betrachtet, um die Tendenz einer Handlung zu beurteilen, durch die Freude oder Leid hervorgebracht wird, müssen zwei weitere Umstände berücksichtigt werden, nämlich
e) die *Folgenträchtigkeit* der Freude oder des Leids oder die Wahrscheinlichkeit, dass auf sie Empfindungen von derselben Art folgen, das heißt Freuden, wenn es sich um eine Freude handelt; Leiden, wenn es sich um ein Leid handelt;
f) die *Reinheit* der Freude oder des Leids oder die Wahrscheinlichkeit, dass auf sie nicht Empfindungen von *entgegengesetzter* Art folgen, das heißt Leiden, wenn es sich um eine Freude handelt; Freuden, wenn es sich um ein Leid handelt.

Folgenträchtigkeit und Reinheit sind nur sekundär

Diese beiden letzten Umstände kann man jedoch streng genommen kaum für Eigenschaften von Freude oder Leid selbst halten; streng genommen dürfen sie daher nicht zur Bestimmung des Werts dieser Freude oder jenes Leids herangezogen werden. Man darf sie streng genommen nur für Eigenschaften der Handlung oder eines sonstigen Ereignisses halten, durch die solche Freude oder solches Leid hervorgebracht worden ist, und entsprechend dürfen sie nur zur Bestimmung der Tendenz einer solchen Handlung oder eines solchen Ereignisses herangezogen werden.

Alle Hinsichten, um (Tendenz von) Freude und Leid zu bestimmen

4. Für eine *Anzahl* von Personen wird der Wert einer Freude oder eines Leids, sofern man sie im Hinblick auf jede von ihnen betrachtet, gemäß sieben Umständen größer oder kleiner sein: das sind die sechs vorigen, nämlich
a) die *Intensität,*
b) die Dauer,
c) die *Gewissheit* oder *Ungewissheit,*
d) die *Nähe* oder *Ferne,*
e) die *Folgenträchtigkeit,*
f) die *Reinheit* einer Freude oder eines Leids. Hinzu kommt ein weiterer Umstand, nämlich
g) das *Ausmaß,* das heißt die Anzahl der Personen, auf die Freude oder Leid sich *erstrecken* oder (mit anderen Worten) die davon betroffen sind.

Wie man Schritt für Schritt das Nutzenkalkül anwendet

5. Wenn man also die allgemeine Tendenz einer Handlung, durch die die Interessen einer Gemeinschaft betroffen sind, genau bestimmen will, verfahre man folgendermaßen. Man beginne mit einer der Personen, deren Interessen am unmittelbarsten durch eine derartige Handlung betroffen zu sein scheinen, und bestimme:

a) den Wert jeder erkennbaren *Freude*, die von der Handlung in *erster* Linie hervorgebracht zu sein scheint;

b) den Wert jeden *Leids*, das von ihr in erster Linie hervorgebracht zu sein scheint;

c) den Wert jeder *Freude*, die von ihr in zweiter Linie hervorgebracht zu sein scheint. Dies begründet die *Folgenträchtigkeit* der ersten Freude und die *Unreinheit* des ersten *Leids*.

d) den Wert jeden *Leids*, das von ihr in zweiter Linie anscheinend hervorgebracht wird. Dies begründet die *Folgenträchtigkeit* des ersten *Leids* und die *Unreinheit* der ersten *Freude*.

e) Man addiere die Werte aller Freuden auf der einen und die aller Leiden auf der anderen Seite. Wenn die Seite der Freude überwiegt, ist die Tendenz der Handlung im Hinblick auf die Interessen dieser einzelnen Person insgesamt gut; überwiegt die Seite des Leids, ist ihre Tendenz insgesamt schlecht.

f) Man bestimme die *Anzahl* der Personen, deren Interessen anscheinend betroffen sind, und wiederhole das oben genannte Verfahren im Hinblick auf jede von ihnen. Man *addiere* die Zahlen, die den Grad der *guten* Tendenz ausdrücken, die die Handlung hat – und zwar in Bezug auf jedes Individuum, für das die Tendenz insgesamt *gut* ist; das gleiche tue man in Bezug auf jedes Individuum, für das die Tendenz insgesamt *schlecht* ist. Man ziehe die *Bilanz*; befindet sich das Übergewicht auf der Seite der *Freude*, so ergibt sich daraus für die betroffene Gesamtzahl oder Gemeinschaft von Individuen eine allgemein *gute Tendenz* der Handlung; befindet es sich auf der Seite des *Leids*, ergibt sich daraus für die gleiche Gemeinschaft eine allgemein *schlechte Tendenz*.

4.6 Prinzipien des Utilitarismus (Bentham)

Für den Utilitarismus ist diejenige Handlung moralisch richtig,	
deren Folgen	Konsequenz-Prinzip
für das Wohlergehen	hedonistisches Prinzip
aller Betroffenen	Universalitäts-Prinzip
optimal sind.	Utilitäts-Prinzip

Annäherungswerte genügen

6. Es kann nicht erwartet werden, dass dieses Verfahren vor jedem moralischen Urteil und vor jeder gesetzgebenden oder richterlichen Tätigkeit streng durchgeführt werden sollte. Es mag jedoch immer im Blick sein, und je mehr sich das bei solchen Anlässen tatsächlich durchgeführte Verfahren diesem annähert, desto mehr wird sich ein solches Verfahren dem Rang eines exakten Verfahrens annähern.

Verschiedene Arten von Leid und Freude

7. Das gleiche Verfahren lässt sich ebenso auf Freude und Leid anwenden, ganz gleich in welcher Gestalt sie auftreten und durch welche Namen man sie voneinander unterscheidet: auf Freude, ob sie nun Gutes genannt wird (das eigentlich die Ursache oder das Instrument der Freude ist), *Gewinn* (der entfernte Freude oder die Ursache oder das Instrument entfernter Freude ist), *Annehmlichkeit oder Vorteil, Wohltat, Vergütung, Glück* und so fort; auf Leid, ob es nun Schlechtes genannt wird (was dem Guten entspricht), *Unheil, Unannehmlichkeit, Nachteil, Verlust oder Unglück* und so fort. (...)

V. Die Arten von Freude und Leid

Zusammengesetzte Formen von Freude und Leid

1. Nachdem das dargestellt wurde, was zu allen Arten von Freude und Leid gleichermaßen gehört, gehen wir nun dazu über, die verschiedenen Arten von Leid und Freude – je für sich – aufzuzeigen. Leiden und Freuden kann man allgemein als Empfindungen bezeichnen, für die man sich interessiert. Empfindungen, für die man sich interessiert, sind entweder einfach oder zusammengesetzt. Einfach sind diejenigen, die sich nicht in mehrere auflösen lassen; zusammengesetzt sind diejenigen, die sich in verschiedene einfache auflösen lassen. Eine zusammengesetzte Empfindung, für die man sich interessiert, kann demnach entweder (1) ausschließlich aus Freuden, (2) ausschließlich aus Leiden oder (3) aus einer Freude oder aus Freuden und aus einem Leid oder aus Leiden zusammen bestehen. Der Grund dafür, dass eine Menge Freude zum Beispiel für eine zusammengesetzte Freude gehalten wird und nicht für mehrere einfache Freuden, ist die Natur der Wirkursache. Von all den Freuden, die gleichzeitig durch eine Handlung von der gleichen Ursache bewirkt werden, kann man sagen, sie machen zusammen nur eine Freude aus.

Einfache Formen von Freude

2. Die verschiedenen einfachen Freuden, für die die menschliche Natur empfänglich ist, scheinen die folgenden zu sein:
a) Die Sinnesfreuden. b) Die Freuden des Reichtums. c) Die Freuden der Kunstfertigkeit. d) Die Freuden der Freundschaft. e) Die Freuden eines guten Rufes. f) Die Freuden der Macht. g) Die Freuden der Frömmigkeit. h) Die Freuden des Wohlwollens. i) Die Freuden des Übelwollens. j) Die Freuden der Erinnerung. k) Die Freuden der Einbildungskraft. l) Die Freuden der Erwartung. m) Die gesellschaftlich fundierten Freuden. n) Die Freuden der Entspannung.

Verschiedene Formen von Leid

3. Die verschiedenen Leiden scheinen die folgenden zu sein: a) Die Leiden der Entbehrung. b) Die Leiden der Sinne. c) Die Leiden der Unbeholfenheit. d) Die Leiden der Feindschaft. e) Die Leiden eines schlechten Rufes. f) Die Leiden der Frömmigkeit. g) Die Leiden des Wohlwollens. h) Die Leiden des Übelwollens. i) Die Leiden der Erinnerung. j) Die Leiden der Einbildungskraft. k) Die Leiden der Erwartung. 1) Die gesellschaftlich fundierten Leiden. (...)

4.7 Zusammenfassung und Kritik

Bentham begründet seine Sozialethik auf ein empirisches und für ihn unbestreitbares Faktum: Das menschliche Handeln steht jederzeit unter der Kausal-Herrschaft eines ganz einfachen und nicht zu leugnenden Natur-Prinzips: Alles, was wir tun, soll unser Lebensglück steigern oder zumindest Leid verhindern = Prinzip der Nützlichkeit.
Bentham macht aus diesem Natur-Prinzip (SEIN) einfach ein Moral-Prinzip (SOLLEN), indem er mit Hilfe von Vernunft und Recht ein »Gebäude der Glückseligkeit« errichten will = Utilitarismus.
In einem zweiten Schritt setzt Bentham das Glück bzw. Leid des Einzelnen mit dem der Gemeinschaft gleich, weil für ihn das Interesse der Gemeinschaft nur die »Summe der Interessen« der in dieser Gemeinschaft lebenden Individuen ist.
Im weiteren Verlauf seiner Argumentation entwickelt Bentham ein mathematisch anzuwendendes »hedonistisches Kalkül« (= Berechnungsinstrument), das für ihn mit Hilfe einer ›Gratifikationsbilanz‹ eine echte Entscheidungshilfe zur Feststellung des moralisch Guten oder Schlechten darstellt. In diesem Zusammenhang stellt er geistige und körperliche Freuden auf eine Stufe und macht keinen Unterschied zwischen der Qualität einer Freude, ihrer Dauer usw.: »Prejudice apart, the game of push-pin is of equal value with the arts and sciences oft music and poetry. If the game of push-pin furnishes more pleasure, it ist more valuable than either.«[1]

Gegen Benthams Moral-Theorie wurden verschiedene Einwände vorgebracht:
- Bentham reduziert die ganze Palette möglicher, menschlicher Handlungsmotive im Sinne des Schwarz-Weiß-Denkens auf lediglich zwei alles beherrschende Zwecke.
- Er orientiert sich nur an den Folgen einer Handlung, bedenkt aber nicht, dass diese letztlich unabsehbar sind.

1 Jeremy Bentham, Works, hg. v. J. Bowring, Edinburgh 1843, Bd. II, S. 253f., zitiert nach: Otfried Höffe, Einführung in die utilitaristische Ethik, Tübingen und Basel ^{3}2003, S. 51.

- Indem Bentham von Tatsachen (Wir wollen offensichtlich alle glücklich sein.) auf Normen schließt (Wir sollen alles tun, um glücklich zu werden!), begeht er ganz offensichtlich einen ›naturalistischen Fehlschluss‹: Tatsachen können aus sich selbst heraus keine Normen ›gebären‹! Die Tatsache, dass viele Menschen gerne rauchen, kann nicht in die allgemeine Forderung umgewandelt werden: Jeder soll rauchen!
- Mit der Gleichsetzung von individuellen und gemeinschaftlichen Interessen widerspricht Bentham dem Grundsatz: Das Ganze ist mehr als die Summe seiner Teile.
- Bentham verbindet von Anfang an Politik und Moral, und er will eine nicht vorhandene Übereinstimmung von Interessen notfalls mit gesetzlicher Hilfe erzwingen. Kann und sollte man so Moral begründen?
- Mit seinem Glückkalkül spricht Bentham nicht nur dem quantitativen Hedonismus das Wort, sondern erweckt auch auf sehr fragwürdige Art und Weise den Anschein von Objektivität. Er rechnet sozusagen korrekt mit ›krummen Zahlen‹.

Trotz aller vorgetragenen Kritik wurde Benthams utilitaristischer Denkansatz im Laufe der Zeit zu einer der wichtigsten moralphilosophischen Positionen ausgebaut.
Seine Forderung: »Everybody to count for one, and nobody to count for more than one« entspricht voll und ganz den Idealen der Französischen Revolution und ist zur selbstverständlichen Grundlage unserer westlichen Demokratien geworden.

4.8 Test*

1. Unter der Herrschaft welcher ›Gebieter‹ steht nach Bentham das menschliche Leben?
   a) .... + b) ....
2. Welches ›Gebäude‹ will Bentham mit dem Prinzip der Nützlichkeit errichten?
   Das Gebäude ....
3. Welche Handlung nennt Bentham ›nützlich‹?
   Nützlich ist eine Handlung, die ....
4. Wie will Bentham seine Moral begründen?
   ❏ rational ❏ emotional ❏ empirisch ❏ mathematisch
5. Für Bentham ist der Unterschied zwischen Quantität und Qualität der Lust ❏ von Bedeutung ❏ nicht von Bedeutung
6. Benthams Ethik interessiert sich
   ❏ für die Motive einer Handlung ❏ für die Folgen einer Handlung
7. Wie definiert Bentham die Gemeinschaft der Menschen?
   Die Gemeinschaft ist ....
8. Mit Hilfe welchen Instruments will Bentham das moralisch Gebotene errechnen?
   Mit Hilfe ....
9. Den Wert einer Menge an Freude oder Leid kann man nach Bentham mit folgenden Faktoren messen:
   ❏ Dauer ❏ Sinnlichkeit ❏ Intensität ❏ Nähe/Ferne
   ❏ Gewissheit ❏ Folgenträchtigkeit ❏ Reinheit ❏ Wiederholung
10. Nach den Prinzipien (nennen!) des Utilitarismus ist eine Handlung dann moralisch richtig, wenn ihre .... (...........-Prinzip) für das .... (................-Prinzip) .... Betroffenen (..................-Prinzip) .... (..................-Prinzip) sind.

*Eintragungen gegebenenfalls nur auf einer Kopie der Seite vornehmen.

5.1 John Stuart Mill – Leben

* 20. Mai 1806, Pentonville, London
† 7. Mai 1873, Avignon

Der englische Philosoph, Sozialreformer und Nationalökonom war der einflussreichste liberale Denker des 19. Jahrhunderts.
James Mill, ein Freund von Jeremy Bentham, dem Begründer des Utilitarismus, unterwarf seinen ältesten, hochbegabten Sohn einer strengen Erziehung. Bereits mit drei Jahren lernte er Griechisch, mit acht Jahren Latein, später noch fließend Deutsch und Französisch.
Außerdem wurde er in Mathematik und Geschichte unterrichtet und ab dem 12. Lebensjahr in Logik, Ökonomie, Metaphysik und Ethik. Bis zu seinem 14. Lebensjahr hatte er keinen Kontakt zu Gleichaltrigen.
John Stuart Mill hat diesen ungewöhnlichen Erziehungsprozess in seiner ›Autobiography‹ (1873), die zu einem Klassiker der englischen Literatur wurde, dokumentiert.
Erst in Frankreich, als er von einem Bruder Benthams in der Nähe des südfranzösischen Toulouse unterrichtet wurde, erhielt er die Möglichkeit, körperliche Aktivitäten zu entwickeln und Freundschaften zu schließen. Dort begeisterte er sich auch für die Ideale der Französischen Revolution.
Zurück in England lernte er Jeremy Benthams Schriften kennen (1821) und gründete ein Jahr später mit Freunden die ›Utilitaristische Gesellschaft‹. Im London Debating Club machte sich Mill für die Einführung einer reinen Demokratie stark.
Von Mai 1823 an arbeitete John Stuart Mill bei der Ostindischen Handelsgesellschaft (East India Company) und stieg dort schnell in eine verantwortungsvolle Position auf.
Die einseitig intellektuelle Ausbildung Mills führte im Alter von 20 Jahren zu einem Nervenzusammenbruch, der ihn daran zweifeln ließ, dass alles, was nützlich ist, auch mit Lustgewinn verknüpft ist.
1830 verliebte sich Mill in die 22-jährige, verheiratete Harriet Taylor, die

nach dem Tod ihres Mannes 1851 endlich seine Frau wurde. Die engagierte Frauenrechtlerin beeinflusste Mills Werke in erheblichem Maß. 1858 zog sich Mill mit einer großzügigen Rente aus seinem Beruf zurück und konzentrierte sich ganz auf seine Studien. Von 1865 bis 1868 war er Abgeordneter des Unterhauses. Er starb am 7. Mai 1873 und wurde im Marmorgrab seiner Frau beigesetzt. Seine letzten Worte waren: »Ich habe meine Arbeit getan.«

5.2 John Stuart Mill Der Utilitarismus (1863)

1. Kapitel: Allgemeine Bemerkungen

Keine moralische Denkrichtung kann auf utilitaristische Argumente verzichten

(...) Es gibt keine Denkrichtung, die nicht zugesteht, dass die Bedeutung einer Handlung für die Glückseligkeit in vielen Anwendungsgebieten der Moral eine wesentliche und sogar vorrangige Rolle spielt, wie wenig sie auch gewillt ist, in ihr das Grundprinzip der Moral und die Quelle aller sittlichen Verpflichtungen zu sehen. Ja, ich würde noch weiter gehen und behaupten, dass zumindest jene Apriori[1]-Moralisten, die das Argumentieren überhaupt noch für notwendig halten, auf utilitaristische Argumente nicht verzichten können. Es ist hier nicht meine Absicht, diese Philosophen einer Kritik zu unterziehen. Aber ich kann nicht umhin, zur Veranschaulichung meiner These auf eine systematische Abhandlung eines der größten unter ihnen zu verweisen, auf Kants Metapysik der Sitten. Dieser außerordentliche Mann (...) stellt in der genannten Abhandlung einen allgemeinen Grundsatz als Ursprung und Prinzip aller sittlichen Verpflichtung auf, nämlich: »Handle so, dass die Regel deines Handelns von allen vernünftigen Wesen als Gesetz angenommen werden kann.« (...) Was er zeigt, ist eigentlich das, dass die Folgen einer allgemeinen Befolgung derart wären, dass jedermann von ihnen verschont bleiben wollte. (...)

Auch Kants Pflichtethik ist eine Folgenethik

2. Kapitel – Was heißt Utilitarismus?

Nützlichkeit = Glück als Grundlage der Moral

(...) Die Auffassung, für die die Nützlichkeit oder das Prinzip des größten Glücks die Grundlage der Moral ist, besagt, dass Handlungen insoweit und in dem Maße moralisch richtig sind, als sie die Tendenz haben, Glück zu befördern, und insoweit moralisch falsch, als sie die Tendenz haben, das Gegenteil von Glück zu bewirken. Unter »Glück« [happiness] ist dabei Lust [pleasure] und das Freisein von Unlust [pain], unter »Unglück« [unhappiness] Unlust und das Fehlen von Lust verstanden.

Glück = Lust bzw. Freisein von Unlust

Damit die von dieser Theorie aufgestellte Norm deutlich wird, muss freilich noch einiges mehr gesagt werden, insbesondere darüber, was die

1 a priori: vor aller Erfahrung, unabhängig von Erfahrung

Begriffe Lust und Unlust einschließen sollen und inwieweit dies von der Theorie offen gelassen wird. Aber solche zusätzlichen Erklärungen ändern nichts an der Lebensauffassung, auf der diese Theorie der Moral wesentlich beruht: dass Lust und das Freisein von Unlust die einzigen Dinge sind, die als Endzwecke wünschenswert sind, und dass alle anderen wünschenswerten Dinge (die nach utilitaristischer Auffassung ebenso vielfältig sind wie nach jeder anderen) entweder deshalb wünschenswert sind, weil sie selbst lustvoll sind oder weil sie Mittel sind zur Beförderung von Lust und zur Vermeidung von Unlust.

Lust bzw. Freisein von Unlust = die einzig wünschenswerten Lebensziele

Eine solche Lebensauffassung stößt bei vielen Menschen, darunter manchen, deren Fühlen und Trachten im höchsten Maße achtenswert ist, auf eingewurzelte Abneigung. Der Gedanke, dass das Leben (wie sie sagen) keinen höheren Zweck habe als die Lust, kein besseres und edleres Ziel des Wollens und Strebens, erscheint ihnen im äußersten Grade niedrig und gemein; als eine Ansicht, die nur der Schweine würdig wäre, mit denen die Anhänger Epikurs[1] ja schon sehr früh verächtlich gleichgesetzt wurden; (...)

Lust als Lebenszweck erscheint manchen als bloßes Schweineglück

Aber wir kennen keine epikureische Lebensauffassung, die nicht den Freuden des Verstandes, der Empfindung und Vorstellungskraft sowie des sittlichen Gefühls einen weit höheren Wert zuschreibt als denen der bloßen Sinnlichkeit. Es ist allerdings einzuräumen, dass die utilitaristischen Autoren die Überlegenheit der geistigen über die körperlichen Freuden im Wesentlichen nur in der größeren Dauerhaftigkeit, Verlässlichkeit, Unaufwendigkeit usw. der ersteren gesehen haben, also eher in ihren äußeren Vorteilen als in ihrer inneren Beschaffenheit. (...) Die Anerkennung der Tatsache, dass einige Arten der Freude wünschenswerter und wertvoller sind als andere, ist mit dem Nützlichkeitsprinzip durchaus vereinbar. Es wäre unsinnig anzunehmen, dass der Wert einer Freude ausschließlich von der Quantität abhängen sollte, wo doch in der Wertbestimmung aller anderen Dinge neben der Quantität auch die Qualität Berücksichtigung findet.

Aber schon Epikur schreibt den geistigen Freuden eine höhere Qualität zu als den körperlichen

Man darf den Wert einer Freude nicht nur von der Quantität abhängig machen

Fragt man mich nun, was ich meine, wenn ich von der unterschiedlichen Qualität von Freuden spreche, und was eine Freude – bloß als Freude, unabhängig von ihrem größeren Betrag – wertvoller als eine andere macht, so gibt es nur eine mögliche Antwort: von zwei Freuden ist diejenige wünschenswerter, die von allen oder nahezu allen, die beide erfahren haben – ungeachtet des Gefühls, eine von beiden aus moralischen Gründen vorziehen zu müssen – entschieden bevorzugt wird. (...)

Die Erfahrung zeigt deutlich, welche Art von Freude qualitativ höherwertig ist

Es ist nun aber eine unbestreitbare Tatsache, dass diejenigen, die mit beiden gleichermaßen bekannt und für beide gleichermaßen empfänglich sind, der Lebensweise entschieden den Vorzug geben, an der auch ihre höheren Fähigkeiten beteiligt sind. Nur wenige Menschen würden

Kein intelligenter Mensch würde sich in ein glückliches Tier verwandeln lassen wollen

1 Epikur (341–271 v. Chr.), gr. Philosoph, Vertreter des Hedonismus

darin einwilligen, sich in eines der niederen Tiere verwandeln zu lassen, wenn man ihnen verspräche, dass sie die Befriedigungen des Tiers im vollen Umfange auskosten dürften. Kein intelligenter Mensch möchte ein Narr, kein gebildeter Mensch ein Dummkopf, keiner, der feinfühlig und gewissenhaft ist, selbstsüchtig und niederträchtig sein – auch wenn sie überzeugt wären, dass der Narr, der Dummkopf oder der Schurke mit seinem Schicksal zufriedener ist als sie mit dem ihren.

Es widerspräche der Würde des Menschen, nur körperliche Lust empfinden zu wollen

(...) Ein höher begabtes Wesen verlangt mehr zu seinem Glück, ist wohl auch größeren Leidens fähig und ihm sicherlich in höherem Maße ausgesetzt als ein niedrigeres Wesen; aber trotz dieser Gefährdungen wird es niemals in jene Daseinsweise absinken wollen, die es als niedriger empfindet. Wir mögen dieses Widerstreben erklären, wie wir wollen (...), am zutreffendsten wird es als ein Gefühl der Würde beschrieben, das allen Menschen in der einen oder anderen Weise und im ungefähren Verhältnis zu ihren höheren Anlagen zu eigen ist und das für die, bei denen es besonders stark ausgeprägt ist, einen so entscheidenden Teil ihres Glücks ausmacht, dass sie nichts, was mit ihm unvereinbar ist, länger als nur einen Augenblick lang zu begehren imstande sind. Wer meint, dass diese Bevorzugung des Höheren ein Opfer an Glück bedeutet – dass das höhere Wesen unter den gleichen Umständen nicht glücklicher sein könne als das niedrigere –, vermengt die zwei durchaus verschiedenen Begriffe des Glücks [happiness] und der Zufriedenheit [content]. Es ist unbestreitbar, dass ein Wesen mit geringerer Fähigkeit zum Genuss die besten Aussichten hat, voll zufrieden gestellt zu werden; während ein Wesen von höheren Fähigkeiten stets das Gefühl haben wird, dass alles Glück, das es von der Welt, so wie sie beschaffen ist, erwarten kann, unvollkommen ist. (...)

Glück bedeutet nicht Zufriedenheit

Menschliches Glück bleibt immer unvollkommen

Es ist besser, ein unzufriedener Mensch als ein zufrieden gestelltes Schwein zu sein

Es ist besser, ein unzufriedener Mensch zu sein als ein zufrieden gestelltes Schwein; besser ein unzufriedener Sokrates als ein zufriedener Narr. Und wenn der Narr oder das Schwein anderer Ansicht sind, dann deshalb, weil sie nur die eine Seite der Angelegenheit kennen. Die andere Partei hingegen kennt beide Seiten. (...)

Nur Erfahrene können darüber entscheiden, welche Art von Glück man
- *qualitativ und*
- *quantitativ*

bevorzugen sollte

Darüber, welche von zwei Befriedigungen es sich zu verschaffen am meisten lohnt oder welche von zwei Lebensweisen ungeachtet ihrer moralischen Eigenschaften und ihrer Folgen dem menschlichen Empfinden am meisten zusagt, kann nur das Urteil derer, die beide erfahren haben, oder, wenn sie auseinander gehen sollten, das der Mehrheit unter ihnen als ebenso gültig gelten. Und wir dürfen umso weniger zögern, ihr Urteil über die Qualität einer Befriedigung zu akzeptieren, als wir uns selbst hinsichtlich der Quantität auf keinen anderen Richtspruch berufen können. Was anders sollte darüber entscheiden, welche von zwei Schmerzempfindungen die heftigste oder welche von zwei lustvollen Empfindungen die intensivste ist, als das Mehrheitsvotum derer, denen beide vertraut sind? Angenehme und unangenehme Empfindungen sind unter sich sehr ungleichartig, und Unlust ist stets von anderer Art als Lust. Welche andere Instanz als das Empfindungs- und Urteilsvermögen der Erfahrenen sollte uns sagen können, ob es sich auszahlt, für eine bestimmte angenehme Empfindung eine bestimmte unangenehme Empfindung in Kauf zu nehmen? Wenn diese nun aber erklären, dass die aus den höheren Fähigkeiten erwachsenden Freuden *der Art nach* – ungeachtet ihrer Intensität – denen vorzuziehen sind, deren die tierische Natur ohne die höheren Fähigkeiten fähig ist, dann verdienen sie auch in dieser Frage unsere volle Beachtung.

Manchmal muss man auch Unlust in Kauf nehmen, um Lust zu erleben

Ich bin auf diesen Punkt näher eingegangen, weil es für ein angemessenes Verständnis der Begriffe Nützlichkeit oder Glück, als Leitvorstellungen des menschlichen Handelns verstanden, absolut unerlässlich ist. Zur Annahme der utilitaristischen Norm ist er dagegen nicht unbedingt erforderlich; denn die Norm des Utilitarismus ist nicht das größte Glück des Handelnden selbst, sondern das größte Glück insgesamt; und wenn es vielleicht auch fraglich ist, ob ein edler Charakter durch seinen Edelmut glücklicher wird, so ist doch nicht zu bezweifeln, dass andere durch ihn glücklicher sind und dass die Welt insgesamt durch ihn unermesslich gewinnt. Der Utilitarismus kann sein Ziel daher nur durch die allgemeine Ausbildung und Pflege eines edlen Charakters erreichen, selbst wenn für jeden Einzelnen der eigene Edelmut eine Einbuße an Glück und nur jeweils der Edelmut der anderen einen Vorteil bedeuten würde. Aber man braucht einen widersinnigen Gedanken wie diesen nur auszusprechen, um zu sehen, dass er widersinnig ist und jede Widerlegung überflüssig macht.

Utilitaristische Norm: größtmögliches Glück für alle

Das Allgemeinwohl steht über dem privaten Glück

Der edelmütige Utilitarist verzichtet auf sein privates Glück freiwillig zugunsten der Gemeinschaft

Nach dem Prinzip des größten Glücks ist, wie oben erklärt, der letzte Zweck, bezüglich dessen und um dessentwillen alles andere wünschenswert ist (sei dies unser eigenes Wohl oder das Wohl anderer), ein Leben, das so weit wie möglich frei von Unlust und in qualitativer wie in quantitativer Hinsicht so reich wie möglich an Lust ist; (...) Indem dies nach utilitaristischer Auffassung der Endzweck des menschlichen Handelns ist, ist es notwendigerweise auch die Norm der Moral. Diese kann also definiert werden als die Gesamtheit der Handlungsregeln und Handlungsvorschriften, durch deren Befolgung ein Leben der angegebenen Art für die gesamte Menschheit im größtmöglichen Umfange erreichbar ist; und nicht nur für sie, sondern, soweit es die Umstände erlauben, für die gesamte fühlende Natur. (...)

Definition der Moral des Utilitarismus:

Handlungsregeln, die das Glück der gesamten Menschheit befördern und ggf. auch der gesamten fühlenden Natur

Versteht man unter Glück das Fortdauern einer im höchsten Grade lustvollen Erregung, dann ist die Unerreichbarkeit von Glück nur allzu offensichtlich. (...) Darüber waren sich die Philosophen, die die Glückseligkeit zum Endzweck des Lebens erklärten, ebenso im Klaren wie die, die ihren Spott über sie ergießen. Das Glück, das sie meinten, war nicht ein Leben überschwänglicher Verzückung, sondern einzelne Augenblick des Überschwangs inmitten eines Daseins, das wenige und schnell vor-

Glück ist nicht ein Dauerzustand lustvoller Erregung

Es gibt nur glückliche Momente

übergehende Phasen der Unlust, viele und vielfältige Freuden enthält (...) und dessen Grundhaltung es ist, nicht mehr vom Leben zu erwarten, als es geben kann. (...) Wenn Menschen mit einem leidlich günstigen äußeren Schicksal am Leben nicht genug Freude finden, um es sich lebenswert erscheinen zu lassen, hat das seine Ursache gewöhnlich darin, dass sie an sich selbst denken. (...) Dass ein Leben unbefriedigend ist, hat seine Ursache außer im Egoismus vor allem auch im Mangel an geistiger Bildung. Ein gebildeter Mensch (...) findet Gegenstände unerschöpflichen Interesses an allem, was ihn umgibt: (...) Es besteht (...) der Natur der Sache nach kein Grund, warum (...) jeder Mensch ein selbstsüchtiger Egozentriker sein muss, ein Mensch, der Gefühl und Interesse nur für das übrig hat, was sich um seine eigene erbärmliche Person dreht. (...) Persönliche Gefühlsbindungen und ein aufrichtiges Interesse am Gemeinwohl sind – wenn auch in unterschiedlichem Maße – jedem recht erzogenen Menschen möglich. (...)

Die ewig Unzufriedenen sind entweder selbstsüchtige, erbärmliche Egoisten oder nicht gebildet genug

Selbstaufopferung macht nur dann Sinn, wenn dadurch das Glück der Gemeinschaft gefördert wird

Die utilitaristische Moral erkennt den Menschen durchaus die Fähigkeit zu, ihr eigenes größtes Gut für das Wohl anderer zu opfern. Sie kann jedoch nicht zulassen, dass das Opfer selbst ein Gut ist. Ein Opfer, das den Gesamtbetrag an Glück nicht erhöht (bzw. nicht die Tendenz hat, den Gesamtbetrag an Glück zu erhöhen), betrachtet sie als vergeudet. Der einzige Selbstverzicht, den sie billigt, ist die Hingabe an das Glück (oder einige der Voraussetzungen für das Glück) der anderen (...).

Die ›goldene Regel‹ als Inbegriff der Nützlichkeitsethik

Ich muss noch einmal darauf zurückkommen, was die Gegner des Utilitarismus nur selten zur Kenntnis nehmen wollen: dass das Glück, das den utilitaristischen Maßstab des moralisch richtigen Handelns darstellt, nicht das Glück des Handelnden selbst, sondern das Glück aller Betroffenen ist. (...) In der goldenen Regel, die Jesus von Nazareth aufgestellt hat, finden wir den Geist der Nützlichkeitsethik vollendet ausgesprochen. Die Forderungen, sich dem andern gegenüber so zu verhalten, wie man möchte, dass er sich einem selbst gegenüber verhält, und den Nächsten zu lieben wie sich selbst, stellen die utilitaristische Moral in ihrer höchsten Vollkommenheit dar. (...)

Die Pflichterfüllung ist für sich genommen noch kein Kriterium für Moral

Das Handlungsmotiv ist nicht entscheidend für die moralische Richtigkeit der Handlung

Es ist die Sache der Ethik uns zu sagen, welche Pflichten wir haben und nach welchen Kriterien wir sie bestimmen können. Aber kein System der Ethik verlangt, dass das einzige Motiv für alles, was wir tun, das Pflichtgefühl sein soll. (...) [Die Utilitaristen] behaupten, dass das Motiv zwar sehr viel mit dem moralischen Wert des Handelnden, aber nicht mit der moralischen Richtigkeit der Handlung zu tun hat. Wer einen Mitmenschen vor dem Ertrinken rettet, tut, was moralisch richtig ist, einerlei, ob er es aus Pflichtgefühl tut oder in der Hoffnung, für seine Mühe entschädigt zu werden. (...)

Nur in Ausnahmefällen ist das öffentliche Wohl der Maßstab des Handelns

Die Vermehrung des Glücks ist nach utilitaristischer Ethik der Zweck der Tugend; aber die Gelegenheiten, in denen es – ein unter tausend ausgenommen – in der Macht einer einzelnen Person steht, dieses in größe-

5.3 Der Utilitarismus (Mill)

Aspekt	**Inhalt**
Lebenstheorie:	**Lust bzw. Vermeiden von Unlust:** einzig wünschenswerte **Endzwecke** menschlichen Handelns = NÜTZLICHKEITSPRINZIP ↑ **Beweis**: Jeder strebt nach eigenem **Glück** = **beobachtbar** • **Qualität** > Quantität!!! • **Geistige** > Körper → **WÜRDE** des Menschen
↓	
Menschenbild:	Das **gemeinschaftliche** Leben ist dem Menschen **natürlich + notwendig** → gleichmäßige Berücksichtigung der Interessen **aller** (Ausnahme Sklaven!): »mächtiges natürliches **Gefühl« = »fundamentale Sanktion des Utilitarismus«**
↓	
MORAL	»Gesamtheit der **Handlungsregeln** und -vorschriften, durch deren Befolgung ein Leben der angegeben Art für die gesamte Menschheit im größtmöglichen Umfange erreichbar ist; und auch, soweit es die Umstände erlauben, für die gesamte fühlende Natur.« • Die ›Goldene Regel‹ als Inbegriff utilitaristischer Moral • Allgemeinwohl **vor** Eigenwohl • **Trennung** von Motiv und Folgen
↓	
Umsetzung:	1. Nur **Erfahrene** können beurteilen, was mehr Befriedigung verschafft hinsichtlich Qualität und Quantität von Lust • Menschheitserfahrungen → Lebensklugheit • Regeln jederzeit verbesserungswürdig! 2. **Regeln** → **Klasse** von Handlungen (**Ausnahme** bestätigt Regel!) Der Einzelne hat weder genügend Erfahrung noch genügend **Zeit** zum angemessenen Abwägen → Folgen 3. **Sanktionen** → Handlungen, die anderen Schaden zufügen
↓	
Folgen:	1. Gerechtigkeit → allgemein nützlich 2. Gleichheit → allgemein nützlich
↕	
Probleme:	1. Freiheit + Gleichheit als Voraussetzungen der Gerechtigkeit 2. Was heißt ›größtmöglich‹? 3. Handlungserfolg kontra Regelbeachtung

In der Regel ist der private Nutzen von entscheidender Bedeutung

rem Umfange zu tun und zu einem öffentlichen Wohltäter zu werden, ergeben sich nur ausnahmsweise; und nur in solchen Fällen hat er die Pflicht, den öffentlichen Nutzen zu berücksichtigen. In allen anderen Fällen braucht er nur auf den privaten Nutzen, das Interesse oder das Glück einiger weniger Personen zu sehen. (...) Was schließlich die verbotenen Handlungen betrifft (...), so wäre es eines verständigen Menschen unwürdig, nicht genau zu wissen, dass die in Frage stehende Handlung zu einer Klasse gehört, die, allgemein praktiziert, aufs Ganze gesehen schädlich wäre, und dass hierauf die Verpflichtung beruht, sich ihrer zu enthalten. (...)

Klugheit und Lebensweisheit entlasten den Einzelnen bei seinen Augenblicksentscheidungen

Die Vertreter des Nützlichkeitsprinzips sehen sich (...) immer wieder veranlasst, auf Einwände wie etwa den zu antworten, dass vor dem Handeln nicht genügend Zeit bleibe, die Auswirkungen aller möglichen Handlungsweisen auf das allgemeine Glück zu berechnen und abzuwägen. (...) Die Antwort auf diesen Einwand lautet, dass allerdings die Zeit in Fülle vorhanden gewesen ist, nämlich die ganze vergangene Existenz der menschlichen Gattung. Diese ganze Zeit hindurch haben die Menschen Erfahrungen über die Auswirkungen ihres Handelns gesammelt, und auf ihnen beruht alle Klugheit und alle Lebensweisheit. (...)

Ausnahmen bestätigen die Regel

Nicht eine bestimmte moralische Überzeugung, sondern die Verwickeltheit aller menschlichen Verhältnisse ist der Grund dafür, dass wir die Handlungsregeln nicht so formulieren können, dass sie ohne Ausnahmen auskommen, und dass es kaum eine einzige Handlungsweise gibt, die wir unbedenklich für stets geboten oder stets verboten erklären können.

3. Kapitel: Von der fundamentalen Sanktion des Nützlichkeitsprinzips

Der Utilitarismus bedient sich jeder Form von Sanktion

Das innere Gefühl ist entscheidend

(...) Dem Nützlichkeitsprinzip stehen alle Sanktionen zu Gebote (...). Diese Gebote sind entweder äußere oder innere. (...) Die fundamentale Sanktion aller Sittlichkeit ist (...) ein subjektives inneres Gefühl. (...) Auf sie kann jede Moral nur über die äußeren Sanktionen wirken. (...) [Damit diese etwas ausrichten können, muss es eine] natürliche gefühlsmäßige Grundlage für die utilitaristische Moral in uns [geben]. (...)

Das natürliche Gemeinschaftsgefühl als fundamentale Sanktion des Utilitarismus

Das gemeinschaftliche Leben ist dem Menschen so natürlich, so notwendig und so vertraut, dass er sich niemals – es sei denn in einigen ungewöhnlichen Fällen oder durch einen bewussten Akt der Abstraktion – anders denn als das Glied eines Ganzen denkt; (...) Nun ist aber das Gemeinschaftsverhältnis, ausgenommen das zwischen Sklave und Sklavenhalter, nicht anders möglich als auf der Grundlage der gleichmäßigen Berücksichtigung der Interessen aller. (...) Diese Überzeugung ist die fundamentale Sanktion der Moral des größten Glücks. (...)

5. Kapitel: Zusammenhang von Gerechtigkeit und Nützlichkeit

(...) Ich fasse zusammen: Der Begriff der Gerechtigkeit setzt zweierlei voraus: eine Verhaltensregel und ein Gefühl als Sanktion der Regel. Das eine, die Regel, muss der ganzen Menschheit gemeinsam sein und ihrem Wohl dienen. Das andere, das Gefühl, ist der Wunsch, dass die, die gegen die Regel verstoßen, bestraft werden. (...) Wenn es eine Pflicht gibt, jeden nach seinen Verdiensten zu behandeln, Gutes mit Gutem zu entgelten und Übel durch Übel zu unterdrücken, dann folgt daraus notwendig, dass wir jeden gleich gut behandeln sollen (...), der sich um uns im gleichen Maße verdient gemacht hat, (...) Dies ist das oberste allgemeine Prinzip der sozialen oder austeilenden Gerechtigkeit, (...) Aber dieses große moralische Prinzip hat eine noch tiefere Grundlage; (...) Dieses Prinzip wäre nur eine Folge bedeutungsloser Worte, wenn nicht das Glück der einen Person bei gleichem Grad (und angemessener Berücksichtigung der Art) für genauso viel gelten würde wie das Glück jeder anderen. Sind diese Bedingungen erfüllt, ließe sich Benthams Diktum »Jeder zählt für einen, keiner für mehr als einen« als erläuternder Kommentar unter das Nützlichkeitsprinzip setzen. (...)

Gerechtigkeit basiert auf dem
- *Prinzip der Nützlichkeit und*
- *der fundamentalen Sanktion*

Gerechtigkeit beruht auf Gegenseitigkeit

Die allgemeine Grundlage der Gerechtigkeit ist die Gleichwertigkeit der Menschen

5.4 Zusammenfassung und Kritik

Wie sein geistiges Vorbild Jeremy Bentham ist Mill davon überzeugt, dass das Streben nach Lust und das Vermeiden von Unlust die einzigen erstrebenswerten Lebensziele sind.

Aber im Gegensatz zu Bentham räumt er den geistigen Freuden einen Vorzug vor dem körperlichen Lustgewinn ein: »Lieber ein unzufriedener Sokrates als ein zufrieden gestelltes Schwein!« Damit erteilt er als überzeugter Epikuräer Benthams Nützlichkeits-Kalkül – mit Blick auf die Würde des Menschen – eine Absage.

Nach Mills Überzeugung können nur solche Menschen, die sowohl die körperlichen als auch die geistigen Befriedigungen erfahren haben, kompetent darüber urteilen, was letztendlich zum größtmöglichen Glück für die größtmögliche Zahl von Menschen – »und soweit dies möglich ist, auch für die fühlende Natur« – führt, und nur diese ›Glücks-Experten‹ können seiner Meinung nach – unter Bezug auf allgemeine Menschheitserfahrungen – allgemein gültige Handlungsregeln und -vorschriften aufstellen.

Seinen Regelutilitarismus rechtfertigt Mill auch mit Verweis auf die Tatsache, dass der Einzelne im konkreten Fall nicht genügend Zeit habe, alle möglichen Folgen seiner Handlung angemessen zu bedenken und abzuschätzen.

Für Mill steht es außer Frage, dass der Mensch von Natur aus ein gemeinschaftliches Wesen ist und dass wirkungsvolle Sanktionen dafür

sorgen müssen, dass die Interessen aller – bis auf die der Sklaven – gleichmäßig berücksichtigt werden.
Die altbekannte ›Goldene Regel‹: »Was du nicht willst, was man dir tu, das füg' auch keinem anderen zu!« ist für ihn der Inbegriff der utilitaristischen Moral, für die die Folgen einer Handlung wichtiger sind als die zu Grunde liegenden Handlungsmotive.
Und so ist es nur konsequent, dass sich für Mill die Frage nach Gerechtigkeit und Gleichheit dadurch beantworten lässt, ob das, was man als gleich und gerecht ansieht, auch für die Gemeinschaft nützlich ist. Für das Allgemeinwohl muss nach Mills Überzeugung der Einzelne gegebenenfalls Einbußen in Kauf nehmen.

Gegen Mills utilitaristische Rechtfertigung von Moral wurden verschiedene Einwände erhoben, obwohl sich seine Moralauffassung in den westlich orientierten Ländern als maßgebliche Begründung von gut und böse durchgesetzt hat:
- Mills Nützlichkeitsprinzip widerspricht den Idealen von Freiheit und Gleichheit als Voraussetzungen eines menschenwürdigen Lebens! Wer entscheidet im Sinne der Gerechtigkeit darüber, wie das erreichte Glück einer Gemeinschaft verteilt wird?
- Ab wann kann man vom ›größtmöglichen Glück für die größtmögliche Zahl‹ sprechen? Lässt sich mit dieser Formel nicht auch wunderbar einfach die Unterdrückung von ausgebeuteten Minderheiten rechtfertigen?
- Sind nicht Einzelfälle denkbar, in denen Menschen, die gegen die Prinzipien des Regelutilitarismus verstoßen, mehr Glück als Leid für die Gemeinschaft verursachen?

5.5 Test*

1. Die einzig wünschenswerten Endzwecke menschlichen Handelns sind für Mill:
   ❑ Lust ❑ Reichtum ❑ Liebe ❑ Freisein von Unlust ❑ Gesundheit

2. Für Mill
   ❑ sind die geistigen Freuden wichtiger als die körperlichen
   ❑ sind geistige und körperliche Freuden gleich wichtig
   ❑ sind die körperlichen Freuden wichtiger als die geistigen

3. Mill ❑ unterscheidet zwischen Glück und Zufriedenheit
   ❑ unterscheidet nicht zwischen Glück und Zufriedenheit

4. Über die Frage, welche Art von Glück einem anderen quantitativ und qualitativ vorzuziehen ist, entscheidet nach Mill
   ❑ der Einzelne ❑ die Mehrheit ❑ die Regierung ❑ der Erfahrene

5. Die Norm des Utilitarismus ist
   ❑ das größte Glück des Handelnden ❑ das größte Glück insgesamt

6. Die Moral des Utilitarismus kann definiert werden als die Gesamtheit der .... und ...., durch deren Befolgung das größtmögliche Glück für .... erreichbar ist; und nicht nur für sie, sondern, soweit es die Umstände erlauben, für ....

7. Für die moralische Beurteilung einer Handlung
   ❑ ist nach Mill das Handlungsmotiv entscheidend
   ❑ sind nach Mill die nützlichen Folgen entscheidend

8. In der Regel muss der Einzelne bei seiner Entscheidung
   ❑ auf den privaten Nutzen, das Interesse bzw. Glück einiger weniger Personen achten
   ❑ das öffentliche Allgemeinwohl im Auge haben

9. Die fundamentale Sanktion des Utilitarismus ist nur möglich auf der Grundlage ❑ der gleichmäßigen Berücksichtigung der Interessen einiger Menschen ❑ der gleichmäßigen Berücksichtigung der Interessen aller Menschen

* Eintragungen gegebenenfalls nur auf einer Kopie der Seite vornehmen.

Probleme von Politik, Recht, Staat und Gesellschaft

6.1 Elemente des Staates

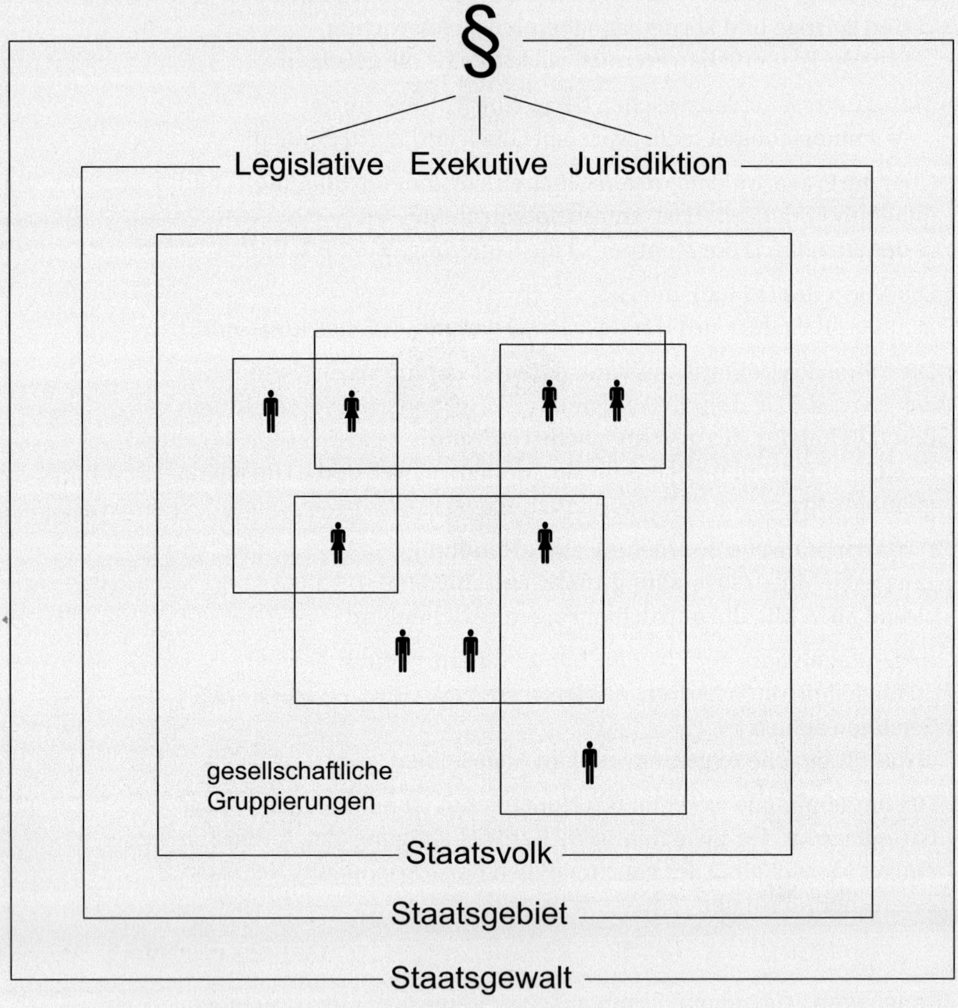

6.2 Verschiedene Rechtsauffassungen

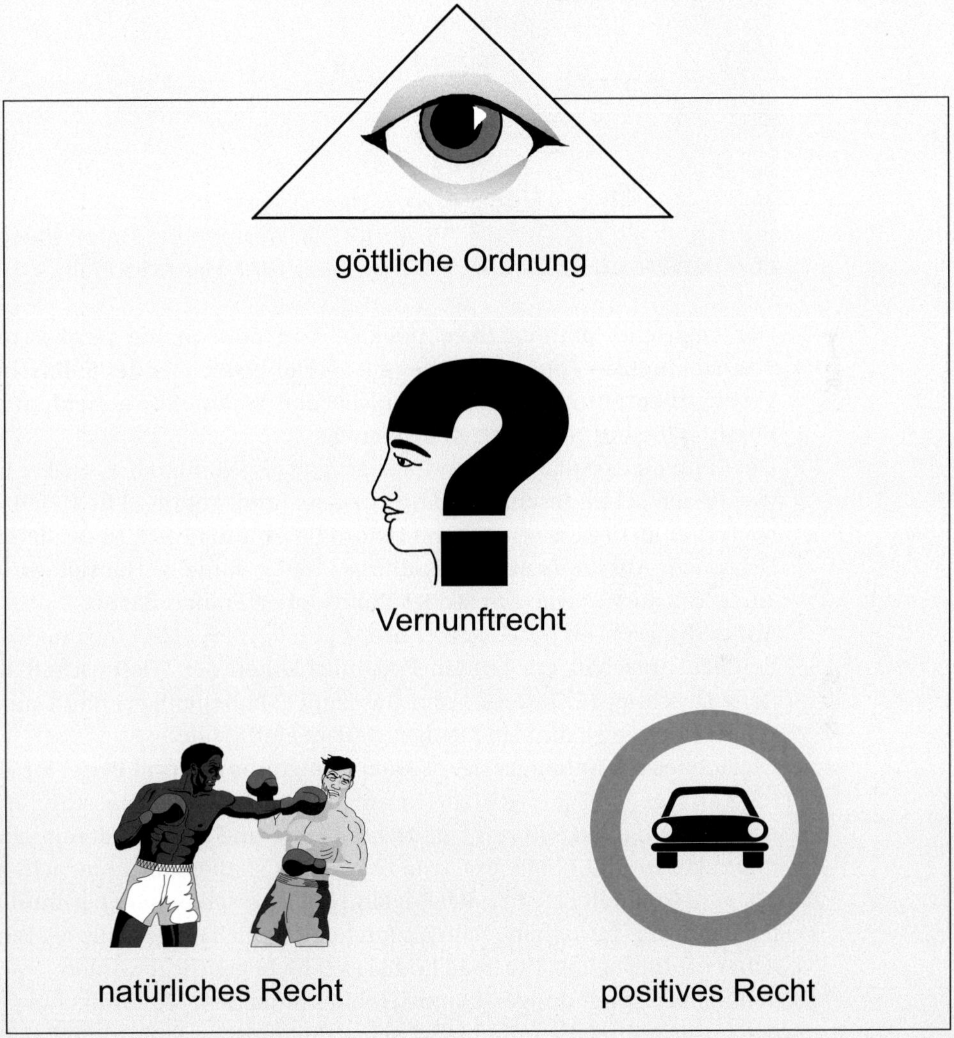

Recht, Macht und Gewalt

7.1 Thomas Hobbes – Leben

* 5. April 1588, Westport bei Malmesbury
† 4. Dezember 1679, Hardwick Hall

Der englische Mathematiker, radikale und unbequeme Denker und Staatstheoretiker Thomas Hobbes gilt als Hauptvertreter der politischen Vertragstheorie und eines mechanistischen Weltbildes; außerdem als Begründer eines vernünftigen Egoismus.
Der Sohn eines einfachen Landpfarrers galt als Wunderkind, weil er mit vier Jahren schon lesen, schreiben und rechnen konnte. Mit 15 Jahren begann er an der Universität von Oxford Logik und Physik zu studieren. Nach dem Abschluss seines Studiums (1607) wurde er Hauslehrer, für kurze Zeit auch Privatsekretär des Philosophen Francis Bacon.
Auf Bildungsreisen durch ganz Europa (1610, 1629, 1634) machte Hobbes Bekanntschaft mit großen Persönlichkeiten der Wissenschaft wie René Descartes (Philosoph) und Gassendi (Mathematiker) und Galileo Galilei (Physiker), die sein Denken stark beeinflussten.
Da Hobbes ein Anhänger des starken Königtums war und Partei für König Karl I. gegen das englische Parlament ergriffen hatte, musste er 1640 nach Paris fliehen, wo er 11 Jahre lang lebte und unter anderem auch den zukünftigen König Karl II. von England in Mathematik unterrichtete. Kurz vor seiner Rückkehr nach England (1651) erschien sein berühmtestes Werk, der ›Leviathan‹. Sein als kirchenfeindlich eingeschätztes Buch ›Über die Bewegung‹ durfte in Frankreich nicht gedruckt werden.
Trotz vieler Anfeindungen konnte Hobbes unter dem Militärdiktator Oliver Cromwell relativ unbehelligt seine theoretische Philosophie (›Vom Körper‹ [1655] und ›Vom Menschen‹ [1658]) fertig stellen. (Cromwell hatte am Ende eines 7 Jahre dauernden Bürgerkriegs König Karl I. hinrichten lassen.) Nach der Wiederherstellung der Stuart-Herrschaft gewährte ihm sein ehemaliger Mathematikschüler König Karl II. eine jährliche Pension. In den letzten Lebensjahren übersetzte Hobbes Homers ›Ilias‹ und ›Odysee‹ ins Englische. Sein Geschichtswerk ›Behemoth, the History of the Causes of the Civil-wars of England‹ erschien posthum.

7.2 Titelbild Leviathan

Seinem politischen Hauptwerk gab Hobbes den Namen eines alttestamentlichen Seeungeheuers (vgl. Ijob 40,25-41,26: »Auf Erden gibt es seinesgleichen nicht, dazu geschaffen, um sich nie zu fürchten«). Für Hobbes verkörpert dieser Leviathan eine Staat und Kirche beherrschende Gewalt, und entsprechend bedrohlich taucht der ›sterbliche Gott‹ ›Leviathan‹ auf der Titelseite des 1651 erschienenen Werkes über dem Horizont auf.

7.3 Thomas Hobbes
Leviathan (1651)

13. Kapitel: Von den natürlichen Bedingungen der Menschen im Hinblick auf ihr Glück und Unglück

Gleichheit der Fähigkeiten

Die Natur hat die Menschen hinsichtlich ihrer körperlichen und geistigen Fähigkeiten so gleich geschaffen, dass trotz der Tatsache, dass bisweilen der eine einen offensichtlich stärkeren Körper oder gewandteren Geist als der andere besitzt, der Unterschied zwischen den Menschen alles in allem doch nicht so beträchtlich ist, als dass der eine auf Grund dessen einen Vorteil beanspruchen könnte, den ein anderer nicht ebenso gut für sich verlangen dürfte.

Ausgleich von körperlicher Schwäche durch List + Bildnisse möglich

Denn was die Körperstärke betrifft, so ist der Schwächste stark genug, den Stärksten zu töten – entweder durch Hinterlist oder durch ein Bündnis mit anderen, die sich in derselben Gefahr wie er selbst befinden. Und was die geistigen Fähigkeiten betrifft, so finde ich, dass die Gleichheit unter den Menschen noch größer ist als bei der Körperstärke – einmal abgesehen von den auf Wörtern beruhenden Künsten und besonders von der Fertigkeit, nach allgemeinen und unfehlbaren Regeln vorzugehen, was man Wissenschaft nennt. Diese beherrschen nur wenige und nur in wenigen Dingen, da sie weder eine mit uns geborene, angeborene Fähigkeit ist, noch durch Beschäftigung mit irgendeinem anderen Gegenstand erworben wird wie die Klugheit.

Durch Erfahrung vergleichbare Klugheit

Denn Klugheit ist nur Erfahrung, die alle Menschen, die sich gleich lang mit den gleichen Dingen beschäftigen, gleichermaßen erwerben. (...) Denn es gibt gewöhnlich kein besseres Zeichen der gleichmäßigen Verteilung eines Dings, als dass jedermann mit seinem Anteil zufrieden ist.

gleiche Hoffnungen

Aus dieser Gleichheit der Fähigkeiten entsteht eine Gleichheit der Hoffnung, unsere Absichten erreichen zu können. Und wenn daher zwei Menschen nach demselben Gegenstand streben, den sie jedoch nicht zusammen genießen können, so werden sie Feinde und sind in Verfolgung ihrer Absicht,

Selbsterhaltung + Genuss

die grundsätzlich Selbsterhaltung und bisweilen nur Genuss ist, bestrebt, sich gegenseitig zu vernichten oder zu unterwerfen.

Tod oder Unterwerfung bei Konflikt

Daher kommt es auch, dass, wenn jemand ein geeignetes Stück Land anpflanzt, einsät, bebaut oder besitzt und ein Angreifer nur die Macht eines einzelnen zu fürchten hat, mit Wahrscheinlichkeit zu erwarten ist, dass andere mit vereinten Kräften anrücken, um ihn von seinem Besitz zu vertreiben und ihn nicht nur der Früchte seiner Arbeit, sondern auch seines Lebens und seiner Freiheit berauben. Und dem Angreifer wiederum droht die gleiche Gefahr von einem anderen.

Misstrauen führt zu gegenseitiger Unterwerfung

Und wegen dieses gegenseitigen Misstrauens gibt es für niemand einen anderen Weg, sich selbst zu sichern, der so vernünftig wäre wie Vorbeugung, das heißt, mit Gewalt oder List nach Kräften jedermann zu unterwerfen, und zwar so lange, bis er keine andere Macht mehr sieht, die

7.4 Naturzustand (Hobbes)

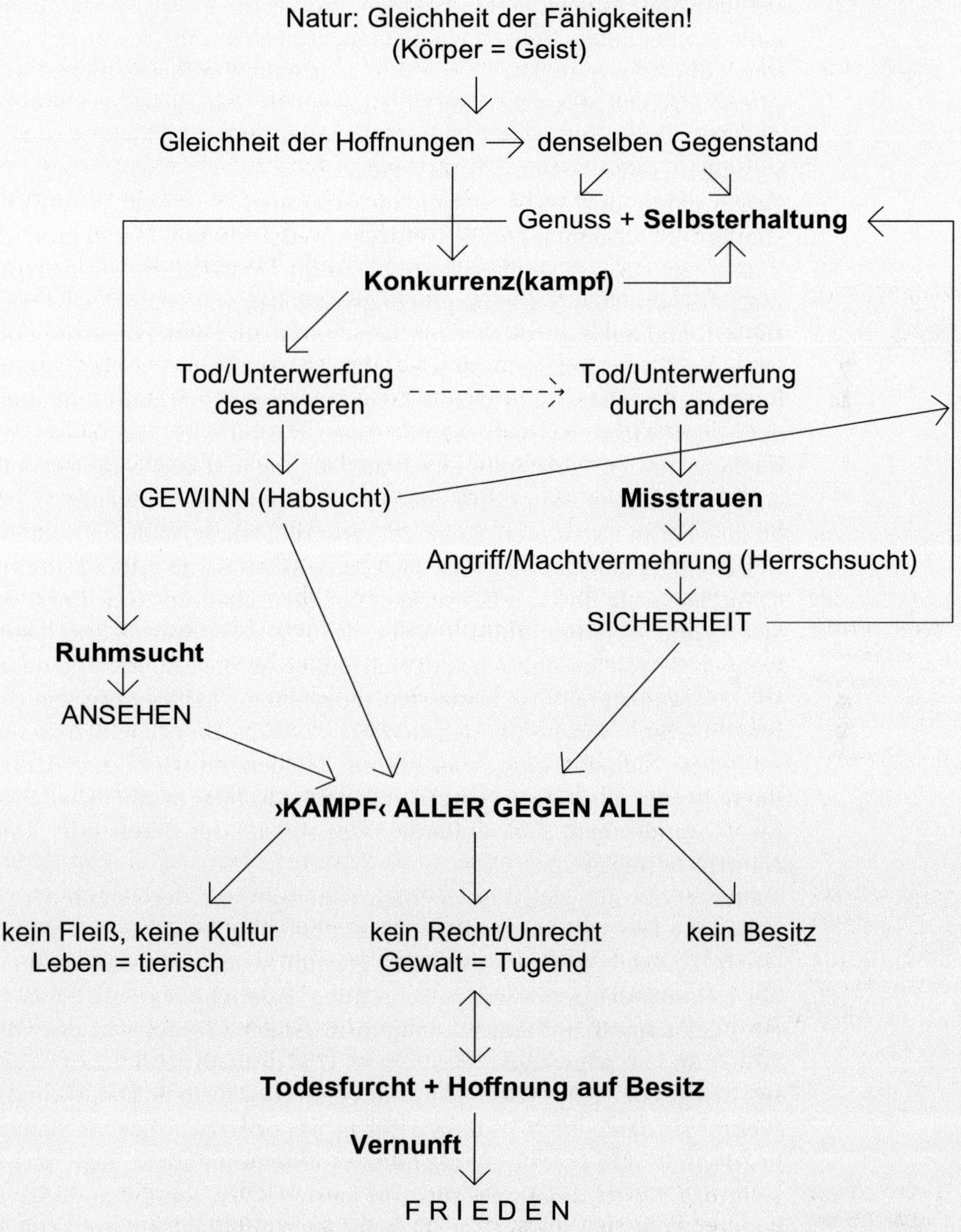

groß genug wäre, ihn zu gefährden. Und dies ist nicht mehr, als seine Selbsterhaltung erfordert und ist allgemein erlaubt. Auch weil es einige gibt, denen es Vergnügen bereitet, sich an ihrer Macht zu weiden, indem

Machtgier provoziert Gegenwehr

sie auf Eroberungen ausgehen, die sie über das zu ihrer Sicherheit erforderliche Maß hinaustreiben, könnten andere, die an sich gerne innerhalb bescheidener Grenzen ein behagliches Leben führen würden, sich durch bloße Verteidigung unmöglich lange halten, wenn sie nicht durch Angriff ihre Macht vermehrten. Und da folglich eine solche Vermehrung der Herrschaft über Menschen zur Selbsterhaltung eines Menschen notwendig ist, muss sie ihm erlaubt werden.

Ferner empfinden die Menschen am Zusammenleben kein Vergnügen, sondern im Gegenteil großen Verdruss, wenn es keine Macht gibt, die dazu in der Lage ist, sie alle einzuschüchtern. Denn jedermann sieht darauf,

Ruhmsucht und Eitelkeit führen zu tätlichen Übergriffen

dass ihn sein Nebenmann ebenso schätzt, wie er sich selbst einschätzt, und auf alle Zeichen von Verachtung oder Unterschätzung hin ist er von Natur aus bestrebt, soweit er es sich getraut (was bei weitem genügt, Menschen, über denen keine allgemeine, sie zum Stillhalten zwingende Macht steht, dazu zu bewegen, dass sie sich gegenseitig vernichten), seinen Verächtern durch Schädigung und den anderen Menschen durch das Exempel größere Wertschätzung abzunötigen.

3 Konfliktursachen

So liegen also in der menschlichen Natur drei hauptsächliche Konfliktursachen: Erstens Konkurrenz, zweitens Misstrauen, drittens Ruhmsucht.

Gewinn + Sicherheit + Ansehen als Ziele

Die erste führt zu Übergriffen der Menschen des Gewinnes, die zweite der Sicherheit und die dritte des Ansehens wegen. Die ersten wenden Gewalt an, um sich zum Herrn über andere Männer und deren Frauen, Kinder und Vieh zu machen, die zweiten, um dies zu verteidigen und die dritten wegen Kleinigkeiten wie ein Wort, ein Lächeln, eine verschiedene Meinung oder jedes andere Zeichen von Geringschätzung, das entweder direkt gegen sie selbst gerichtet ist oder in einem Tadel ihrer Verwandtschaft, ihrer Freunde, ihres Volks, ihres Berufs oder ihres Namens besteht.

Folge: Krieg aller gegen alle

Daraus ergibt sich klar, dass die Menschen während der Zeit, in der sie ohne eine allgemeine, sie alle im Zaum haltende Macht leben, sich in einem Zustand befinden, der Krieg genannt wird, und zwar in einem Krieg eines jeden gegen jeden. Denn Krieg besteht nicht nur in Schlachten oder Kampfhandlungen, sondern in einem Zeitraum, in dem der Wille zum Kampf genügend bekannt ist. Und deshalb gehört zum Wesen des Krieges der Begriff Zeit, wie zum Wesen des Wetters. Denn wie das Wesen des schlechten Wetters nicht in ein oder zwei Regenschauern liegt, sondern in einer Neigung hierzu während mehrerer Tage, so be-

Ständige Kriegsbereitschaft

steht das Wesen des Kriegs nicht in tatsächlichen Kampfhandlungen, sondern in der bekannten Bereitschaft dazu während der ganzen Zeit, in der man sich des Gegenteils nicht sicher sein kann. Jede andere Zeit ist Frieden.

Folgen des Krieges aller gegen alle

• keine Kultur

• Leben kurz und tierisch

Deshalb trifft alles, was Kriegszeiten mit sich bringen, in denen jeder eines jeden Feind ist, auch für die Zeit zu, während der die Menschen keine andere Sicherheit als diejenige haben, die ihnen ihre eigene Stärke und Erfindungskraft bieten. In einer solchen Lage ist für Fleiß kein Raum, da man sich seiner Früchte nicht sicher sein kann; und folglich gibt es keinen Ackerbau, keine Schifffahrt, keine Waren, die auf dem Seeweg eingeführt werden können, keine bequemen Gebäude, keine Geräte, um Dinge, deren Fortbewegung viel Kraft erfordert, hin- und herzubewegen, keine Kenntnis von der Erdoberfläche, keine Zeitrechnung, keine Künste, keine Literatur, keine gesellschaftlichen Beziehungen, und es herrscht, was das Schlimmste von allem ist, beständige Furcht und Gefahr eines gewaltsamen Todes – das menschliche Leben ist einsam, armselig, ekelhaft, tierisch und kurz. (...)

Könige verhalten sich wie die Menschen im Naturzustand

Aber obwohl es niemals eine Zeit gegeben hat, in der sich einzelne Menschen im Zustand des gegenseitigen Krieges befanden, so befinden sich doch zu allen Zeiten Könige und souveräne Machthaber auf Grund ihrer Unabhängigkeit in ständigen Eifersüchteleien und verhalten sich wie Gladiatoren: sie richten ihre Waffen gegeneinander und lassen sich nicht aus den Augen – das heißt, sie haben ihre Festungen, Garnisonen und Geschütze an den Grenzen ihrer Reiche und ihre ständigen Spione bei ihren Nachbarn. Das ist eine kriegerische Haltung. Weil sie aber dadurch den Fleiß ihrer Untertanen fördern, so folgt daraus nicht dieses Elend, das die Freiheit von Einzelmenschen begleitet.

• keine Moral

• List und Gewalt sind Tugenden

• kein Besitz

Rettung durch Vernunft + Leidenschaften

Eine weitere Folge dieses Krieges eines jeden gegen jeden ist, dass nichts ungerecht sein kann. Die Begriffe von Recht und Unrecht, Gerechtigkeit und Ungerechtigkeit haben hier keinen Platz. Wo keine allgemeine Gewalt ist, ist kein Gesetz, und wo kein Gesetz, keine Ungerechtigkeit. Gewalt und Betrug sind im Krieg die beiden Kardinaltugenden. Gerechtigkeit und Ungerechtigkeit gehören weder zu den körperlichen noch zu den geistigen Tugenden. Gehörten sie dazu, so müssten sie in einem Menschen, der sich allein auf der Welt befände, ebenso vorkommen wie seine Sinne und Leidenschaften. Sie sind Eigenschaften, die sich auf den in der Gesellschaft, nicht in der Einsamkeit befindlichen Menschen beziehen. Eine weitere Folge dieses Zustandes ist, dass es weder Eigentum noch Herrschaft, noch ein bestimmtes Mein und Dein gibt, sondern dass jedem nur das gehört, was er erlangen kann, und zwar so lange, wie er es zu behaupten vermag. Und so viel über den elenden Zustand, in den der Mensch durch die reine Natur tatsächlich versetzt wird, wenn auch mit einer Möglichkeit, herauszukommen, die teils in den Leidenschaften, teils in seiner Vernunft liegt.

• Todesfurcht

• Hoffnung auf Frieden und Sicherheit

Die Leidenschaften, die die Menschen friedfertig machen, sind Todesfurcht, das Verlangen nach Dingen, die zu einem angenehmen Leben notwendig sind und die Hoffnung, sie durch Fleiß erlangen zu können. Und die Vernunft legt die geeigneten Grundsätze des Friedens nahe, auf

Grund derer die Menschen zur Übereinstimmung gebracht werden können. Diese Gebote sind das, was sonst auch Gesetze der Natur genannt wird. In den beiden folgenden Kapiteln werde ich näher auf Einzelheiten eingehen.

14. Kapitel: Vom ersten und zweiten natürlichen Gesetz und von Verträgen

Naturrecht:
• Freiheit
• kluger Egoismus

Das natürliche Recht, in der Literatur gewöhnlich jus naturale genannt, ist die Freiheit eines jeden, seine eigene Macht nach seinem Willen zur Erhaltung seiner eigenen Natur, das heißt seines eigenen Lebens, einzusetzen und folglich alles zu tun, was er nach eigenem Urteil und eigener Vernunft als das zu diesem Zweck geeignetste Mittel ansieht.

Unter Freiheit versteht man nach der eigentlichen Bedeutung des Wortes die Abwesenheit äußerer Hindernisse. Diese Hindernisse können einem Menschen oftmals einen Teil seiner Macht wegnehmen, das zu tun, was er möchte, aber sie können ihn nicht daran hindern, die ihm verbliebene Macht so anzuwenden, wie es ihm sein Urteil und seine Vernunft gebieten.

Das natürliche Gesetz

Recht = Freiheit

Gesetz = Pflicht

Ein Gesetz der Natur, lex naturalis, ist eine von der Vernunft ermittelte Vorschrift oder allgemeine Regel, nach der es einem Menschen verboten ist, das zu tun, was sein Leben vernichten oder ihn der Mittel zu seiner Erhaltung berauben kann, und das zu unterlassen, wodurch es seiner Meinung nach am besten erhalten werden kann. Denn obwohl diejenigen, welche über diesen Gegenstand sprechen, gewöhnlich jus und lex, Recht und Gesetz, durcheinander bringen, so sollten diese Begriffe doch auseinander gehalten werden. Denn Recht besteht in der Freiheit, etwas zu tun oder zu unterlassen, während ein Gesetz dazu bestimmt und verpflichtet, etwas zu tun oder zu unterlassen. So unterscheiden sich Gesetz und Recht wie Verpflichtung und Freiheit, die sich in ein und demselben Fall widersprechen.

Naturzustand: Recht auf alles

Naturgesetz: 1. Gesetz: Suche Frieden!

Bedingung

Und weil sich die Menschen, wie im vorhergehenden Kapitel dargelegt, im Zustand des Kriegs eines jeden gegen jeden befinden, was bedeutet, dass jedermann von seiner eigenen Vernunft angeleitet wird, und weil es nichts gibt, das er nicht möglicherweise zum Schutze seines Lebens gegen seine Feinde verwenden könnte, so folgt daraus, dass in einem solchen Zustand jedermann ein Recht auf alles hat, selbst auf den Körper eines anderen. Und deshalb kann niemand sicher sein, solange dieses Recht eines jeden auf alles besteht, die Zeit über zu leben, die die Natur dem Menschen gewöhnlich einräumt, wie stark und klug er auch sein mag. Folglich ist dies eine Vorschrift oder allgemeine Regel der Vernunft: Jedermann hat sich um Frieden zu bemühen, solange dazu Hoffnung besteht. Kann er ihn nicht herstellen, so darf er sich alle Hilfsmittel und Vorteile des Kriegs verschaffen und sie benützen. Der erste Teil dieser

Regel enthält das erste und grundlegende Gesetz der Natur, nämlich: Suche Frieden und halte ihn ein. Der zweite Teil enthält den obersten Grundsatz des natürlichen Rechts: Wir sind befugt, uns mit allen zur Verfügung stehenden Mitteln zu verteidigen.

2. Gesetz: Recht auf alles aufgeben

Aus diesem grundlegenden Gesetz der Natur, das den Menschen befiehlt, sich um Frieden zu bemühen, wird das zweite Gesetz der Natur abgeleitet: Jedermann soll freiwillig, wenn andere ebenfalls dazu bereit sind, auf sein Recht auf alles verzichten, soweit er dies um des Friedens und der Selbstverteidigung willen für notwendig hält, und er soll sich mit so viel Freiheit gegenüber anderen zufrieden geben, wie er anderen gegen sich selbst einräumen würde. Denn solange jemand das Recht beibehält, alles zu tun, was er will, solange befinden sich alle Menschen im

Bedingung

7.5 Naturrecht und Naturgesetz (Hobbes)

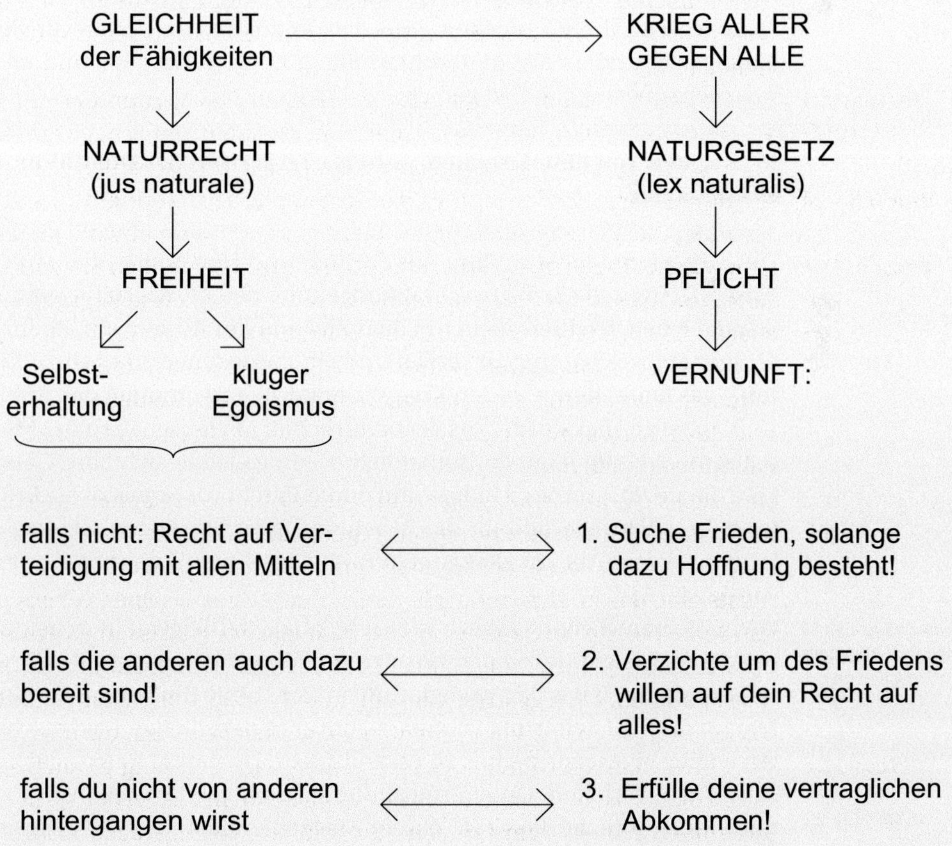

Kriegszustand. Verzichten aber andere nicht ebenso wie er auf ihr Recht, so besteht für niemanden Grund, sich seines Rechts zu begeben, denn dies hieße eher, sich selbst als Beute darbieten – wozu niemand verpflichtet ist – als seine Friedensbereitschaft zeigen. (...)

15. Kapitel: Von anderen natürlichen Gesetzen

3. Gesetz: Verträge halten!

Aus dem Gesetz der Natur, das uns verpflichtet, auf einen anderen solche Rechte zu übertragen, deren Beibehaltung den Frieden der Menschheit verhindert, folgt ein drittes, nämlich: Abgeschlossene Verträge sind zu halten. Ohne dieses Gesetz sind Verträge unwirksam und nur leere Worte, und wenn das Recht aller auf alles bleibt, befinden wir uns immer noch im Kriegszustand.

Und in diesem natürlichen Gesetz liegen Quelle und Ursprung der Gerechtigkeit. Denn wo kein Vertrag vorausging, wurde auch kein Recht übertragen, und jedermann hat ein Recht auf alles; folglich kann keine Handlung ungerecht sein. Wurde aber ein Vertrag abgeschlossen, so ist es ungerecht, ihn zu brechen, und die Definition der Ungerechtigkeit lautet nicht anders als ›die Nichterfüllung eines Vertrages‹. Und alles, was nicht ungerecht ist, ist gerecht.

17. Kapitel: Von den Ursachen, der Erzeugung und der Definition eines Staates

Der elende Naturzustand

Die Menschen, die von Natur aus Freiheit und Herrschaft über andere lieben, führten die Selbstbeschränkung, unter der sie, wie wir wissen, in Staaten leben, letztlich allein mit dem Ziel und der Absicht ein, dadurch für ihre Selbsterhaltung zu sorgen und ein zufriedeneres Leben zu führen – das heißt, dem elenden Kriegszustand zu entkommen, der, wie im 13. Kapitel gezeigt wurde, aus den natürlichen Leidenschaften der Menschen notwendig folgt, dann nämlich, wenn es keine sichtbare Gewalt gibt, die sie im Zaume zu halten und durch Furcht vor Strafe an die Erfüllung ihrer Verträge und an die Beachtung der natürlichen Gesetze zu binden vermag, die im vierzehnten und fünfzehnten Kapitel aufgestellt wurden.

Ohne Zwangsmacht keine Sicherheit und kein Frieden

Denn die natürlichen Gesetze wie Gerechtigkeit, Billigkeit, Bescheidenheit, Dankbarkeit, kurz, das Gesetz, andere so zu behandeln wie wir selbst behandelt werden wollen, sind an sich, ohne die Furcht vor einer Macht, die ihre Befolgung veranlasst, unseren natürlichen Leidenschaften entgegengesetzt, die uns zu Parteilichkeit, Hochmut, Rachsucht und Ähnlichem verleiten. Und Verträge ohne das Schwert sind bloße Worte und besitzen nicht die Kraft, einem Menschen auch nur die geringste Sicherheit zu bieten. (...)

Der alleinige Weg zur Errichtung einer solchen allgemeinen Gewalt, die

7.6 Leviathan (Hobbes)

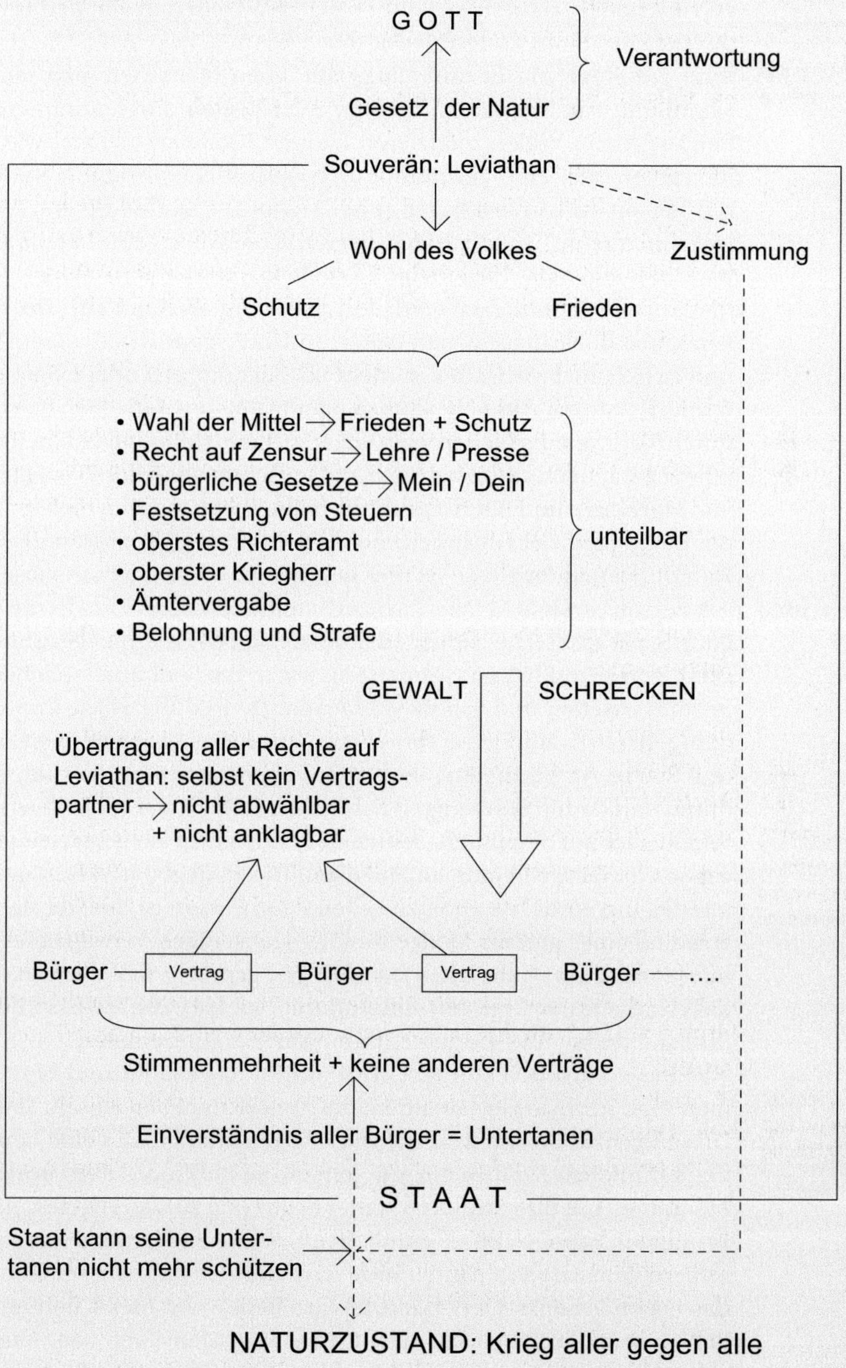

Der einzige Weg zur Bildung eines Staates: Übertragung der Macht auf Souverän durch gegenseitigen Vertrag

in der Lage ist, die Menschen vor dem Angriff Fremder und vor gegenseitigen Übergriffen zu schützen und ihnen dadurch eine solche Sicherheit zu verschaffen, dass sie sich durch eigenen Fleiß und von den Früchten der Erde ernähren und zufrieden leben können, liegt in der Übertragung ihrer gesamten Macht und Stärke auf einen Menschen oder eine Versammlung von Menschen, die ihre Einzelwillen durch Stimmenmehrheit auf einen Willen reduzieren können. Das heißt so viel wie einen Menschen oder eine Versammlung von Menschen bestimmen, die deren Person verkörpern sollen, und bedeutet, dass jedermann alles als eigen anerkennt, was derjenige, der auf diese Weise seine Person verkörpert, in Dingen des allgemeinen Friedens und der allgemeinen Sicherheit tun oder veranlassen wird, und sich selbst als Autor alles dessen bekennt und dabei den eigenen Willen und das eigene Urteil seinem Willen und Urteil unterwirft. Dies ist mehr als Zustimmung oder Übereinstimmung: Es ist eine wirkliche Einheit aller in ein und derselben Person, die

Vertragsformel

durch Vertrag eines jeden mit jedem zustande kam, als hätte jeder zu jedem gesagt: Ich autorisiere diesen Menschen oder diese Versammlung von Menschen und übertrage ihnen mein Recht, mich zu regieren, unter der Bedingung, dass du ihnen ebenso dein Recht überträgst und alle ihre Handlungen autorisierst. Ist dies geschehen, so nennt man diese zu ei-

Der große Leviathan

ner Person vereinte Menge Staat, auf lateinisch civitas. Dies ist die Erzeugung jenes großen Leviathan oder besser, um es ehrerbietiger auszudrücken, jenes sterblichen Gottes, dem wir unter dem unsterblichen Gott unseren Frieden und Schutz verdanken. Denn durch diese ihm von jedem einzelnen im Staate verliehene Autorität steht ihm so viel Macht und Stärke zur Verfügung, die auf ihn übertragen worden sind, dass er durch den dadurch erzeugten Schrecken in die Lage versetzt wird, den

Definition des Staates und sein Zweck: innerer und äußerer Frieden

Willen aller auf den innerstaatlichen Frieden und auf gegenseitige Hilfe gegen auswärtige Feinde hinzulenken. Hierin liegt das Wesen des Staates, der, um eine Definition zu geben, eine Person ist, bei der sich jeder einzelne einer großen Menge durch gegenseitigen Vertrag eines jeden mit jedem zum Autor ihrer Handlungen gemacht hat, zu dem Zweck, dass sie die Stärke und Hilfsmittel aller so, wie sie es für zweckmäßig hält, für den Frieden und die gemeinsame Verteidigung einsetzt.

Wer diese Person verkörpert, wird Souverän genannt und besitzt, wie man sagt, höchste Gewalt, und jeder andere daneben ist sein Untertan.

Zwei Wege, um eine höchste Gewalt zu errichten

Diese höchste Gewalt wird auf zwei Wegen erlangt: Der eine besteht in der natürlichen Kraft, wenn z. B. jemand seine Kinder dazu bringt, sich zusammen mit ihren Kindern seiner Regierung zu unterwerfen, da er sie vernichten kann, wenn sie es ablehnen, oder wenn jemand seine Feinde seinem Willen dadurch unterwirft, dass er ihnen unter dieser Bedingung das Leben schenkt. Der andere ist gegeben, wenn Menschen miteinan

Staat durch Einsetzung

der übereinkommen, sich willentlich einem Menschen oder einer Versammlung von Menschen zu unterwerfen, im Vertrauen darauf, von ihnen gegen alle anderen geschützt zu werden. Der letzte Fall kann »politischer Staat« oder »Staat durch Einsetzung« genannt werden, und der erste »Staat durch Aneignung«. Zuerst möchte ich auf den Staat durch Einsetzung zu sprechen kommen.

Staat durch Aneignung

18. Kapitel: Von den Rechten der Souveräne durch Einsetzung

Die Bürger gründen den Staat freiwillig und mit einfacher Stimmenmehrheit

Ein Staat wird eingesetzt genannt, wenn bei einer Menge von Menschen jeder mit jedem übereinstimmt und vertraglich übereinkommt, dass jedermann, sowohl wer dafür als auch wer dagegen stimmte, alle Handlungen und Urteile jedes Menschen oder jeder Versammlung von Menschen, denen durch die Mehrheit das Recht gegeben wird, die Person aller zu vertreten, das heißt, ihre Vertretung zu sein, in derselben Weise autorisieren soll, als wären sie seine eigenen, und dies zum Zweck eines friedlichen Zusammenlebens und zum Schutz vor anderen Menschen.

Von dieser Einsetzung eines Staates werden alle Rechte und Befugnisse dessen oder derer abgeleitet, denen die höchste Gewalt durch die Übereinstimmung des versammelten Volkes übertragen worden ist.

Pflichten des Bürgers: 1. Bürgerpflicht: Sie dürfen keine anderen Staatsverträge abschließen

Erstens. Aus dem Vertragsschluss muss geschlossen werden, dass die Vertragsschließenden nicht durch einen früheren Vertrag zu etwas verpflichtet sind, was dem widerspricht. Folglich können Menschen, die schon einen Staat eingesetzt haben, nicht rechtmäßig ohne seine Erlaubnis einen neuen Vertrag untereinander schließen, einem anderen in irgendeiner Sache Gehorsam zu leisten, da sie vertraglich gebunden sind, die Handlungen und Urteile des einen als eigene anzuerkennen. Und deshalb können die Untertanen eines Monarchen weder ohne seine Erlaubnis die Monarchie abschütteln und zu den wirren Zuständen einer ungeeinten Menge zurückkehren noch ihre Person von dem, der sie verkörpert, auf einen anderen Menschen oder eine andere Versammlung von Menschen übertragen, denn jeder ist jedem gegenüber verpflichtet, alles, was ihr derzeitiger Souverän tun und für eine geeignete Maßnahme halten wird, als eigene Handlung anzuerkennen und sich als ihr Autor ansehen zu lassen: so dass bei abweichender Ansicht irgendeines Menschen alle übrigen ihren Vertrag mit jenem Menschen brächen, was Ungerechtigkeit ist: Und da jeder einzelne von ihnen demjenigen, der ihre Person verkörpert, die Souveränität übertragen hat, nehmen sie ihm sein Eigentum weg, wenn sie ihn absetzen, was wiederum Ungerechtigkeit ist. (...)

Bedingungen für Rückkehr in Naturzustand

Zweitens. Da von den Vertragsschließenden das Recht, ihre Person zu verkörpern, demjenigen, den sie zum Souverän ernennen, nur durch einen untereinander und nicht zwischen ihm und jedem einzelnen von

2. Bürgerpflicht: Der Souverän kann nicht angeklagt werden

Der Souverän hat keinerlei Vertragspflicht

ihnen abgeschlossenen Vertrag übertragen wurde, kann seitens des Souveräns der Vertrag nicht gebrochen werden, und folglich kann sich keiner seiner Untertanen von seiner Unterwerfung befreien, indem er sich auf Verwirkung beruft. Dass der zum Souverän Ernannte keinen vorherigen Vertrag mit seinen Untertanen abschließt, ist offensichtlich, denn sonst müsste er ihn entweder mit der ganzen Menge als einer Vertragspartei abschließen, oder er müsste verschiedene Verträge mit jedermann abschließen. Ein Vertragsschluss mit der ganzen Menge als einer Partei ist unmöglich, denn zu diesem Zeitpunkt stellen sie noch nicht eine Person dar, und wenn er so viele verschiedene Verträge abschließt, wie Menschen vorhanden sind, so sind diese Verträge nach Erlangung der Souveränität unwirksam, denn jede Handlung, die von einem der Vertragsschließenden als Grund eines Vertragsbruches vorgegeben werden kann, ist sowohl seine Handlung als auch die aller übrigen, denn sie geschah im Namen der Person und auf Grund des Rechts eines jeden einzelnen von ihnen. Wenn außerdem einer oder einige behaupten, der Souverän habe den bei seiner Einsetzung eingegangenen Vertrag gebrochen, und andere, oder ein anderer seiner Untertanen oder er selbst allein einen solchen Vertragsbruch bestreiten, so gibt es in diesem Falle keinen Richter zur Entscheidung des Streitfalles. Deshalb läuft dies wieder auf das Schwert hinaus und jedermann erlangt wieder das Recht, sich selbst durch eigene Kraft zu schützen, im Gegensatz zu der Absicht, die sie bei der Einsetzung verfolgten. (...)

3. Bürgerpflicht: Keiner darf sich dem Souverän widersetzen

Drittens. Da die Mehrzahl übereinstimmend einen Souverän ernannte, hat derjenige, welcher dagegen stimmte, nunmehr mit den übrigen übereinzustimmen, das heißt, sich mit der Anerkennung aller zukünftigen Handlungen des Souveräns zufrieden zu geben, oder aber er wird rechtmäßig von den übrigen vernichtet. Denn trat er der Versammlung willentlich bei, so erklärte er dadurch ausreichend seinen Willen und schloss deshalb stillschweigend einen Vertrag, zu den künftigen Beschlüssen der Mehrzahl zu stehen. Und weigert er sich, dazu zu stehen, oder protestiert er gegen einen ihrer Beschlüsse, so handelt er seinem Vertrag zuwider und deshalb unrechtmäßig. Und mag er nun Mitglied der Versammlung sein oder nicht, mag er um seine Zustimmung gefragt worden sein oder nicht – er hat sich entweder ihren Beschlüssen zu unterwerfen, oder er bleibt in dem Kriegszustand, worin er zuvor war, in welchem er von jedem Beliebigen vernichtet werden kann, ohne dass dies eine Ungerechtigkeit wäre. (...)

Macht und Gewalt des Souveräns: Er kann keinem Unrecht tun

Viertens. Da jeder Untertan durch diese Einsetzung Autor aller Handlungen und Urteile des eingesetzten Souveräns ist, so folgt daraus, dass dieser durch keine seiner Handlungen einem seiner Untertanen Unrecht zufügen kann, und dass er von keinem von ihnen eines Unrechts angeklagt werden darf. Denn wer auf Grund der Autorität eines anderen eine Handlung vornimmt, tut damit dem kein Unrecht, auf Grund von dessen Autorität er handelt. Bei dieser Einsetzung eines Staates ist aber jeder einzelne Autor alles dessen, was der Souverän tut, und folglich beklagt sich, wer sich über ein Unrecht seines Souveräns beklagt, über etwas, wovon er selbst Autor ist und darf deshalb niemanden anklagen als sich selbst. Und sich selbst kann er nicht wegen eines Unrechts anklagen, da es unmöglich ist, sich selbst Unrecht zu tun. Es ist richtig, dass die Inhaber souveräner Gewalt unbillige Handlungen begehen können, nicht aber Ungerechtigkeit oder Unrecht im eigentlichen Sinn.

Der Souverän kann nicht (mit dem Tode) bestraft werden

Fünftens. Es folgt aus dem zuletzt Gesagten, dass niemand, der souveräne Gewalt innehat, rechtmäßig hingerichtet oder auf eine andere Weise von seinen Untertanen bestraft werden kann. Denn da jeder Untertan Autor der Handlungen seines Souveräns ist, so bestraft er einen anderen für die Handlungen, die er selbst begangen hat. (...)

Der Souverän darf Zensur ausüben

Deshalb ist auch, *sechstens*, mit der Souveränität verbunden, darüber Richter zu sein, welche Meinungen und Lehren dem Frieden abträglich sind und welche dazu führen, und folglich, bei welchen Anlässen, wie weitgehend und bei was man den Menschen überhaupt vertrauen darf, wenn sie Reden an Volksmengen halten, und wer die Lehren aller Bücher vor Veröffentlichung überprüfen soll. (...) Deshalb gehört es zu den Rechten des Inhabers der souveränen Gewalt, Richter über alle Meinungen und Lehren zu sein oder alle für diese Dinge zuständigen Richter zu bestellen, da dies für den Frieden notwendig ist, und um dadurch Zwietracht und Bürgerkrieg zu verhindern.

Der Souverän bestimmt mit Hilfe der bürgerlichen Gesetze die Eigentumsverhältnisse

Siebtens. Mit der Souveränität ist die gesamte Zuständigkeit zum Erlass der Regeln verbunden, aus denen jeder entnehmen kann, welche Güter er genießen und welche Handlungen er vornehmen darf, ohne von einem seiner Mit-Untertanen belästigt zu werden. Und dies ist es, was man Eigentum nennt. Denn vor der Einsetzung der souveränen Gewalt besaßen, wie schon gezeigt wurde, alle Menschen ein Recht auf alles, was notwendigerweise Krieg verursacht. Und deshalb stellt dieses Eigentum, da es für den Frieden notwendig und von der souveränen Gewalt abhängig ist, eine Maßnahme dieser Gewalt zur Herstellung des öffentlichen Friedens dar. Diese Regeln des Eigentums oder des meum und tuum sowie dessen, was in den Handlungen der Untertanen gut, böse, gesetzlich und ungesetzlich ist, sind die bürgerlichen Gesetze, das heißt die besonderen Gesetze eines jeden Staates (...)

Der Souverän ist oberster Richter

Achtens. Mit der Souveränität ist das Recht der Rechtsprechung verbunden, das heißt des Anhörens und Entscheidens aller Streitfälle, die sich aus dem bürgerlichen oder natürlichen Gesetz ergeben können oder die Tatsachen betreffen. Denn ohne die Entscheidung von Streitfällen gibt es keinen Schutz eines Untertanen vor den Verletzungen durch einen anderen, die meum und tuum betreffenden Gesetze sind nutzlos und jedermann behält auf Grund des natürlichen und notwendigen Selbsterhaltungstriebs das Recht, sich selbst durch seine eigene Stärke zu schützen, was Kriegszustand bedeutet und dem Zweck der Einsetzung eines jeden Staates entgegensteht.

Der Souverän ist der oberste Kriegsherr

Neuntens. Mit der Souveränität ist das Recht der Kriegserklärung und des Friedensschlusses gegenüber anderen Nationen und Staaten verbunden, das heißt die Beurteilung, wann dies dem öffentlichen Wohl dienlich ist, und wie groß die Streitkräfte sind, die zu diesem Zweck zu mobilisieren, zu bewaffnen und zu besolden sind, sowie die Erhebung von Steuern von den Untertanen, um die nötigen Ausgaben zu bestreiten. (...) Deshalb ist der Inhaber der souveränen Gewalt, mag zum General einer Armee ernannt worden sein wer wolle, immer Generalissimus.

Der Souverän ernennt alle Staatsdiener

Zehntens. Mit der Souveränität ist das Recht zur Auswahl aller Räte, Minister, obrigkeitlicher Personen und Beamten verbunden, im Frieden wie im Krieg. Denn obliegt dem Souverän die Verfolgung des Ziels, nämlich der allgemeine Frieden und die Verteidigung, so muss er auch die Macht zur Anwendung solcher Mittel besitzen, die er zur Erfüllung dieser Aufgabe für am geeignetsten hält.

Der Souverän belohnt und bestraft seine Untertanen

Elftens. Dem Souverän ist die Gewalt übertragen, gemäß des von ihm erlassenen Gesetzes jeden Untertanen mit Reichtum und Ehren zu belohnen und mit Körper- oder Geldstrafen oder Schande zu bestrafen, oder, wenn kein erlassenes Gesetz besteht, danach, was seinem Urteil zufolge die Menschen am meisten zum Dienst am Staat ermuntert, oder abschreckt, ihm einen schlechten Dienst zu erweisen.

Der Souverän verleiht Ehrentitel und bestimmt die Rangfolge seiner Untertanen

Letztens. Bedenkt man, welchen Wert sich die Menschen von Natur aus gerne beimessen, wie sie darauf sehen, dass sie von andern geachtet werden, und wie gering sie den Wert anderer Leute einschätzen, woraus sich beständige Rivalität, Streit, Parteibildungen und letztlich Krieg ergeben, der zur gegenseitigen Vernichtung und Verringerung ihrer Kampfkraft gegen einen gemeinsamen Feind führt, so ist es notwendig, dass es Gesetze der Ehre und eine öffentliche Rangordnung des Wertes solcher Menschen gibt, die sich um den Staat verdient gemacht haben oder dazu in der Lage sind, und dass es in der Macht dieses oder jenes stehen muss, diese Gesetze auszuführen. (...)

Dies sind die Rechte, die das Wesen der Souveränität ausmachen und die die Merkmale sind, an denen man erkennen kann, in welchem Menschen oder in welcher Versammlung von Menschen die souveräne Gewalt liegt (...). Denn sie sind unübertragbar und untrennbar. (...)

Alle genannten Rechte liegen unteilbar in der Hand des Souveräns

Man mag hier aber einwenden, die Untertanen befänden sich in einer sehr elenden Lage, da sie den Begierden und anderen zügellosen Leidenschaften dessen oder derer ausgesetzt seien, die eine so unbegrenzte Macht in Händen halten. Und gewöhnlich meinen diejenigen, die unter einem Monarchen leben, dies sei ein Mangel der Monarchie, und die unter einer demokratischen Regierung oder einer anderen souveränen Versammlung leben, schreiben alle Unannehmlichkeiten dieser Staatsform zu, während die Gewalt, wenn sie vollkommen genug ist, sie zu schützen, in allen Formen dieselbe ist. Sie bedenken nicht, dass der Zustand der Menschen nie ohne die eine oder die andere Unannehmlichkeit sein kann, und dass die größte, die in jeder Regierungsform dem Volk gewöhnlich zustoßen mag, kaum fühlbar ist, wenn man sie mit dem Elend und den schrecklichen Nöten vergleicht, die ein Bürgerkrieg oder die Zügellosigkeit herrenloser Menschen ohne Unterwerfung unter Gesetze und unter eine Zwangsgewalt, die ihre Hände von Raub und Rache abhält, mit sich bringen. (...)

Frieden und Schutz unter gewalttätigem Souverän sind das kleinere Übel gegenüber dem Elend des Naturzustands

30. Kapitel: Von der Aufgabe der souveränen Vertretung

Die Aufgabe des Souveräns, ob Monarch oder Versammlung, ergibt sich aus dem Zweck, zu dem er mit der souveränen Gewalt betraut wurde, nämlich der Sorge für die Sicherheit des Volkes. Hierzu ist er kraft natürlichen Gesetzes verpflichtet, sowie zur Rechenschaft vor Gott, dem Schöpfer dieses Gesetzes, und nur vor ihm. Mit ›Sicherheit‹ ist hier aber nicht die bloße Erhaltung des Lebens gemeint, sondern auch alle anderen Annehmlichkeiten des Lebens, die sich jedermann durch rechtmäßige Arbeit ohne Gefahr oder Schaden für den Staat erwirbt.

Der Souverän dient dem Wohl des Volkes (Gesetz der Natur) und muss sich vor Gott verantworten

Damit ist nicht gemeint, dass man hierbei in der Sorge um die einzelnen weitergehen sollte, als dass man sie vor Unrecht schützt, wenn sie Klage erheben, sondern dies sollte durch eine allgemeine Vorsorge in Form von öffentlicher Unterrichtung durch Lehre und Beispiel und durch Erlass und Durchführung guter Gesetze geschehen, nach denen die einzelnen ihre eigenen Angelegenheiten einrichten können.

Der Souverän soll sich um Bildung und Lehrer kümmern und gute Gesetze erlassen

Und da sich der Staat auflöst, wenn die oben im achtzehnten Kapitel genauer charakterisierten, wesentlichen Rechte des Souveräns entfallen und jedermann in den Zustand und die unglückliche Lage eines Kriegs gegen jeden zurückkehrt, was das größte Übel dieses Lebens ist, so ist es Aufgabe des Souveräns, diese Rechte in ihrer Gesamtheit zu erhalten, und folglich eine Verletzung seiner Pflicht, (...) sie auf einen anderen zu übertragen oder eines dieser Rechte niederzulegen (...).

Der Souverän muss seine Rechte in ihrer Gesamtheit erhalten

7.7 Zusammenfassung und Kritik

Thomas Hobbes entwickelte auf dem Hintergrund der englischen Bürgerkriegswirren ein Staatsmodell, das einer sich mörderisch entwickelnden Anarchie menschlicher Leidenschaften mit Hilfe eines ›starken Manns‹ wirkungsvoll Einhalt gebieten soll.
Mit seiner Theorie des Naturzustands stellt er sich nicht nur gegen die ›von Gott gewollten‹ natürlichen Unterschiede der Ständegesellschaft seiner Zeit, sondern zugleich auch gegen die Moral des christlichen Abendlands. Außerdem nivelliert er mit seiner Vorstellung von der ursprünglichen Gleichheit der Menschen (im außerstaatlichen Naturzustand) den seit der Antike immer wieder behaupteten Vorrang des Geistes vor körperlichen Stärken.
Für Hobbes sind alle Menschen von Natur aus quasi gleich stark. (Der Dumme kann seine geistigen Mängel durch Körperkräfte ausgleichen, der Kluge seine körperliche Schwäche durch List.)
Aus dieser Gleichheit der Kräfte leitet Hobbes logisch konsequent ab, dass jeder Mensch den gleichen Anspruch auf Dinge hat, die seiner Selbsterhaltung und seinem Genuss dienen.
Da sich dementsprechend niemand auf Vorrechte auf Grund seiner Geburt berufen kann, befinden sich alle Menschen in einem Konkurrenzkampf um natürliche Güter und gesellschaftliches Ansehen.
Und im Sinne des klugen Egoismus, auf den jeder Mensch ein natürliches Recht hat, darf auch jeder alles tun, um seine Konkurrenten auszuschalten, zu versklaven, sein Ansehen zu steigern, seine Kräfte zu verdoppeln und seinen Besitz zu sichern.
Dies muss nach Hobbes zu einem ›Krieg aller gegen alle‹ führen, selbst wenn sich die Menschen nicht ständig bekämpfen.
Und da sich niemand seines Eigentums sicher sein kann, werden die Menschen – wieder aus Gründen des klugen Egoismus – weder auf die Idee kommen, Ackerbau und Handel zu betreiben, noch sich künstlerisch zu betätigen usw.
Im Gegenteil: Sie sind gut beraten, sich in Hinterlist, Gemeinheit, Bosheit und Gewalt zu üben. Dies umso mehr, als es im Naturzustand ja weder Mein noch Dein noch irgendeine Form von Moral gibt.
Das auf Vernunft beruhende Naturgesetz legt es ihnen zwar nahe, den Frieden mit ihren Mitmenschen zu suchen, auf ihre Gewaltmittel zu verzichten und abgeschlossene Verträge zu halten, aber sobald irgendein Anlass zur Furcht vor Übergriffen und Untreue besteht, gelten sofort wieder die Vorschriften des egoistisch-gewalttätigen Naturrechts.
Die ständige Todesfurcht auf der einen Seite und der Wunsch nach Frieden und Sicherheit auf der anderen Seite lässt die Menschen nach Hobbes irgendwann nach einem Ausweg aus dem tierisch-elenden Naturzustand suchen.

Für ihn gibt es nur einen einzigen Ausweg: die gemeinsame, mehrheitlich vertraglich vereinbarte Übertragung der eigenen Gewalt auf einen alle gewaltsam beherrschenden ›Leviathan‹.
So und nur so können nach Hobbes die Menschen als Untertanen in einem freiwillig errichteten institutionellen Staat ein Leben führen, das man als menschenwürdig bezeichnen kann, obwohl sie aus Gründen der Selbsterhaltung bereit sein müssen, auf (viele) ihrer Grundrechte zu verzichten.
Zur Erhaltung des inneren und äußeren Friedens darf der Souverän jedes ihm geeignet erscheinende Mittel einsetzen. Dazu gehört unter anderem auch das Recht auf Zensur.
Er ist in einer Person der oberste Gesetzgeber, Richter und Kriegsherr und ist nur Gott gegenüber verantwortlich. Man darf ihn weder anklagen noch töten.
Eine Rückkehr in den Naturzustand ist nur dann möglich, wenn alle Untertanen dies wollen oder der Leviathan die Monarchie auflöst.

Hobbes' Staatstheorie ist vielfach kritisiert worden:
- Hobbes hat ein viel zu negatives Menschenbild.
- Die von ihm behauptete natürliche Gleichheit der Menschen gibt es so nicht.
- Was ist zum Beispiel mit Menschen, die sowohl körperlich als auch geistig schwach sind?
- Aus der Tatsache, dass wir Egoisten sind, kann man kein natürliches Recht ableiten.
- Muss man nicht jedem neu geborenen Menschen das Recht zugestehen, sich aus freien Stücken für oder gegen ein Leben unter der Gewaltherrschaft eines ›Leviathans‹ zu entscheiden?
- Die Macht des Leviathans kann (aus egoistischen Gründen) leicht missbraucht werden. Hobbes ist ein Vordenker von Gewalt-Diktaturen wie zum Beispiel dem Nationalsozialmus.

7.8 Test*

1. Hobbes geht bei der Beschreibung seines Naturzustands von der .... der menschlichen Fähigkeiten, nämlich 1. .... + 2. .... aus.
2. Der Schwächere kann sich nach Hobbes prinzipiell mit jedem Stärkeren messen, und zwar mit Hilfe von .... und ....
3. Nach Hobbes zielen die berechtigten Wünsche aller Menschen auf:
   ❑ Genuss ❑ Wissen ❑ Unsterblichkeit
   ❑ Zuwendung ❑ Nachkommen ❑ Selbsterhaltung
4. Im Naturzustand gibt es drei hauptsächliche Konfliktursachen:
   a) .... b) .... c) ....
5. Mit der Bewältigung dieser Konfliktursachen verfolgen die Menschen folgende Ziele:
   a) .... b) .... c) ....
6. Das Resultat der Konflikte fasst Hobbes mit den Worten zusammen (lateinisch oder deutsch)
   ....
   ....
7. Die Menschen haben im Naturzustand nach Hobbes keine(n):
   ❑ Besitz ❑ Kultur ❑ Moral
8. Verbinden Sie folgende Begriffe sinnvoll im Sinne von Thomas Hobbes:

Naturrecht	Pflicht
natürliches Gesetz	Freiheit

9. Die Menschen leben nach Hobbes im Naturzustand in ständiger .... und können nur mit Hilfe der .... einen Ausweg finden.
10. Der einzige Weg zur Errichtung eines Staates besteht für Hobbes darin, mit Hilfe eines .... alle Macht auf den .... zu ....
11. Die Aufgabe des Leviathans ist es, mit Hilfe von .... für inneren und äußeren .... zu sorgen.
12. Er ist in seinem Handeln nur verantwortlich gegenüber
    ❑ seinen Untertanen ❑ Gott ❑ seinen Ministern
    ❑ dem natürlichen Gesetz

* Eintragungen gegebenenfalls nur auf einer Kopie der Seite vornehmen.

8.1 Hannah Arendt – Leben

* 14.10.1906, Linden bei Hannover
† 4.12.1975, New York

Deutschlands bekannteste und bedeutendste Denkerin erlebte ihre Kindheit und Schulzeit in Königsberg und wurde dort nach dem frühen Tod ihres Vaters (1913) von ihrer Mutter erzogen. Zwischen 1924 und 1928 studierte sie die Fächer Philosophie, Theologie und Griechisch in Marburg, Heidelberg und Freiburg bei den großen Philosophen Martin Heidegger und Karl Jaspers, mit denen sie ihr ganzes Leben lang befreundet war.
Bereits mit 22 Jahren veröffentlichte sie ihre Doktorarbeit über den ›Liebesbegriff bei Augustin‹, dem spätantiken Kirchenlehrer. Ein Jahr später heiratete sie ihren Studienfreund und Dichterphilosophen Günther Anders (eigentlich Stern).
Wegen ihrer jüdischen Herkunft konnte Hannah Arendt ihre akademische Laufbahn nicht, wie ursprünglich geplant, mit einer Professur über die Lebensgeschichte der selbstbewussten und geistreichen, romantischen Schriftstellerin Rahel Varnhagen abschließen. Nach Hitlers Machtergreifung und einer Verhaftung durch die Geheime Staatspolizei folgte sie im Jahre 1933 ihrem Mann ins französische Exil nach Paris.
Dort arbeitete sie für verschiedene jüdische Flüchtlingsorganisationen.
Nachdem man Hannah Arendt 1937 die deutsche Staatsbürgerschaft aberkannt hatte, setzte man sie 1940 als ›feindliche Ausländerin‹ in einem südfranzösisches Gefangenenlager fest, aus dem sie aber nach vier Wochen fliehen konnte. 1941 emigrierte sie mit ihrem zweiten Mann, Heinrich Blücher, und ihrer Mutter über Spanien und Portugal nach New York.
Ihr 1951 veröffentlichtes Buch über ›Ursprünge und Elemente des Totalitarismus‹ machte Hannah Arendt schlagartig als bedeutende politische Theoretikerin bekannt. Im selben Jahr nahm sie die amerikanische Staatsbürgerschaft an. 1959 hielt sie als erste Frau an der Princeton University eine Gastvorlesung. Zwischen 1963 und 1975 arbeitete sie als weltweit geachtete Wissenschaftlerin in Chicago und New York.
Nach ihrer Teilnahme als Reporterin am Prozess gegen den hauptverant-

wortlichen SS-Mann für die Verschleppung und Ermordung von rund sechs Millionen jüdischen Mitbürgern in ganz Europa, Adolf Eichmann, im Jahre 1961 in Jerusalem kam sie zu der Erkenntnis, dass hier ein ›ganz normaler‹ Mensch auf höheren Befehl zum ›Verwaltungsmassenmörder‹ geworden sei. Ihre These von der ›Banalität des Bösen‹ wird bis heute kontrovers diskutiert.

8.2 Hannah Arendt
Macht und Gewalt (1970)

Macht = Gewalt?

Keinem, der dem Wesen der menschlichen Angelegenheiten, das sich in Geschichte und Politik manifestiert, nachdenkt, kann die Rolle, welche die Gewalt seit eh und je in den Beziehungen der Menschen zueinander gespielt hat, entgehen; und es ist auf den ersten Blick einigermaßen überraschend, dass sie so selten zum Gegenstand besonderer Untersuchungen gemacht wurde. (...) Sieht man sich (...) die sehr große Literatur über das Phänomen der Macht an, so wird man schnell gewahr, dass man die Gewalt deshalb nicht beachtet hat, weil man von Links bis Rechts der einhelligen Meinung ist, dass Macht und Gewalt dasselbe sind, beziehungsweise dass Gewalt nichts weiter ist als die eklatanteste Manifestation von Macht. »Alle Politik ist Kampf um die Macht; aufs höchste gesteigerte Macht ist Gewalt«, sagt der links stehende amerikanische Politologe C. Wright Mills[1] und folgt damit nur Max Webers[2] berühmter Definition vom Staat als »ein auf das Mittel der legitimen (das heißt: als legitim angesehenen) Gewaltsamkeit gestütztes Herrschaftsverhältnis von Menschen über Menschen«. (...)

Fragwürdige Voraussetzung

Diese Übereinstimmung ist sehr merkwürdig; denn politische Macht mit der organisierten Staatsgewalt gleichzusetzen hat nur Sinn, wenn man wie Marx[3] den Staat als ein Instrument der Unterdrückung in der Hand der herrschenden Klasse versteht. (...)

Wille des Volkes verleiht den Gesetzen ihre Macht

Was den Institutionen und Gesetzen eines Landes Macht verleiht, ist die Unterstützung des Volkes, die wiederum nur die Fortsetzung jenes ursprünglichen Konsenses ist, welcher Institutionen und Gesetze ins Leben gerufen hat. (In einem Rechtsstaat mit parlamentarischer Repräsentation gilt theoretisch, dass das Volk über die herrscht, die es regieren.) Alle politischen Institutionen sind Manifestationen und Materialisationen von Macht; sie erstarren und verfallen, sobald die lebendige Macht des Volkes nicht mehr hinter ihnen steht und sie stützt. Dies ist, was Ma-

1 Charles Wright Mills (1916–1962)
2 Max Weber (1864–1920): deutscher Soziologe, Jurist und Ökonom
3 Karl Marx (1818–1883): Deutscher Philosoph und Ökonom, verfasste zusammen mit Friedrich Engels das ›Kommunistische Manifest‹ (1848)

8.3 Volk und Macht (Arendt)

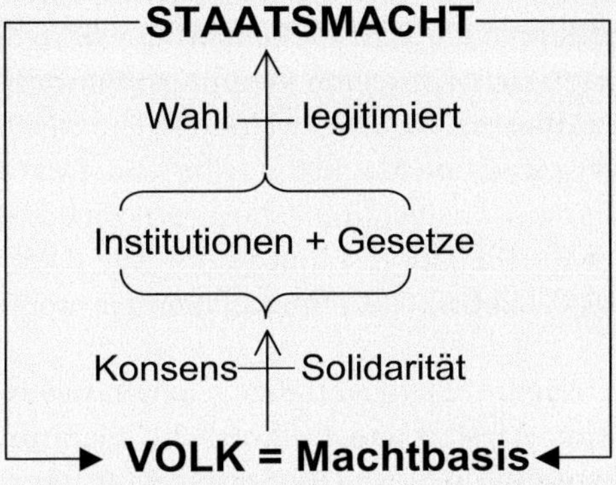

dison[1] meinte, wenn er sagte, dass alle Regierungen letztlich auf »Meinung« beruhen, ein Wort, das für die verschiedenen monarchischen Staatsformen so gültig ist wie für die Demokratie, die ausdrücklich ihre Legitimität aus dem Volkswillen herleitet. (»Anzunehmen, dass die Majorität[2] nur in einer Demokratie ausschlaggebend sei, ist eine phantastische Illusion«, sagt Jouvenel[3] mit Recht; »der Monarch, gerade weil er ein Einzelner ist, bedarf der allgemeinen Unterstützung durch die Gesellschaft mehr als irgendeine andere Staatsform.«[4] Selbst der Tyrann[5], der als Einer über alle herrscht, bedarf der Helfer für das Geschäft der Gewalt, obwohl sie an Zahl geringer sind als in anderen Staatsformen.)

Alle Regierungsformen beruhen letztlich auf dem Volkswillen

Die Stärke dieser Meinung wiederum, also die eigentliche Macht der Regierung, hängt von der Zahl derer ab, die sie teilen; sie »ist proportional der Zahl derjenigen, mit denen sie im Bunde ist«[6]. Dies ist der Grund, warum die Tyrannis, wie Montesquieu[7] entdeckte, die gewalttätigste und zugleich die ohnmächtigste aller Staatsformen ist.

Die Tyrannei ist die gewalttätigste und ohnmächtigste Staatsform

Zu den entscheidenden Unterschieden zwischen Macht und Gewalt gehört, dass Macht immer von Zahlen abhängt, während die Gewalt bis zu einem gewissen Grade von Zahlen unabhängig ist, weil sie sich auf Werkzeuge verlässt. Eine Demokratie[8], die im Unterschied zu einer Re-

Macht ist zahlenabhängig, Gewalt nicht

1 James Madison (1751–1836): 4. Präsident der Vereinigten Staaten von Amerika
2 Majorität (lat.): Mehrheit
3 Bertrand de Jouvenel (1903–1987): französischer Hochschullehrer und Publizist
4 Jouvenel, Du Pouvoir (Über die Staatsgewalt. Die Naturgeschichte ihres Wachstums), Genève 1947, S. 135
5 Tyrannis (griech.): nicht gerechtfertigte, legitime Form der Alleinherrschaft
6 The Federalist (5788), Nr. 49.
7 Montesquieu (1689–1755): französischer Schriftsteller und Staatsphilosoph
8 Demokratie (griech.): Volksherrschaft

Macht und Gewalt können gleich grausam sein

Extremfall von Macht und Gewalt

publik[1] nicht an Gesetze gebunden zu sein braucht, also eine einfache Mehrheitsherrschaft, die nur auf Macht basiert, kann Minderheiten auf eine furchtbare Weise unterdrücken und abweichende Meinungen ohne alle Gewaltsamkeiten sehr wirkungsvoll abwürgen. Ungeteilte und unkontrollierte Macht kann eine Meinungsuniformität erzeugen, die kaum weniger »zwingend« ist als gewalttätige Unterdrückung. Aber das heißt nicht, dass Gewalt und Macht dasselbe sind. Der Extremfall der Macht ist gegeben in der Konstellation: Alle gegen Einen, der Extremfall der Gewalt in der Konstellation: Einer gegen Alle. Und das Letztere ist ohne Werkzeuge, d. h. ohne Gewaltmittel niemals möglich. (...)

Macht = Stärke = Kraft = Autorität = Gewalt?

Es spricht, scheint mir, gegen den gegenwärtigen Stand der politischen Wissenschaft, dass unsere Fachsprache nicht unterscheidet zwischen Schlüsselbegriffen wie Macht, Stärke, Kraft, Autorität und schließlich Gewalt – die sich doch alle auf ganz bestimmte, durchaus verschiedene Phänomene beziehen und kaum existieren würden, wenn sie das nicht täten. (...)

Alles nur eine Frage von Herrschaft?

Hinter der scheinbaren Konfusion[2] steht eine theoretische Überzeugung, der zufolge alle Unterscheidungen in der Tat von bestenfalls sekundärer Bedeutung wären, die Überzeugung nämlich, dass es in der Politik immer nur eine entscheidende Frage gäbe, die Frage: Wer herrscht über wen? Macht, Stärke, Kraft, Autorität, Gewalt – all diese Worte bezeichnen nur die Mittel, deren Menschen sich jeweils bedienen, um über andere zu herrschen; man kann sie synonym[3] gebrauchen, weil sie alle die gleiche Funktion haben. Erst wenn man diese verhängnisvolle Reduktion des Politischen auf den Herrschaftsbereich eliminiert[4], werden die ursprünglichen Gegebenheiten in dem Bereich der menschlichen Angelegenheiten in der ihnen eigentümlichen Vielfalt wieder sichtbar werden.

• Macht

Ohne Gruppe keine Macht

Diese Gegebenheiten in unserem Zusammenhang und mit Bezug auf die oben genannten Begriffe lassen sich wie folgt spezifizieren: *Macht* entspricht der menschlichen Fähigkeit, nicht nur zu handeln oder etwas zu tun, sondern sich mit anderen zusammenzuschließen und im Einvernehmen mit ihnen zu handeln. Über Macht verfügt niemals ein Einzelner; sie ist im Besitz einer Gruppe und bleibt nur solange existent, als die Gruppe zusammenhält. Wenn wir von jemand sagen, er »habe die Macht«, heißt das in Wirklichkeit, dass er von einer bestimmten Anzahl von Menschen ermächtigt ist, in ihrem Namen zu handeln. In dem Augenblick, in dem die Gruppe, die den Machthaber ermächtigte und ihm ihre Macht verlieh (potestas in populo – ohne ein »Volk« oder eine Grup-

1 Republik (lat. res publica): am Gemeinwohl orientierte Staatsform
2 Konfusion (lat.): Verwirrung, Unklarheit
3 synonym (griech.): gleichbedeutend
4 eliminieren (lat.): ausgrenzen

pe gibt es keine Macht), auseinandergeht, vergeht auch »seine Macht«. Wenn wir in der Umgangssprache von einem »mächtigen Mann« oder einer »machtvollen Persönlichkeit« sprechen, gebrauchen wir das Wort schon im übertragenen Sinn; nicht metaphorisch gesprochen handelt es sich um einen starken Mann oder eine starke Persönlichkeit.

Ein ›mächtiger Mann‹ ist nur stark

• Stärke

= individuelle Eigenschaft

Der Starke hat keine Macht

Denn *Stärke*, im Gegensatz zu Macht, kommt immer einem Einzelnen, sei es Ding oder Person, zu. Sie ist eine individuelle Eigenschaft, welche sich mit der gleichen Qualität in anderen Dingen oder Personen messen kann, aber als solche von ihnen unabhängig ist. Stärke hält der Macht der Vielen nie stand; der Starke ist nie am mächtigsten allein, weil auch der Stärkste Macht gerade nicht besitzt. Wo der Starke mit der Macht der Vielen zusammenstößt, wird er immer durch die schiere Zahl überwältigt, die sich oft nur darum zusammenschließt, um mit der der Stärke eigentümlichen Unabhängigkeit fertig zu werden. (...)

• Kraft

= eine physische oder gesellschaftliche Energie

Das Wort *Kraft*, das im deutschen Sprachgebrauch meist synonym mit Stärke gebraucht wird, sollte in der Begriffssprache für »Naturkräfte« vorbehalten bleiben, um dann metaphorisch überall da verwandt zu werden, wo physische oder gesellschaftliche Bewegungen bestimmte Energiequanten erzeugen – die »Wasserkraft« oder »die Kraft der Verhältnisse« –, die sich auf den Einzelnen auswirken.

• Autorität

= persönliche Autorität oder Amtsautorität

Autorität verlangt fraglose Anerkennung

Lachen versus Autorität

Autorität, das begrifflich am schwersten zu fassende Phänomen und daher das am meisten missbrauchte Wort[1], kann sowohl eine Eigenschaft einzelner Personen sein – es gibt persönliche *Autorität*, z. B. in der Beziehung von Eltern und Kindern, von Lehrer und Schülern – als einem Amt zugehören, wie etwa dem Senat in Rom (auctoritas in senatu) oder den Ämtern der katholischen Hierarchie (auch ein betrunkener Priester kann vermöge der Autorität des Amtes gültige Absolution erteilen). Ihr Kennzeichen ist die fraglose Anerkennung seitens derer, denen Gehorsam abverlangt wird; sie bedarf weder des Zwanges noch der Überredung. (So kann ein Vater seine Autorität entweder dadurch verlieren, dass er das Kind durch Schläge zwingt, oder dadurch, dass er versucht, es durch Argumente zu überzeugen. In beiden Fällen handelt er nicht mehr autoritär, in dem einen Fall tyrannisch, in dem anderen demokratisch.) Autorität bedarf zu ihrer Erhaltung und Sicherung des Respekts entweder vor der Person oder dem Amt. Ihr gefährlichster Gegner ist nicht Feindschaft sondern Verachtung, und was sie am sichersten unterminiert, ist das Lachen.

• Gewalt

braucht immer Gewaltmittel

Gewalt schließlich ist, wie ich bereits sagte, durch ihren instrumentalen Charakter gekennzeichnet. Sie steht dem Phänomen der Stärke am nächsten, da die Gewaltmittel, wie alle Werkzeuge, dazu dienen, menschliche Stärke bzw. die der organischen »Werkzeuge« zu vervielfa-

1 Es gibt so etwas wie eine autoritäre Regierung, aber sie hat bestimmt nichts gemein mit Tyrannei, Diktatur oder totalitärer Herrschaft.

8.4 Herrschaftsformen (Arendt)

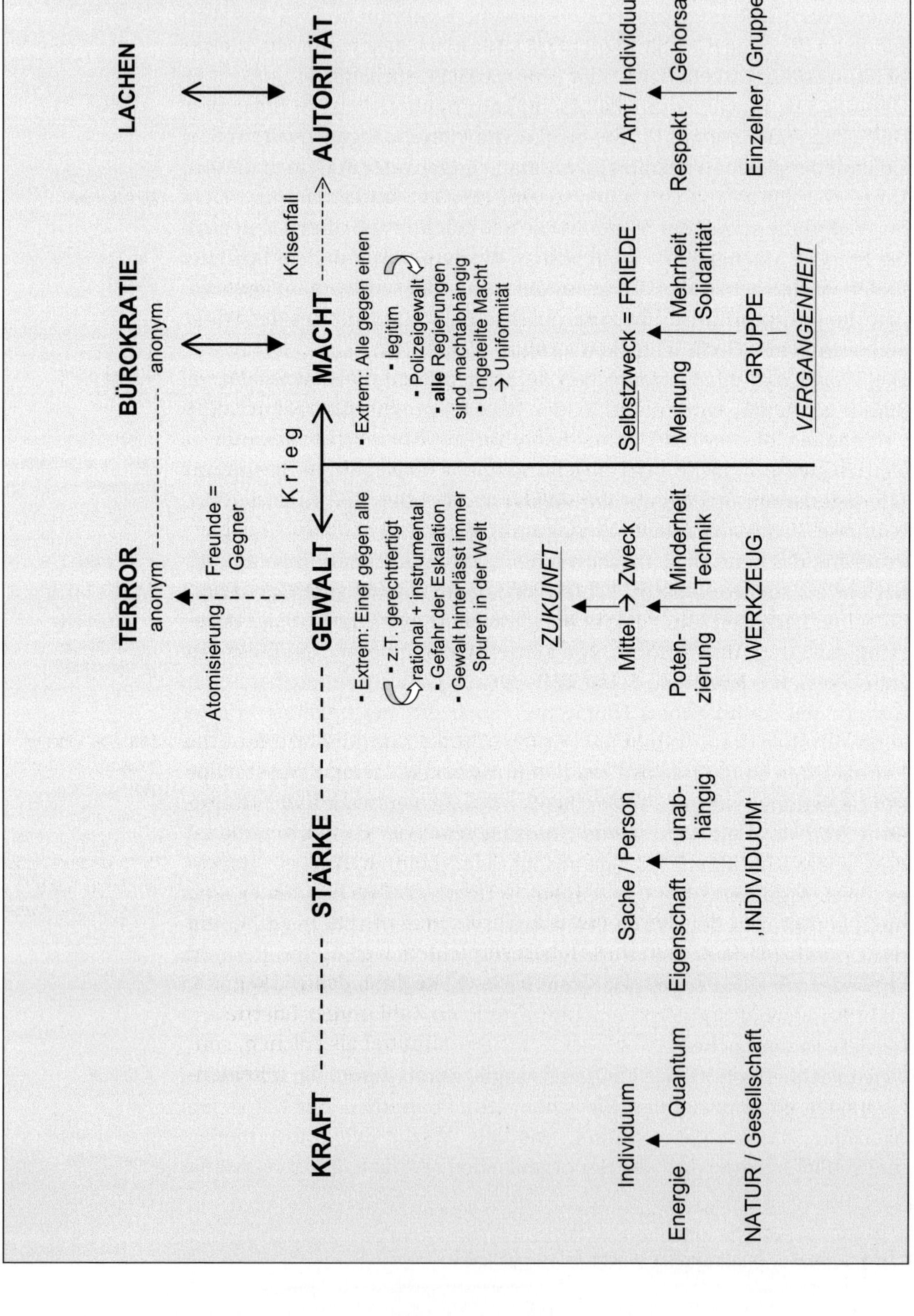

chen, bis das Stadium erreicht ist, wo die künstlichen Werkzeuge die natürlichen ganz und gar ersetzen.

Wenn wir uns solcher begrifflichen Unterscheidungen bedienen, dürfen wir nicht vergessen, dass sie zwar keineswegs willkürlich sind und den Phänomenen in der Wirklichkeit durchaus entsprechen, dass sie aber andererseits aus dieser Wirklichkeit gleichsam herauspräpariert[1] sind und in begrifflicher Reinheit nur selten in ihr anzutreffen sind. So nimmt Macht in organisierten Gemeinwesen oft Kennzeichen an, die eigentlich der Autorität angehören, immer dann nämlich, wenn das Funktionieren des sozialen Lebens sofortige, fraglose Anerkennung von Anordnungen erfordert. (Ein scheinbar unbedeutender und vorläufig noch vereinzelter Zwischenfall in New York mag illustrieren, was passieren kann, wenn Autorität in einem Sozialgefüge so völlig verschwunden ist, dass sie sich nicht einmal mehr in ihrer sekundären, rein funktionellen Gestalt durchzusetzen vermag. Ein kleinerer U-Bahn-Schaden – die Türen eines Zuges schlossen nicht automatisch in der Station – führte zu einer vierstündigen Stilllegung des gesamten Verkehrs, von der 50 000 Menschen betroffen wurden, weil die Insassen des defekten Zuges sich einfach weigerten, der Aufforderung der Verkehrsleitung, die Wagen zu verlassen, nachzukommen[2].)

Macht + Autorität

Beispiel für antiautoritäres Verhalten

Auch Macht und Gewalt treten gewöhnlich, wie wir sehen werden, kombiniert auf und sind nur in extremen Fällen in ihrer reinen Gestalt anzutreffen – woraus man natürlich nicht folgern kann, dass Autorität, Macht und Gewalt alle auf dasselbe hinauslaufen. (...)

Macht + Gewalt

Es hat nie einen Staat gegeben, der sich ausschließlich auf Gewaltmittel hätte stützen können. Selbst die totale Herrschaft, deren wesentliche Herrschaftsmittel Konzentrationslager, Polizeiterror und Folter sind, bedarf einer Machtbasis, die in diesem Fall von der Geheimpolizei und einem Netz von Spitzeln gestellt wird. Nur die (...) Entwicklung von Robotsoldaten könnte an dieser prinzipiellen Überlegenheit der Macht und der Meinung über die Gewalt etwas ändern; dann könnte in der Tat ein Mann durch das Auslösen eines Hebels vernichten, wen und was immer ihm gerade beliebt. Selbst das despotischste[3] Regime, das wir kennen, die Herrschaft über Sklaven, die ihre Herren an Zahl immer übertrafen, beruhte nicht auf der Überlegenheit der Gewaltmittel als solchen, sondern auf der überlegenen Organisation der Sklavenhalter, die miteinander solidarisch waren, also auf Macht.

Jede Staatsform braucht eine Machtbasis

Nur gegenüber Robotern ist die Gewalt der Macht überlegen

1 präparieren (lat.): bearbeiten, zerlegen, herausarbeiten
2 Vgl. New York Times vom 4. Januar 1969, S. 1 u. 29.
3 Despot (griech.): uneingeschränkte Gewaltherrschaft

Innenpolitische Funktion von Gewalt ist abhängig von der Meinung der Mehrheit

Solange Roboter Menschen nicht ersetzt haben, hat kein einzelner Mensch ohne die Unterstützung von anderen je die Macht, die Gewalt wirklich loszulassen. So hat auch innenpolitisch die Gewalt immer die Funktion eines äußersten Machtmittels gegen Verbrecher oder Rebellen, das heißt gegen Einzelne oder verschwindende Minderheiten, die sich weigern, sich von der geschlossenen Meinung der Mehrheit überwältigen zu lassen. Es ist normalerweise die Übermacht dieser Mehrheit und ihrer »Meinung«, die die Polizei beauftragt bzw. ermächtigt, mit Gewalt gegen die vorzugehen, die sich ihrem Machtspruch entziehen.

Macht und Gewalt im Krieg

Und selbst im Kriegsfall, wo doch nun wirklich die nackte Gewalt das letzte Wort zu haben scheint, kann es geschehen, dass eine enorme Überlegenheit an Machtmitteln wirkungslos bleibt, wenn sie einem zwar schlecht ausgerüsteten, aber gut organisierten und deshalb viel mächtigeren Gegner gegenübersteht (...)

Macht gehört zum Wesen des Staates – Gewalt nicht

Gewalt ist instrumental

Begrifflich gesprochen heißt dies: Macht gehört in der Tat zum Wesen aller staatlichen Gemeinwesen, ja aller irgendwie organisierten Gruppen, Gewalt jedoch nicht. Gewalt ist ihrer Natur nach instrumental; wie alle Mittel und Werkzeuge bedarf sie immer eines Zwecks, der sie dirigiert und ihren Gebrauch rechtfertigt. Und das, was eines anderen bedarf, um gerechtfertigt zu werden, ist funktioneller aber nicht essentieller Art. Der Zweck des Krieges ist der Friede; aber auf die Frage: Und was ist der Zweck des Friedens? gibt es keine Antwort. Friede ist etwas Absolutes, obwohl in der uns bekannten Geschichte die Perioden des Krieges nahezu immer länger waren als die des Friedens.

Macht ist Selbstzweck

Ein solches Absolutes ist auch die Macht; sie ist, wie man zu sagen pflegt, ein Selbstzweck. (...)

Der Zweck des Staates ist der Staat

Und wenn der Staat seinem Wesen nach organisierte und institutionalisierte Macht ist, so hat auch die gängige Frage nach seinem Endzweck keinen Sinn. Die Antwort wird sich entweder in einem Zirkel bewegen – etwa: er soll das Zusammenleben von Menschen ermöglichen – oder sie wird utopische Ideale aufstellen, das Glück der größten Zahl, die klassenlose Gesellschaft, aber auch Gerechtigkeit, Freiheit und dergleichen mehr, die, wenn man sie im Ernst zu verwirklichen versucht, unweigerlich zu einer Zwangsherrschaft führen.

Macht muss nur legitimiert werden

Macht bedarf keiner Rechtfertigung, da sie allen menschlichen Gemeinschaften immer schon inhärent[1] ist. Hingegen bedarf sie der Legitimität[2]. Macht entsteht, wann immer Menschen sich zusammentun und gemeinsam handeln, ihre Legitimität beruht nicht auf den Zielen und Zwecken, die eine Gruppe sich jeweils setzt;

Macht beruft sich auf Vergangenheit – Gewalt auf Zukunft

sie stammt aus dem Machtursprung, der mit der Gründung der Gruppe zusammenfällt. Ein Machtanspruch legitimiert sich durch Berufung auf die Vergangenheit, wäh-

1 inhärent (lat.): innewohnend
2 legitim (lat): gerechtfertigt im Unterschied zu ›legal‹: gesetzmäßig

rend die Rechtfertigung eines Mittels durch einen Zweck erfolgt, der in der Zukunft liegt. Gewalt kann gerechtfertigt, aber sie kann niemals legitim sein. Ihre Rechtfertigung wird umso einleuchtender sein, je näher das zu erreichende Ziel liegt. Niemandem kommt es in den Sinn, die Berechtigung von Gewalttätigkeit im Falle der Selbstverteidigung in Frage zu stellen, weil die Gefahr nicht nur evident[1] sondern unmittelbar gegenwärtig ist, mithin zwischen dem Zweck und den Mitteln, die er rechtfertigen muss, so gut wie keine Zeitspanne liegt.

Gewalt ist niemals legitim, nur zu rechtfertigen

Obwohl Macht und Gewalt ganz verschiedenartige Phänomene sind, treten sie zumeist zusammen auf. Bisher haben wir nur solche Kombinationen analysiert, wobei sich herausgestellt hat, dass in ihnen jedenfalls die Macht immer das Primäre und Ausschlaggebende ist. Dies ändert sich jedoch, sobald wir unsere Aufmerksamkeit den selteneren Fällen zuwenden, wo sie in Reingestalt auftreten. Eine direkte Konfrontation von Macht und Gewalt begegnet uns zum Beispiel im Falle kriegerischer Auseinandersetzung, die mit einer feindlichen Besatzung endet. Wie wir sahen, beruht die übliche Gleichsetzung von Gewalt und Macht darauf, dass man das staatlich geregelte Zusammenleben als eine Herrschaft versteht, die sich auf die Mittel der Gewalt stützt. Diese Art von Herrschaft wird in der Tat von dem fremden Eroberer errichtet, und sie kann sich verhältnismäßig leicht durchsetzen, wenn sie es mit einer ohnmächtigen Regierung und einer Nation zu tun hat, die nicht an Freiheit gewöhnt ist, das heißt nicht weiß, wie man politische Macht bildet und mit ihr umgeht. In allen anderen Fällen sind die Schwierigkeiten außerordentlich groß, und die Besatzungsmacht wird sofort versuchen, eine Quisling-Regierung[2] zu organisieren, um sich eine Machtbasis in der einheimischen Bevölkerung zu verschaffen, auf die sie ihre Herrschaft stützen kann. (...) Eine reine Gewaltherrschaft hat ihre Schwierigkeiten, aber sie ist keineswegs unmöglich, denn sie beruht ja nicht auf der Meinung der Beherrschten, bzw. auf der Anzahl derer, die eine bestimmte Meinung teilen, sondern ausschließlich auf den Mitteln der Gewalt. Wer versucht, sich der Gewalt durch bloße Macht zu erwehren, wird sofort zu spüren bekommen, dass er nicht mehr mit Menschen und möglichen Mehrheiten konfrontiert ist, sondern mit von Menschen erzeugten Geräten, mit Objekten, deren Vernichtungskraft proportional zu der Entfernung zwischen den Gegnern anwächst. Auch die größte Macht kann durch Gewalt vernichtet werden; aus den Gewehrläufen kommt immer der wirksamste Befehl, der auf unverzüglichen, fraglosen Gehorsam

Macht versus Gewalt im Krieg

Im Krieg ist Gewalt das Primäre

Ohne Machtbasis verliert Gewalt im Krieg an Kraft

1 Evidenz (lat): Deutlichkeit

2 Vidun Quisling (1887–1945) arbeitete von 1942–45 als norwegischer Ministerpräsident im Auftrage Hitlers nach dem Überfall Deutschlands auf Norwegen im Jahre 1940. Sein Name wurde zum Inbegriff von Kollaboration (franz.: Zusammenarbeit mit dem Feind) und Verrat.

Macht kommt nicht aus den Gewehrläufen

rechnen kann. Was niemals aus den Gewehrläufen kommt, ist Macht[1]. (...) Man kann Macht durch Gewalt ersetzen, und dies kann zum Siege führen, aber der Preis solcher Siege ist sehr hoch; denn hier zahlen nicht nur die Besiegten, der Sieger zahlt mit dem Verlust der eigenen Macht. (...)

Terror und Gewalt sind nicht identisch

Nirgends tritt das selbstzerstörerische Element, das dem Sieg der Gewalt über die Macht innewohnt, schärfer zutage als in der *Terrorherrschaft*, über deren unheimliche Erfolge und schließliches Scheitern wir vielleicht besser Bescheid wissen als irgendeine Zeit vor uns. Terror und Gewalt sind nicht dasselbe. Die Terrorherrschaft löst eine Gewaltherrschaft ab, und zwar in den, wie wir wissen, nicht seltenen Fällen, in denen die Gewalt nach Vernichtung aller Gegner nicht abdankt, sondern im Gegenteil die zentrale Kontrolle über den Staatsapparat ergreift. Die Gewaltherrschaft bezweckt und erreicht die Entmachtung der Gesellschaft, bis sie einer organisierten Opposition nicht mehr fähig ist, und dies ist der Augenblick, wo der eigentliche Terror entfesselt werden kann. Die Tyrannis[2] erzeugt die Ohnmacht, welche dann totale Herrschaft ermöglicht. Der Terror konserviert und intensiviert die Entmachtung durch die Atomisierung der Gesellschaft – ein empörend akademisch-blasses Wort für einen grauenhaften Tatbestand –, die im Wesentlichen durch die Allgegenwart des Denunzianten erreicht wird, der nun buchstäblich überall sein kann, weil es sich nicht mehr um bezahlte Agenten handelt; jeder Mensch, mit dem man in Berührung kommt, kann morgen gezwungen werden zu denunzieren[3]. (...)

Tyrannei erzeugt Ohnmacht

Der entscheidende Unterschied zwischen totaler Herrschaft, die auf Terror beruht, und den verschiedenen Arten der Gewaltherrschaft besteht darin, dass die erstere nicht nur ihren Gegnern, sondern auch ihren Freunden und Anhängern den Garaus macht, da sie sich gegen Macht schlechthin, also auch gegen die mögliche Macht organisierter Anhänger wendet. Der Terror erreicht seinen Gipfel, wenn der Polizeistaat beginnt, seine eigenen Kinder zu verschlingen[4], und dem Henker von ges-

Die Tyrannei wendet sich gegen jede Form von Macht

1 Hannah Arendt bezieht sich mit diesem Satz auf eine Aussage von Mao Tse-tung (1893–1976), dem Revolutionär, Vorsitzenden der Kommunistischen Partei Chinas und Staatspräsidenten der Volksrepublik China, der in seiner kleinen roten ›Bibel‹, den ›Worten des Vorsitzenden Mao Tse-tung‹ ([1]1965) in Kapitel V. (Krieg und Frieden) sagt: »Die politische Macht kommt aus den Gewehrläufen.« – Peking 1972, S.74

2 Tyrannis (griech.): nicht gerechtfertigte, legitime Form der Alleinherrschaft

3 denunzieren (lat.): öffentlich bloßstellen

4 Pierre Victurnien Vergniaud (1753–1793), der Führer der aus der südfranzösischen Gironde stammenden bürgerlichen Abgeordneten in der französischen Nationalversammlung, den Girondisten, wurde auf Betreiben der Jakobiner (Robespierre und Marat) am 31.10.1793 hingerichtet. Seine letzten, berühmt gewordenen Worte auf dem Schafott lauteten: »Die Revolution ist wie Saturn, sie frisst ihre eigenen Kinder.«

8.5 Mensch und Politik (Arendt)

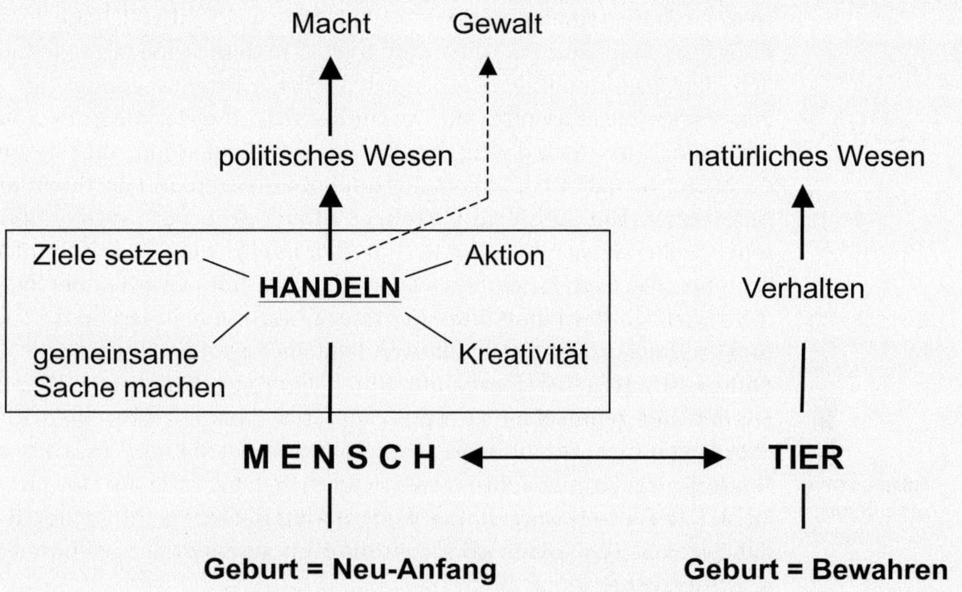

tern morgen die Rolle des Opfers zugeteilt wird. Und das ist auch der Augenblick, da Macht in jeglichem Sinne aus dem Lande verschwunden ist. (…)

Zusammenfassung: Macht und Gewalt sind Gegensätze

Ich fasse zusammen: Politisch gesprochen genügt es nicht zu sagen, dass Macht und Gewalt nicht dasselbe sind. Macht und Gewalt sind Gegensätze: wo die eine absolut herrscht, ist die andere nicht vorhanden. Gewalt tritt auf den Plan, wo Macht in Gefahr ist; überlässt man sie den ihr selbst innewohnenden Gesetzen, so ist das Endziel, ihr Ziel und Ende, das Verschwinden von Macht. So kann man auch nicht eigentlich sagen, das Gegenteil von Gewalt sei eben die Gewaltlosigkeit. Von »gewaltloser« Macht zu sprechen, ist ein Pleonasmus[1]. Gewalt kann Macht vernichten; sie ist gänzlich außerstande, Macht zu erzeugen. (…) Zwischen Macht und Gewalt gibt es keine quantitativen oder qualitativen Übergänge; man kann weder die Macht aus der Gewalt noch die Gewalt aus der Macht ableiten, weder die Macht als den sanften Modus der Gewalt noch die Gewalt als die eklatanteste Manifestation der Macht verstehen. Wollen wir uns also über die Gewalt Rechenschaft geben, so bleibt uns nichts übrig als ihrem Wesen und ihrer Natur nachzugehen. (…)

Gewalt kann Macht vernichten, aber nicht erzeugen

Macht ist etwas grundsätzlich anderes als Gewalt

1 Plenonasmus (griech.): Überfluss, rhetorische Figur für eine eigentlich unnötige Information (z. B. kaltes Eis)

Gewalt ist instrumental und deshalb auch rational: Sie verfolgt immer einen Zweck

Gefahr der Gewalttätigkeit

Gewalt als Mittel kann zum Selbstzweck werden

Gewalt kann man nicht rückgängig machen

Da Gewalt ihrem Wesen nach instrumental ist, ist sie in dem Maße rational, als sie wirklich dazu dient, den Zweck, der sie rechtfertigen muss, zu erreichen. Und da Menschen, wenn sie zu handeln beginnen, niemals wissen oder wissen können, was sie tun bzw. was schließlich die Folgen ihres Tuns sein werden, ist Gewalttätigkeit in dem Maße rational, nämlich den Grundbedingungen menschlicher Existenz adäquat, als sie kurzfristige Ziele verfolgt. Mit Gewalt heizt man weder die Lokomotive des Fortschritts noch der Geschichte oder der Revolution, aber sie kann durchaus dazu dienen, Missstände zu dramatisieren und die öffentliche Aufmerksamkeit auf sie zu lenken. (...) Die Gefahr der Gewalttätigkeit, selbst wenn sie sich bewusst im Rahmen kurzfristiger Ziele hält, bleibt bestehen. Sie liegt darin, dass, wie man gemeinhin sagt, nicht der Zweck die Mittel, sondern die Mittel den Zweck bestimmen. Werden die Ziele nicht schnell erreicht, so ist das schließliche Resultat nicht nur die Niederlage, sondern das Überhandnehmen von Gewalttätigkeit in allen Bereichen des politischen Lebens. Denn Handlungen kann man nicht rückgängig machen, und eine Rückkehr zum status quo[1] im Falle der Niederlage ist immer sehr unwahrscheinlich. Die Praxis der Gewalt verändert, wie alles Handeln, die Welt; wo die Reform nicht gelingt, wird das Ergebnis schließlich sein, dass die Welt gewalttätiger geworden ist, als sie es vorher war. (...)

Die moderne Bürokratie wirkt Gewalt fördernd

Bürokratie ist eine Form der Tyrannei

[Heute haben wir es] nicht eigentlich mehr mit Personen und einander feindlich gegenüberstehenden Klassen [zu tun], sondern mit einem »System« (...), in dem sich alle gleicherweise verhalten und in die Hände spielen: Je mehr die Bürokratisierung des öffentlichen Lebens zunimmt, desto stärker wird die Versuchung sein, einfach zuzuschlagen. Denn in einer vollentwickelten Bürokratie gibt es, wenn man Verantwortung verlangt oder auch Reformen, nur den Niemand. Und mit dem Niemand kann man nicht rechten, ihn kann man nicht beeinflussen oder überzeugen, auf ihn keinen Druck der Macht ausüben. Bürokratie ist diejenige Staatsform, in welcher es niemanden mehr gibt, der Macht ausübt; und wo alle gleichermaßen ohnmächtig sind, haben wir eine Tyrannis ohne Tyrannen. (...)

Nur das Handeln macht den Menschen zu einem politischen Wesen

Was den Menschen zu einem politischen Wesen macht, ist seine Fähigkeit zu handeln[2]; sie befähigt ihn, sich mit seinesgleichen zusammenzutun, gemeinsame Sache mit ihnen zu machen, sich Ziele zu setzen und

1 status quo (lat.): gegenwärtiger Zustand

2 Hannah Arendt unterscheidet in ihrem Hauptwerk »Vita activa oder vom tätigen Leben« (1960) drei menschliche Grundtätigkeiten: das Arbeiten (um Lebensmittel zu produzieren), das Herstellen (von dauerhaften ›Gegenständen‹) und das politisch-soziale Handeln. (Das Denken, Wollen und Urteilen gehört für Hannah Arendt zum beschaulich-geistigen Leben, der ›vita contemplativa‹.)

Unternehmungen zuzuwenden, die ihm nie in den Sinn hätten kommen können, wäre ihm nicht diese Gabe zuteilgeworden: etwas Neues zu beginnen. Philosophisch gesprochen ist Handeln die Antwort des Menschen auf das Geborenwerden als eine der Grundbedingungen seiner Existenz: da wir alle durch Geburt, als Neuankömmlinge und als Neu-Anfänge auf die Welt kommen, sind wir fähig, etwas Neues zu beginnen; ohne die Tatsache der Geburt wüssten wir nicht einmal, was das ist: etwas Neues; alle »Aktion« wäre entweder bloßes Sichverhalten oder Bewahren. Keine andere Fähigkeit außer der Sprache, aber weder Verstand noch Bewusstsein, unterscheidet uns so radikal von jeder Tierart. Etwas tun und etwas beginnen ist nicht das Gleiche, aber beides ist eng miteinander verknüpft. Alle dem Leben zugeschriebenen schöpferischen Qualitäten, die sich angeblich in Macht und Gewalt manifestieren, sind in Wahrheit einzig der Fähigkeit zu handeln geschuldet. Zeugen und Gebären sind so wenig »schöpferisch« wie Sterben eigentlich »vernichtend« ist. Sie sind nur die verschiedenen Phasen des gleichen, unvergänglichen Kreislaufs, in den alles Lebendige gebannt ist. Macht und Gewalt sind keine Naturphänomene und können mit Metaphern, die dem Lebensprozess entnommen sind, niemals adäquat erfasst werden. Ich glaube, es lässt sich nachweisen, dass keine andere menschliche Fähigkeit in solchem Ausmaß unter dem »Fortschritt« der Neuzeit gelitten hat wie die Fähigkeit zu handeln. Denn Fortschritt nennen wir den erbarmungslosen Prozess des Mehr und Mehr, Größer und Größer, Schneller und Schneller, der immer gigantischerer Verwaltungsapparate bedarf, um nicht im Chaos zu enden. Woran Macht heute scheitert, ist nicht so sehr die Gewalt als der prinzipiell anonyme Verwaltungsapparat.

Nur wer handelt, kann etwas Neues beginnen

Das Handeln ist die Ursache für Macht und Gewalt

Unter der Bürokratie leidet die Fähigkeit zu handeln

8.6 Zusammenfassung und Kritik

Hannah Arendt nahm die weltweiten, radikalen Studentenproteste gegen den Vietnamkrieg[1], für liberale, demokratischere Denk- und Gesellschaftsstrukturen in den westlichen Industrieländern[2] und gegen die Rassendiskriminierung in den USA[3] Ende der 60er Jahre zum Anlass, um die Bedeutung und Funktion der Begriffe Macht und Gewalt, die in je-

1 1965 griffen die USA mit Luft- und Bodentruppen militärisch in die Auseinandersetzung zwischen Süd- und Nordvietnam ein. Beim Kampf gegen die kommunistischen Guerillakämpfer aus Nordvietnam setzten die Amerikaner auch Napalm-Brandbomben ein. Drei Millionen Menschen verloren in diesem Krieg um ideologische Vorherrschaft und ökonomische Interessen ihr Leben.

2 Die Besetzung der Pariser Universität durch radikale Studenten löste im Mai 1968 in ganz in Frankreich Unruhen aus und führte zu einem wochenlangen Generalstreik.

3 Mit der Ermordung des schwarzamerikanischen Bürgerrechtlers Martin Luther King im Jahre 1968 erlebte der Kampf um politisch-soziale Gleichheit in den USA ihren Höhepunkt.

dem politischen Kampf eine zentrale Rolle spielen, mit Hilfe einer genauen Begriffsanalyse trennscharf voneinander abzugrenzen.
Sie war die erste Theoretikern, die sich dieser wichtigen Aufgabe annahm. Zuvor hatten sich die politischen Wissenschaften darauf beschränkt, die Phänomene Macht, Stärke, Kraft, Autorität und Gewalt lediglich als unterschiedliche Herrschaftsformen zu definieren. Dies führte unter anderem zu der fragwürdigen Gleichsetzung von Macht und Gewalt – zum Beispiel durch Mao Tse-tung: »Alle Macht kommt aus den Gewehrläufen.«[1]
Für Hannah Arendt ist die Basis des Politischen – ganz unabhängig von der Staatsform – immer das Volk, das eine Regierung mit Hilfe von Mehrheiten dazu ermächtigt, »in ihrem Namen zu handeln«. Diese beruht auf einem in der Vergangenheit liegenden Konsens, der zugleich ihren Zweck, das friedliche Zusammenleben der Menschen, legitimiert. Gewalt dagegen bedarf immer einer – in der Zukunft liegenden – Rechtfertigung und gewinnt seine Stärke ganz unabhängig von Meinungen und Mehrheiten allein durch Mittel oder Werkzeuge, die die Kraft des Menschen mit Hilfe der Technik künstlich vervielfachen[2]. »Macht und Gewalt sind Gegensätze«, man kann sie nicht auseinander ableiten. Im Falle eines Krieges kann Gewalt die Macht völlig zum Verschwinden bringen, aber auch eine brutale Gewaltherrschaft braucht eine Machtgrundlage (in einem besiegten Volk).[3] Dies kann und soll aber nicht darüber hinwegtäuschen, dass »Macht und Gewalt ganz verschiedene Phänomene sind«, auch wenn unkontrollierte oder ungeteilte Macht sich genauso furchtbar auswirken kann wie gewalttätige Unterdrückung.
Hannah Arendt legt bei ihrer Begriffsunterscheidung auch großen Wert auf den Unterschied zwischen Gewalt- und Terrorherrschaft. Diese totale Form der Herrschaft »bezweckt und erreicht die Entmachtung der Gesellschaft«, indem sie mit Hilfe von Spitzeln und einer geheimen Staatspolizei die Bürger in Angst und Schrecken versetzt.
Hannah Arendt hat den Anfang einer solchen totalitären Herrschaft in Deutschland am eigenen Leibe zu spüren bekommen.
Eine moderne Form des Totalitarismus ist für Hannah Arendt die Bürokratie. Sie führt wie die Terrorherrschaft zur Ohnmacht des Volkes und erzeugt wegen ihrer Anonymität eine »Tyrannis[4] ohne Tyrannen«.

1 Vgl. dazu Anmerkung 1 auf Seite 92.
2 Die beiden Atombomben, die am 6. und 9. August 1945 von der amerikanischen Luftwaffe auf die japanischen Städte Hiroshima und Nagasaki abgeworfen wurden, töteten sofort 92.000 Menschen.
3 Die nationalsozialistische Hitler-Diktatur erhielt ihre Macht von der »Geheimpolizei und einem Netz von Spitzeln«.
4 Tyrannis (griech.): uneingeschränkte Gewaltherrschaft

Im Gegensatz zur Macht kommt Stärke immer einem Einzelnen, einem Ding oder einer Person, zu, ist aber letztlich von diesen unabhängig und der Macht der Vielen unterlegen. Den Begriff Kraft sollte man nach Hannah Arendt nur im physikalischen Sinne für Naturgewalten und im übertragenen Sinne für gesellschaftliche ›Energiequanten‹ benutzen, die »sich auf den Einzelnen auswirken«.
Die Autorität hat als Herrschaftsform nach Hannah Arendt ihren Platz grundsätzlich[1] jenseits von Gewalt und Macht, weil sie weder des »Zwangs noch der Überredung bedarf«, sondern nur bedingungslosen Gehorsam verlangt. Ihr gefährlichster Gegner ist für Arendt das respektlose Lachen.
Im Gegensatz zum Tier ist der Mensch für Arendt ein kreatives Wesen, das sich immer wieder neu erfinden kann und muss. Seine Geburt ist für sie ein absoluter Neu-Anfang des Lebens und das politische Handeln[2] ein Ausdruck seiner Meinungs-Freiheit die Grundlage der Macht.
Die politische Theorie von Arendt ist in vielerlei Hinsicht von großer Bedeutung:

- Durch sie versteht man die staatsphilosophischen Grundlagen unserer Demokratie (Grundgesetz Art. 20: »Alle Staatsgewalt geht vom Volke aus.«).
- Die begriffliche Unterscheidung der verschiedenen Herrschaftsformen fördert die Denk- und Urteilsfähigkeit und trägt dadurch zur politischen Mündigkeit bei.
- Wer durch sie den wesentlichen Unterschied zwischen Macht und Gewalt verstanden hat, wird hoffentlich sensibler und kritischer mit Phänomen umgehen, die beide Formen der Herrschaft verwechseln (wollen).
- Im Zeitalter weltweit vernetzter Kommunikationsmöglichkeiten ist es unverzichtbar, sich die Bedeutung der Meinung für politische Machtverhältnisse vor Augen zu führen.
- Nur wer die ohnmächtig machenden Gefahren von Bürokratie und Technisierung kennt, kann ihnen frühzeitig entgegentreten.
- Sie ist beispielhaft für ein ›Denken ohne Geländer‹, weil sie den Mut hat, bisherige Ansichten kritisch in Frage zu stellen und gegebenenfalls auch über Bord zu werfen.

1 In Krisensituationen kann die Macht autoritäre Züge annehmen, z. B. bei einer Naturkatastrophe.
2 Neben dem Handeln gehört für Arendt das Arbeiten und Herstellen zur aktiven Lebensaufgabe des Menschen.

8.7 Test*

1. Was ist nach Arendt die Machtbasis für staatliche Gesetze?
   ❑ die Polizei ❑ das Volk ❑ die Regierung ❑ das Parlament
2. Worauf gründet sich nach Arendt letztlich die Macht?
   ❑ auf Meinung ❑ auf Gewaltmittel ❑ auf Autorität
3. Gegenüber der Macht ist die Gewalt immer
   ❑ das Primäre ❑ instrumental ❑ rational
4. In welchem Verhältnis stehen Macht und Gewalt für Arendt?
   ❑ Macht ist aus Gewalt ableitbar.
   ❑ Gewalt ist aus Macht ableitbar.
   ❑ Macht und Gewalt sind nicht auseinander ableitbar.
5. In welcher Formel kann man die Extremsituation der Gewalt zusammenfassen?
   .... gegen ....
6. Worin sieht Arendt die Gefahr ungeteilter bzw. unkontrollierter Macht?
   Sie erzwingt ....
7. Was ist nach Arendt das Ergebnis von Terrorherrschaft und anonymer Bürokratie?
   ❑ Gewalt ❑ Verrat ❑ Ohnmacht ❑ Angst
8. Bei welcher Form von Herrschaft ist bedingungsloser Gehorsam von entscheidender Bedeutung?
   ❑ Stärke ❑ Macht ❑ Gewalt ❑ Autorität
9. Das menschliche Handeln ist für Arendt untrennbar verbunden mit:
   ❑ Kreativität ❑ Aktion ❑ Solidarität ❑ Gewalt
10. Unser Handeln ist für Arendt die existentielle ›Antwort‹ auf unser Geborenwerden. Sie verbindet mit der Tatsache der Geburt die Fähigkeit ....

* Eintragungen gegebenenfalls nur auf einer Kopie der Seite vornehmen.

Recht und Gerechtigkeit

9.1 John Rawls – Leben

* 21. Februar 1921, Baltimore
† 24. November 2002, Lexington

Das 1971 veröffentlichte Hauptwerk des amerikanischen Philosophieprofessors John Rawls: ›A Theory of Justice‹ gilt als bedeutendster Beitrag zur politischen Ethik im 20. Jahrhundert. Er begründete damit den egalitären Liberalismus.
John Borden Rawls stammt aus Baltimore in Maryland und studierte ab 1939 an der Princeton University, einer der bedeutendsten Hochschulen der USA.
Im 2. Weltkrieg diente er zwischen 1943 und 1946 als Infanterist im Pazifik (Neuguinea, Philippinen, Japan), die angebotene Offizierskarriere in der Armee schlug er aus.
Stattdessen kehrte er an die Universität nach Princeton zurück, wo er bis 1952 lehrte.
Nach einem Stipendiumaufenthalt an der englischen Oxford University arbeitete er an der Cornell University und bekam dort 1962 seinen ersten Lehrstuhl.
Fast vierzig Jahre lang (1964–1991) wirkte John Rawls an einer der ältesten Universitäten der USA, der Harvard University.
Trotz mehrerer Schlaganfälle konnte er sein letztes großes Werk: ›The Law of Peoples‹ noch abschließen.

9.2 John Rawls
Eine Theorie der Gerechtigkeit (1971)

Der Hauptgedanke der Theorie der Gerechtigkeit

Grundsätze für gerechtes Zusammenleben werden vorab entschieden

Wir wollen uns (...) vorstellen, dass diejenigen, die sich zu gesellschaftlicher Zusammenarbeit vereinigen wollen, in einem gemeinsamen Akt die Grundsätze wählen, nach denen Grundrechte und -pflichten und die Verteilung der gesellschaftlichen Güter bestimmt werden. Die Menschen sollen im Voraus entscheiden, wie sie ihre Ansprüche gegeneinander regeln wollen und wie die Gründungsurkunde ihrer Gesellschaft aussehen soll. Ganz wie jeder Mensch durch vernünftige Überlegung entscheiden muss, was für ihn das Gute ist, d. h. das System der Ziele, die zu verfolgen für ihn vernünftig ist, so muss eine Gruppe von Menschen ein für allemal entscheiden, was ihnen als gerecht und ungerecht gelten soll. Die Entscheidung, die vernünftige Menschen in dieser theoretischen Situation der Freiheit und Gleichheit treffen würden, bestimmt die Grundsätze der Gerechtigkeit. (...)

Der Urzustand ist eine rein theoretische Situation

In der Theorie der Gerechtigkeit als Fairness spielt die ursprüngliche Situation der Gleichheit dieselbe Rolle wie der Naturzustand in der herkömmlichen Theorie des Gesellschaftsvertrags. Dieser Urzustand wird natürlich nicht als ein wirklicher geschichtlicher Zustand vorgestellt, noch weniger als primitives Stadium der Kultur. Er wird als rein theoretische Situation aufgefasst, die so beschaffen ist, dass sie zu einer bestimmten Gerechtigkeitsvorstellung führt. Zu den wesentlichen Eigenschaften dieser Situation gehört, dass niemand seine Stellung in der Gesellschaft kennt, seine Klasse oder seinen Status, ebenso wenig sein Los bei der Verteilung natürlicher Gaben wie Intelligenz oder Körperkraft. Ich nehme sogar an, dass die Beteiligten ihre Vorstellung vom Guten und ihre besonderen psychologischen Neigungen nicht kennen. Die Grundsätze der Gerechtigkeit werden hinter einem Schleier des Nichtwissens festgelegt. Dies gewährleistet, dass dabei niemand durch die Zufälligkeiten der Natur oder der gesellschaftlichen Umstände bevorzugt oder benachteiligt wird: Da sich alle in der gleichen Lage befinden und niemand Grundsätze ausdenken kann, die ihn aufgrund seiner besonderen Verhältnisse bevorzugen, sind die Grundsätze der Gerechtigkeit das Ergebnis einer fairen Übereinkunft oder Verhandlung. Denn in Anbetracht der Symmetrie aller zwischenmenschlichen Beziehungen ist dieser Urzustand fair gegenüber den moralischen Subjekten, d. h. den vernünftigen Wesen mit eigenen Zielen und – das nehme ich an – der Fähigkeit zu einem Gerechtigkeitsgefühl. (...)

Schleier des Nichtwissens

Die Gerechtigkeit als Fairness beginnt, so sagte ich, mit der allgemeinsten Entscheidung, die Menschen überhaupt zusammen treffen können, nämlich mit der Wahl der ersten Grundsätze einer Gerechtigkeitsvor-

Die Wahl der ersten Grundsätze bestimmt das weitere Vorgehen

stellung, die für alle spätere Kritik und Veränderung von Institutionen maßgebend sein soll. Nachdem sie nun eine Gerechtigkeitsvorstellung festgelegt haben, können wir uns vorstellen, dass sie eine Verfassung, ein Gesetzgebungsverfahren und anderes wählen müssen, alles gemäß den anfänglich vereinbarten Gerechtigkeitsgrundsätzen. Unsere gesellschaftlichen Verhältnisse sind gerecht, wenn das ihnen zugrunde liegende allgemeine Regelsystem durch diese Abfolge fiktiver Vereinbarungen erzeugt worden ist. (...)

Menschen sind im Urzustand vernünftig und an sich selbst interessiert

Zur Gerechtigkeit als Fairness gehört die Vorstellung, dass die Menschen im Urzustand vernünftig sind und keine aufeinander gerichteten Interessen haben. Das bedeutet nicht, dass sie Egoisten wären, die also nur ganz bestimmte Interessen hätten, etwa an Reichtum, Ansehen oder Macht. Sie werden aber so vorgestellt, dass sie kein Interesse an den Interessen anderer nehmen. Sie halten selbst ihre geistigen Ziele für möglicherweise entgegengesetzt wie etwa die Ziele der Angehörigen verschiedener Religionen. Ferner muss der Begriff der Vernünftigkeit im engst möglichen Sinne verstanden werden, wie es in der Wirtschaftstheorie üblich ist: dass zu gegebenen Zielen die wirksamsten Mittel eingesetzt werden. (...) Auf den ersten Blick erscheint es kaum als nahe liegend, dass Menschen, die sich als Gleiche sehen und ihre Ansprüche gegeneinander geltend machen können, sich auf einen Grundsatz einigen sollten, der einigen geringere Lebenschancen auferlegt, nur weil die Summe der Vorteile für die anderen größer ist. Da jeder seine Interessen – die Möglichkeit, seiner Vorstellung vom Guten nachzugehen – schützen möchte, gibt es für niemanden einen Grund, sich selbst mit einem dauernden Verlust zufrieden zu geben, um insgesamt mehr Befriedigung hervorzubringen. Ohne starke und beständige altruistische Motive würde kein vernünftiger Mensch eine Grundstruktur akzeptieren, nur weil sie die Summe der Annehmlichkeiten für alle zusammengenommen erhöht – ohne Rücksicht auf ihre dauernden Wirkungen auf seine eigenen Grundrechte und Interessen. Das Nutzenprinzip scheint also unvereinbar zu sein mit der Vorstellung gesellschaftlicher Zusammenarbeit zwischen Gleichen zum gegenseitigen Vorteil, mit dem Gedanken der Gegenseitigkeit, der im Begriff einer wohlgeordneten Gesellschaft enthalten ist. Diese Auffassung werde ich jedenfalls vertreten.

Die Vorteile des Einzelnen müssen sich nicht der Gesamtsumme an Glück unterordnen

Zwei Grundsätze zum Wohl aller

Ich behaupte, dass die Menschen im Urzustand zwei (...) Grundsätze wählen würden: einmal die Gleichheit der Grundrechte und -pflichten; zum anderen den Grundsatz, dass soziale und wirtschaftliche Ungleichheiten, etwa verschiedener Reichtum oder verschiedene Macht, nur dann gerecht sind, wenn sich aus ihnen Vorteile für jedermann ergeben, insbesondere für die schwächsten Mitglieder der Gesellschaft. Nach diesen Grundsätzen kann man Institutionen nicht damit rechtfertigen, dass den Unbilden einiger ein größerer Gesamtnutzen gegenüberstehe. Es ist vielleicht zweckmäßig, aber nicht gerecht, dass einige weniger haben, damit es anderen besser geht. Es ist aber nichts Ungerechtes an den größeren Vorteilen weniger, falls es dadurch auch den nicht so Begünstigten besser geht. Die intuitive Vorstellung ist die, dass jedermanns Wohlergehen von der Zusammenarbeit abhängt, ohne die niemand ein befriedigendes Leben hätte, und dass daher die Verteilung der Güter jeden, auch den weniger Begünstigten, geneigt machen sollte, bereitwillig mitzuarbeiten. Die beiden soeben erwähnten Grundsätze dürften eine faire Grundlage dafür sein, dass die Begabteren oder sozial besser Gestellten – was beides nicht als Verdienst angesehen werden kann – auf die bereitwillige Mitarbeit anderer rechnen können, sofern eine funktionierende Regelung eine notwendige Bedingung für das Wohlergehen aller ist. Sobald man sich für eine Gerechtigkeitsvorstellung entschieden hat, die die Zufälligkeiten der natürlichen Begabung und der gesellschaftlichen Verhältnisse nicht zu politischen und wirtschaftlichen Vorteilen führen lässt, gelangt man zu diesen Grundsätzen. Sie lassen jene Seiten der sozialen Welt aus dem Spiel, die als moralisch willkürlich erscheinen.

(...)

Die Grundrechte sind nicht verhandelbar

Es ist mit der Gerechtigkeit unvereinbar, dass der Freiheitsverlust einiger durch ein größeres Wohl anderer gut gemacht werden könnte. Das Aufrechnen der Vorteile und Nachteile verschiedener Menschen, so als ob es sich um einen einzigen handelte, ist ausgeschlossen. Daher gelten in einer gerechten Gesellschaft die Grundfreiheiten selbstverständlich, und die auf der Gerechtigkeit beruhenden Rechte sind kein Gegenstand politischer Verhandlungen oder sozialer Interessenabwägungen. (...)
Während der Utilitarismus das Entscheidungsprinzip für den Einzelmenschen auf die Gesellschaft überträgt, geht die Theorie der Gerechtigkeit als Fairness, die ja eine Vertragstheorie ist, davon aus, dass die Grundsätze der gesellschaftlichen Entscheidungen und damit die Grundsätze der Gerechtigkeit selbst Gegenstand einer ursprünglichen Übereinkunft seien. (...)

Die beiden Grundsätze der Gerechtigkeit

Ich werde jetzt in einer vorläufigen Form die beiden Gerechtigkeitsgrundsätze angeben, auf die man sich nach meiner Auffassung im Urzustand einigen würde. (...)
Die erste Formulierung der beiden Grundsätze lautet folgendermaßen:

1. Grundsatz: gleiche Grund-Freiheiten

1. Jedermann soll gleiches Recht auf das umfangreichste System gleicher Grundfreiheiten haben, das mit dem gleichen System für alle anderen verträglich ist.

2. Grundsatz: Allgemeinwohl + Chancengleichheit

2. Soziale und wirtschaftliche Ungleichheiten sind so zu gestalten, dass (a) vernünftigerweise zu erwarten ist, dass sie zu jedermanns Vorteil dienen, und

9.3 Gerechtigkeit als Fairness (Rawls)

Urzustand:

- **Freiheit + Gleichheit:** symmetrische Beziehungen / Interesse an eigenem Wohl
- **Vernunft** → Zweck-Mittel-Einsatz sinnvoll bestimmen können
- Schleier des **Nichtwissens** → Stellung, Klasse, Status, Körperlichkeit, Intelligenz

AUTONOMIE

↓

gemeinsamer Vertrag

1. Grundrechte/-pflichten —Vorrang vor→ 2. Güterverteilung

gleiches Recht → Grundfreiheiten:

- Wahlrecht
- Rede- / Versammlungsrecht
- Gewissens- / Gedankenfreiheit
- Unverletzlichkeit der Person
- Recht auf persönliches Eigentum
- Schutz vor (staatlicher) Willkür

2. Güterverteilung: natürlich / sozial

soziale/wirtschaftliche Ungleichheiten (**Differenzprinzip**) sind so zu gestalten, dass sie

- sich zum Wohle aller auswirken: **Ausgleichsprinzip** → Utilitarismus
- niemanden den Zugang zu Ämtern und Positionen verwehren

↓

unverdiente, natürliche Ungleichheiten müssen z. B. durch Bildungsangebote oder Sozialhilfen ausgeglichen werden (**egalitäre Gerechtigkeit**)

↓

Chancengleichheit → freie Marktwirtschaft

verbindliche Grundlage für:

- Verfassung
- Gesetzgebung
- Entscheidung → Rechtmäßigkeit von Mehrheitsentscheidungen

(b) sie mit Positionen und Ämtern verbunden sind, die jedem offen stehen.

Die Grundfreiheiten im Einzelnen

Wir unterscheiden zwischen den Seiten des Gesellschaftssystems, die die gleichen Grundfreiheiten festlegen und sichern, und denen, die gesellschaftliche und wirtschaftliche Ungleichheiten bestimmen und einführen. Es ist nun von Bedeutung, dass die Grundfreiheiten durch eine Liste derartiger Freiheiten festgelegt sind. Wichtig unter ihnen sind die politische Freiheit (das Recht, zu wählen und öffentliche Ämter zu bekleiden) und die Rede- und Versammlungsfreiheit; die Gewissens- und Gedankenfreiheit; die persönliche Freiheit, zu der der Schutz vor psychologischer Unterdrückung und körperlicher Misshandlung und Verstümmelung gehört (Unverletzlichkeit der Person); das Recht auf persönliches Eigentum und der Schutz vor willkürlicher Festnahme und Haft, wie es durch den Begriff der Gesetzesherrschaft festgelegt ist. Diese Freiheiten sollen nach dem ersten Grundsatz für jeden gleich sein.

Einkommensverteilung + Zugang zu gesellschaftlichen Positionen

Der zweite Grundsatz bezieht sich in erster Näherung auf die Verteilung von Einkommen und Vermögen und die Beschaffenheit von Organisationen, in denen es unterschiedliche Macht und Verantwortung gibt. Die Verteilung des Einkommens und Vermögens muss nicht gleichmäßig sein, aber zu jedermanns Vorteil, und gleichzeitig müssen mit Macht und Verantwortung ausgestattete Positionen jedermann zugänglich sein. Der zweite Grundsatz kommt dadurch zum Tragen, dass die Positionen offen gehalten werden und dann unter dieser Einschränkung die sozialen und wirtschaftlichen Ungleichheiten zu jedermanns Nutzen gestaltet werden.

Vorrang des ersten Grundsatzes vor dem zweiten

Diese Grundsätze sollen in lexikalischer Ordnung stehen, derart, dass der erste dem zweiten vorausgeht. Diese Ordnung bedeutet, dass Verletzungen der vom ersten Grundsatz geschützten gleichen Grundfreiheiten nicht durch größere gesellschaftliche oder wirtschaftliche Vorteile gerechtfertigt oder ausgeglichen werden können. Diese Freiheiten haben einen Kern-Anwendungsbereich, innerhalb dessen sie nur beschränkt werden können, wenn sie mit anderen Grundfreiheiten in Konflikt geraten. Deshalb ist zwar keine von ihnen absolut; doch welches System auch aus ihnen gebildet wird, es muss für alle Menschen dasselbe sein. (...)

Gesellschaftliche und natürliche Grundgüter

Als ersten Schritt wollen wir annehmen, die Grundstruktur der Gesellschaft verteile gewisse Grundgüter, d. h. Dinge, von denen man annehmen kann, dass sie jeder vernünftige Mensch haben will. Diese Güter sind gewöhnlich brauchbar, gleichgültig, was jemand für einen vernünftigen Lebensplan hat. Der Einfachheit halber wollen wir annehmen, die hauptsächlichen Grundgüter der Gesellschaft seien Rechte, Freiheiten und Chancen sowie Einkommen und Vermögen. (Später, im dritten Teil, nimmt das Grundgut der Selbstachtung einen wichtigen Platz ein.) Das also seien die gesellschaftlichen Grundgüter. Andere Grundgüter wie

Gesundheit und Lebenskraft, Intelligenz und Phantasie sind natürliche Güter; sie werden von der Grundstruktur nur mittelbar beeinflusst. Denken wir uns also alle gesellschaftlichen Grundgüter gleichmäßig verteilt: Jeder hat gleiche Rechte und Pflichten, gleiches Einkommen und Vermögen. Dieser Zustand ist ein Ausgangspunkt für die Verteilung von Verbesserungen. Falls bestimmte Ungleichheiten des Reichtums und der Macht jeden besser stellen als in dem angenommenen Ausgangszustand, stimmen sie mit der allgemeinen Gerechtigkeitsvorstellung überein. (...)

Freie Marktwirtschaft + Chancengleichheit

Im System der natürlichen Freiheit bestimmt sich die Anfangsverteilung nach der (...) Vorstellung der den Fähigen offen stehenden Laufbahnen. Diese setzt gleiche Freiheiten (gemäß dem ersten Grundsatz) und eine Wirtschaft des freien Marktes voraus. Sie fordert formale Chancengleichheit in dem Sinne, dass jeder wenigsten die gleichen gesetzlichen Rechte auf vorteilhafte soziale Positionen hat. Eine Gleichheit der sozialen Verhältnisse wird jedoch nur insoweit angestrebt, als es zur Erhaltung der nötigen allgemeinen Institutionen nötig ist; (...)

Keine Gleichmacherei

Rechtfertigung des Unterschiedsprinzips

Zur Veranschaulichung des Unterschiedsprinzips betrachte man die Einkommensverteilung zwischen gesellschaftlichen Klassen (...). Nun hat jemand, der etwa in einer Demokratie mit Privateigentum als Mitglied der Unternehmerklasse anfängt, bessere Aussichten als jemand, der als ungelernter Arbeiter anfängt. Das dürfte auch dann noch gelten, wenn die heutigen sozialen Ungerechtigkeiten beseitigt wären. Wie ließe sich nun eine solche anfängliche Ungleichheit der Lebenschancen überhaupt rechtfertigen? Nach dem Unterschiedsprinzip ist sie nur gerechtfertigt, wenn der Unterschied in den Aussichten zum Vorteil der schlechter gestellten repräsentativen Person – hier des ungelernten Arbeiters – ausschlägt. (...)

Unverdiente Ungleichheiten müssen ausgeglichen werden

Ich möchte diese Diskussion der beiden Grundsätze damit abschließen, dass ich erkläre, in welchem Sinne sie eine egalitäre Gerechtigkeitsauffassung ausdrücken. (...) Zunächst ist festzustellen, dass das Unterschiedsprinzip den Gesichtspunkten des Ausgleichsprinzips einiges Gewicht gibt, des Prinzips nämlich, dass unverdiente Ungleichheiten ausgeglichen werden sollten. Da nun Ungleichheiten der Geburt und der natürlichen Gaben unverdient sind, müssen sie irgendwie ausgeglichen werden. Das Prinzip besagt also, wenn alle Menschen gleich behandelt werden sollen, wenn wirkliche Chancengleichheit herrschen soll, dann müsse die Gesellschaft sich mehr um diejenigen kümmern, die mit weniger natürlichen Gaben oder in weniger günstige gesellschaftliche Positionen geboren werden. Der Gedanke ist der, die zufälligen Unterschiede möglichst auszugleichen. Nach diesem Prinzip würde man vielleicht mehr für die Bildung der weniger Begabten als der Begabteren aufwenden, jedenfalls in einem bestimmten Lebensabschnitt, etwa den ersten Schuljahren. (...)

Die Tatsache natürlicher Ungleichheiten

Im Lichte dieser Betrachtungen kann man die Behauptung zurückweisen, das System der Institutionen sei immer mangelhaft, weil die Zufälligkeiten der natürlichen Begabung und der gesellschaftlichen Verhältnisse ungerecht seien und diese Ungerechtigkeit sich unvermeidlich auf die menschlichen Regelungen übertrage. Das soll manchmal als Entschuldigung für die Duldung von Ungerechtigkeiten dienen, als ob die Weigerung, sich mit Ungerechtigkeiten abzufinden, damit zu vergleichen wäre, dass sich jemand mit dem Tod nicht abfinden kann. Die natürliche Verteilung ist weder gerecht noch ungerecht; es ist auch nicht ungerecht, dass die Menschen in eine bestimmte Position der Gesellschaft hineingeboren werden. Das sind einfach natürliche Tatsachen. Gerecht oder ungerecht ist die Art, wie sich die Institutionen angesichts dieser Tatsachen verhalten. Aristokratische und Kastengesellschaften sind ungerecht, weil sie aufgrund dieser Zufälligkeiten die Menschen mehr oder weniger abgeschlossenen und privilegierten gesellschaftlichen Klassen zuweisen. Die Grundstruktur dieser Gesellschaften übernimmt die Willkür der Natur. Doch die Menschen brauchen sich diesen Zufällen nicht zu unterwerfen. Das Gesellschaftssystem ist keine für Menschen unveränderliche Ordnung, sondern ein menschliches Handlungsmuster. Bei der Gerechtigkeit als Fairness kommen die Menschen überein, natürliche und gesellschaftliche Zufälle nur hinzunehmen, wenn das dem gemeinsamen Wohl dient. Die beiden Grundsätze treten der Willkür des Schicksals auf faire Weise entgegen, und die ihnen entsprechenden Institutionen sind gerecht, wenn sie auch sicher in anderen Punkten unvollkommen sind.

Gerechtigkeit als Fairness tritt der Willkür des Schicksals entgegen

Die Bevorzugten dürfen ihre natürlich-sozialen Vorteile im Rahmen der Fairness weiter ausbauen

Es ist also nicht richtig, dass Menschen mit größeren natürlichen Gaben und dem überlegenen Charakter, der ihre Entwicklung ermöglichte, ein Recht auf ein System der Zusammenarbeit hätten, das ihnen die Erlangung weiterer Vorteile auf Weisen gestattet, die anderen keine Vorteile bringen. Man hat seinen Platz in der Verteilung der natürlichen Gaben ebenso wenig verdient wie seine Ausgangsposition in der Gesellschaft. Ob man den überlegenen Charakter, der die Initiative zur Ausbildung der Fähigkeiten mit sich bringt, als Verdienst betrachten kann, ist ebenfalls fraglich; denn ein solcher Charakter hängt in erheblichem Maße von glücklichen familiären und gesellschaftlichen Bedingungen in der Kindheit ab, die man sich nicht als Verdienst anrechnen kann. Der Begriff des Verdienstes ist hier nicht am Platze. Natürlich haben die Begünstigten ein Recht auf ihre natürlichen Gaben wie jeder andere auch; dieses Recht fällt unter den ersten Grundsatz, und zwar unter die Grundfreiheit der Unverletzlichkeit der Person. Die Bevorzugten haben also ein Recht auf alles, was sie gemäß den Regeln eines fairen Systems der gesellschaftlichen Zusammenarbeit erlangen können. (...)

Es liegt auf der Hand, dass man zur Vereinfachung der Anwendung der beiden Gerechtigkeitsgrundsätze ein System braucht. Man betrachte

3 Probleme bei der politischen Umsetzung der beiden Grundsätze der Gerechtigkeit

einmal die drei Arten von Urteilen, die ein Bürger fällen muss. Zunächst muss er beurteilen, ob die Gesetzgebung und die Gesellschaftspolitik gerecht sind. Er weiß aber auch, dass er nicht immer mit den Meinungen der anderen übereinstimmen wird, gerade weil es um Interessen geht. Deshalb muss ein Bürger zweitens entscheiden, welche Verfassungseinrichtungen zur Versöhnung gegensätzlicher Gerechtigkeitsauffassungen gerecht sind. Man kann sich das politische Geschehen als eine Maschine denken, in die die Auffassungen von Volksvertretern und ihrer Wählerschaft hineingegeben werden und aus der gesellschaftliche Entscheidungen herauskommen. Ein Bürger wird verschiedene Arbeitsweisen dieser Maschine verschieden gerecht finden. Eine vollständige Gerechtigkeitsvorstellung kann also nicht nur Gesetze und politische Programme beurteilen, sondern auch Verfahren für die Umsetzung politischer Meinungen in Gesetze. Dann gibt es noch ein drittes Problem. Der Bürger erkennt eine bestimmte Verfassung als gerecht an und hält bestimmte herkömmliche Verfahren für angemessen, etwa die – passend festgelegte – Mehrheitsentscheidung. Doch da das politische Geschehen bestenfalls unvollkommene Verfahrensgerechtigkeit aufweist, muss er entscheiden, wann man an die Mehrheitsentscheidungen gebunden sein soll und wann nicht. Kurz, er muss die Grundlagen und Grenzen der politischen Pflichten und Verpflichtungen bestimmen können. Eine Gerechtigkeitstheorie muss sich also mit mindestens drei Arten von Fragen auseinandersetzen, und das legt nahe, sich die Anwendung der Grundsätze in einem mehrstufigen Gang vorzustellen. (...)

Mehrheitsentscheidungen und Gerechtigkeit

Kein Gegensatz zwischen Freiheit und Vernunft

Nach der Vertragstheorie sind (...) die Begriffe der Autonomie und der Objektivität verträglich: Es gibt keinen Gegensatz zwischen Freiheit und Vernunft. Sowohl die Autonomie als auch die Objektivität werden folgerichtig mit Hilfe des Urzustands charakterisiert. Der Gedanke des Urzustands steht im Mittelpunkt der ganzen Theorie und dient zur Definition anderer grundlegender Begriffe. Autonom handeln heißt also nach Grundsätzen handeln, denen man als freies und gleiches Vernunftwesen zustimmen würde, und die man in diesem Sinne auffassen soll. (...)

Autonomie

9.4 Zusammenfassung und Kritik

John Rawls' Theorie der Gerechtigkeit als Fairness beruft sich einerseits auf die von John Locke behauptete Gleichheit und Freiheit der Menschen im Naturzustand und verbindet andererseits Immanuel Kants moralischen Grundsatz der Autonomie (Selbstgesetzgebung) mit dem Prinzip des Utilitarismus (Nützlichkeitsethik), kritisiert und verändert dieses aber in einem entscheidenden Punkt.
Im Sinne der Gerechtigkeit ergreift Rawls Partei für die Menschen, die von Natur aus oder durch gesellschaftliche Zufälle benachteiligt sind, und fordert für jedermann die gleichen politischen Grund- und Handlungsfreiheiten wie zum Beispiel das Recht zu wählen, das Recht, seine Meinung zu äußern, das Recht auf Eigentum, das Recht auf Schutz vor staatlicher Willkür usw.
Aus guten Gründen legt Rawls über die von ihm – theoretisch angenommene – Ursituation eines Gesellschaftsvertrages den ›Schleier des Nichtwissens‹. Er betrifft natürliche und gesellschaftliche Unterschiede. Das heißt, Menschen, die den Gesellschaftsvertrag schließen, tun so, als ob sie ihre sozialen und natürlichen Unterschiede nicht kennen würden.
Nur so ist für ihn gewährleistet, dass sich die Menschen als gleichberechtigte und autonome Vertragspartner gegenübertreten. Bei der Festlegung von Grundsätzen der Gerechtigkeit darf kein Mensch einen anderen als Mittel zum Zweck der eigenen Bedürfnisbefriedigung betrachten (1. Grundsatz der Gerechtigkeit). Gerechtigkeit als Fairness ist nicht – im kaufmännischen Sinne von (versteckter) Vorteilnahme – verhandelbar.
Gleichwohl trägt Rawls Theorie der Tatsache Rechnung, dass Menschen unterschiedlich begabt und fleißig sind und dass diese Tatsache trotz gleicher Voraussetzungen in Bezug auf Rechte, Pflichten, Einkommen und Vermögen langfristig zu sozialen und wirtschaftlichen Ungleichheiten führt (Differenzprinzip).
Im Gegensatz zum Utilitarismus fordert er aber nicht nur das ›größtmögliche Glück für die größtmögliche Zahl von Menschen‹, sondern besteht im Sinne der Gerechtigkeit als Fairness darauf, dass trotz aller natürlichen und gesellschaftlichen Unterschiede jedermann jederzeit so zum Wohle der Allgemeinheit handeln soll, dass die Folgen dieses Handelns für alle in gleicher Weise von Vorteil sind (Ausgleichsprinzip) und niemanden darin hindern, öffentliche Ämter und Positionen zu bekleiden (2. Grundsatz der Gerechtigkeit).
Es würde also dem 2. Grundsatz der Gerechtigkeit widersprechen, wenn ein intelligenter und cleverer Geschäftsmann Steuern hinterzieht, weil er dadurch die staatlichen Möglichkeiten beschränkt, durch zusätzliche Bildungsangebote oder Sozialhilfe ›unverdiente Ungleichheiten‹ von benachteiligten Mitgliedern der Gesellschaft auszugleichen.
Nach Rawls muss jeder Bürger nicht nur beurteilen können, ob die gel-

tenden Gesetze den beiden Grundsätzen der Gerechtigkeit entsprechen und ob die herrschenden Parteien im Sinne dieser Gesetze handeln, sondern auch, ob die demokratisch legitimierten Mehrheitsentscheidungen mit der Gerechtigkeit als Fairness vereinbar sind.

Rawls moralischen Forderungen nach gesellschaftlicher Gerechtigkeit kann man im Sinne der Menschlichkeit aus vernünftigen Gründen wohl kaum widersprechen.

- Aber propagiert er damit nicht ein Ideal, dem die Menschen – trotz allen guten Willens – nicht gerecht werden können?
- Muss man nicht ehrlicherweise der Tatsache des Egoismus Rechnung tragen und eine politisch umsetzbare Moral fordern, die einen sozial verträglichen Ausgleich zwischen Eigennutz und Allgemeinwohl anstrebt?
- Weshalb sollten wir überhaupt moralisch sein?

9.5 Test*

1. In Rawls' theoretisch angenommenem Naturzustand sind die Menschen
❑ frei ❑ gleich ❑ am Wohl aller interessiert ❑ vernünftig

2. Die Menschen legen die Grundsätze der .... hinter einem Schleier des .... fest.

3. Rawls' Vorstellung vom Naturzustand ist nicht vereinbar mit dem
❑ Unterschiedsprinzip ❑ dem Ausgleichsprinzip
❑ dem Nutzenprinzip

4. Der erste der beiden ursprünglichen Grundsätze bezieht sich auf die
❑ Gleichheit an Besitz ❑ Gleichheit an Grundfreiheiten
❑ Gleichheit an Macht

5. Der zweite der beiden ursprünglichen Grundsätze bezieht sich auf den Ausgleich
❑ sozialer Ungleichheiten ❑ natürlicher Ungleichheiten
❑ wirtschaftlicher Ungleichheiten ❑ intellektueller Ungleichheiten

6. Im Verhältnis der beiden Grundsätze hat
❑ der erste Grundsatz Vorrang vor dem zweiten
❑ der zweite Grundsatz Vorrang vor dem ersten

7. Rawls' Theorie ist nicht vereinbar mit
❑ freier Marktwirtschaft ❑ dem Kastensystem ❑ der Aristokratie

8. Begabtere Menschen haben nach Rawls ein Recht auf alles, so lange sie nicht dem Prinzip der Gerechtigkeit als .... zuwiderhandeln.

9. Von der Natur benachteiligte Menschen haben nach Rawls ein Recht auf
❑ Sozialhilfe ❑ größere politische Macht ❑ auf zusätzliche Bildungsangebote

10. Rawls' Vertragstheorie ist vereinbar mit den Begriffen
❑ Objektivität ❑ Heteronomie ❑ Autonomie ❑ Ungleichheit

* Eintragungen gegebenenfalls nur auf einer Kopie der Seite vornehmen.

Probleme des Denkens, Erkennens und der Wissenschaft

10.1 Objektivität der Erkenntnis

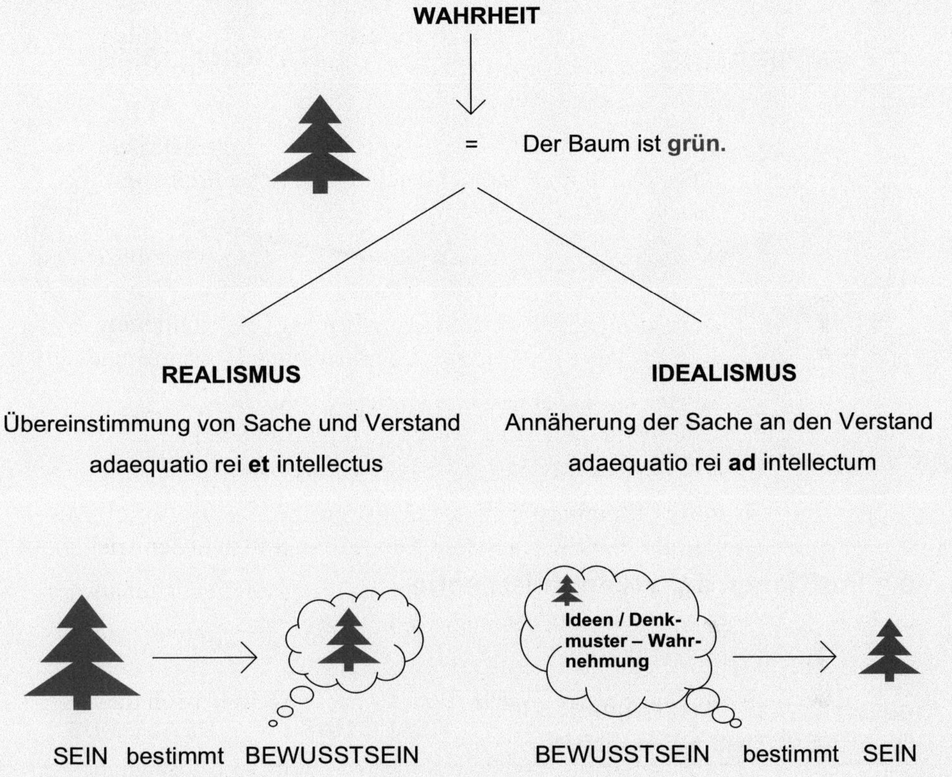

10.2 Primäre Erkenntnisquelle

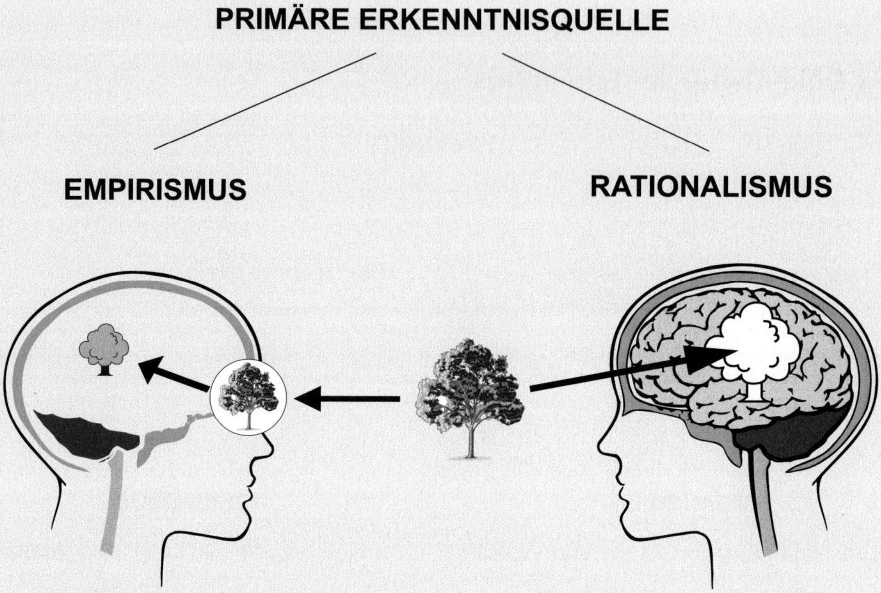

10.3 Positionen der Erkenntnistheorie

OBJEKTIVITÄT DER ERKENNTNIS	BEGRIFFS-REALISMUS	REALISMUS	REALISMUS
PRIMÄRE ERKENNTNIS-QUELLE	RATIONALISMUS	EMPIRISMUS	KRITISCHER RATIONALISMUS

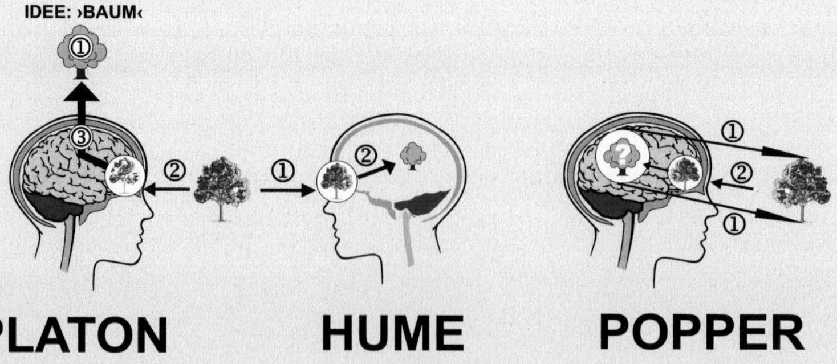

Grundlagen der Erkenntnis

11.1 Platon – Leben

* 427 v. Chr., Athen
† 347 v. Chr., Athen

Der griechische Denker, Theologe, Pädagoge und Schriftsteller Platon gilt als einer der bedeutendsten Philosophen der europäischen Geistesgeschichte.
Aus adligem Hause stammend wurde er mit 20 Jahren Schüler des mittellosen, unbequemen, aber berühmten Lehrer Sokrates'. Nach dessen Tod (399 v. Chr.) trat Platon als 40-jähriger eine längere Bildungsreise durch den Mittelmeerraum an.
Dabei lernte er auf Sizilien auch den Tyrannen von Syrakrus, Dionysios I., kennen, mit dessen Schwager Dion er sich näher befreundete. Der Aufenthalt endete im Streit mit dem Tyrannen.
Nach seiner Rückkehr nach Athen gründete Platon um 387 v. Chr. die erste Einrichtung für höhere Bildung in Griechenland, die so genannte Akademie. Sie genoss ein großes Ansehen und wurde zum Vorbild für die später entstandenen europäischen Universitäten. Hier entstand auch sein Hauptwerk ›Der Staat‹.
Platon unterbrach zwischen den Jahren 367 und 361 seine Lehrtätigkeit an der Akademie für zwei weitere Reisen nach Sizilien. In Zusammenarbeit mit dem neuen Tyrannen von Syrakus, Dionysios II. wollte er die Idee eines Philosophen-Königtums verwirklichen.
Der Versuch scheiterte jedoch. Sein Freund Dion wurde verbannt, und Platon konnte nur unter großen Schwierigkeiten nach Athen zurückkehren.
Die letzten Jahre seines Lebens verbrachte er forschend in der Akademie. Sein Alterswerk ›Die Gesetze‹ konnte er nicht mehr vollenden.
Platons Werke bestehen fast ausschließlich aus Dialogen, und sie sind nahezu komplett erhalten.

11.2 Platon
Der Staat (Höhlen-, Sonnen- und Liniengleichnis) (nach 387 v. Chr.)

Das Wahrnehmbare und das Denkbare

Vielheit der Dinge

Sokrates (S): Wir behaupten, dass es eine Vielheit von schönen Dingen und von guten Dingen und so von jeder Art von Dingen gibt, wie wir sie denn auch in der Rede unterscheiden.

Glaukon (G): Ja.

Einheit der Idee: das wirkliche Wesen

S: Und auch, dass es ein Schönes an sich und ein Gutes an sich gebe und so bei allem, was wir eben als Vielheit setzten; und indem wir nun umgekehrt das viele Einzelne einer Idee als der Einheit für jede Klasse des Vielen unterordnen, benennen wir es nach seinem wirklichen Wesen als dem Ding an sich.

G: So ist es.

Dinge sichtbar, Ideen gedacht

S: Und von den ersteren sagen wir, dass sie gesehen, aber nicht gedacht werden, von den Ideen aber, dass sie gedacht, aber nicht gesehen werden.

G: Gewiss.

S: Womit an uns sehen wir nun das Gesehene?

G: Mit dem Gesicht.

S: Und mit dem Gehör nicht auch das Gehörte und mit den übrigen Sinnen alles sinnlich Wahrnehmbare?

G: Ohne Zweifel. (...) *6. Buch*

Das Höhlengleichnis

In der Höhle: Die Situation der Gefangenen

S: Zunächst mache dir nun an folgendem Gleichnis den Unterschied des Zustandes klar, in dem sich unsere Natur befindet, wenn sie im Besitze der vollen Bildung ist und anderseits wenn sie derselben ermangelt. Stelle dir Menschen vor in einer unterirdischen Wohnstätte mit lang nach aufwärts gestrecktem Eingang, entsprechend der Ausdehnung der Höhle; *gefesselt* von Kind auf sind sie in dieser Höhle fest gebannt mit Fesseln an Schenkeln und Hals; sie bleiben also immer an der nämlichen Stelle und sehen nur geradeaus vor sich hin, durch die Fesseln gehindert ihren Kopf herumzubewegen; *Höhlenfeuer* von oben her aber aus der Ferne von rückwärts leuchtet ihnen ein Feuerschein; zwischen dem Feuer aber und den Gefesselten läuft oben ein Weg hin, *Mauer* längs dessen eine niedrige Mauer errichtet ist ähnlich der Schranke, die die Gaukelkünstler vor den Zuschauern errichten, um über sie weg ihre Kunststücke zu zeigen.

G: Das steht mir alles vor Augen.

Hinter der Mauer werden Gegenstände vorbeigetragen

S: Längs dieser Mauer – so musst du dir nun es weiter vorstellen – tragen Menschen allerlei Gerätschaften vorbei, die über die Mauer hinausragen und Bildsäulen und andere steinerne und hölzerne Bilder und Menschenwerk verschiedenster Art, wobei, wie begreiflich, die Vorübertragenden teils reden teils schweigen.

G: Ein sonderbares Bild, das du da vorführst, und sonderbare Gestalten.

S: Nichts weiter als unseresgleichen. Denn können denn erstlich solche Gefesselten von sich selbst sowohl wie gegenseitig voneinander etwas anderes gesehen haben als die Schatten, die durch die Wirkung des Feuers auf die ihnen gegenüberliegende Wand der Höhle geworfen werden?

Gefangene sehen nur Schatten an der Wand

G: Wie wäre das möglich, wenn sie ihr Leben lang den Kopf unbeweglich halten müssen?

S: Und ferner: gilt von den vorübergetragenen Gegenständen nicht dasselbe?

G: Auch von ihnen haben sie nur Schatten gesehen.

S: Wenn sie nun miteinander reden könnten, glaubst du nicht, dass sie der Meinung wären, die Benennungen, die sie dabei verwenden, kämen den Dingen zu, die sie unmittelbar vor sich sehen?

G: Notwendig.

Das Gehörte wird den Schatten zugeordnet

S: Ferner: Wenn der Kerker auch einen Widerhall von der gegenüberliegenden Wand her ermöglichte, meinst du da, dass, wenn einer der Vorübergehenden gerade etwas sagte, sie dann die gehörten Worte einem anderen zulegen würden, als dem jeweilig vorüberziehenden Schatten?

G: Nein, beim Zeus.

11.3 Höhlengleichnis (Platon)

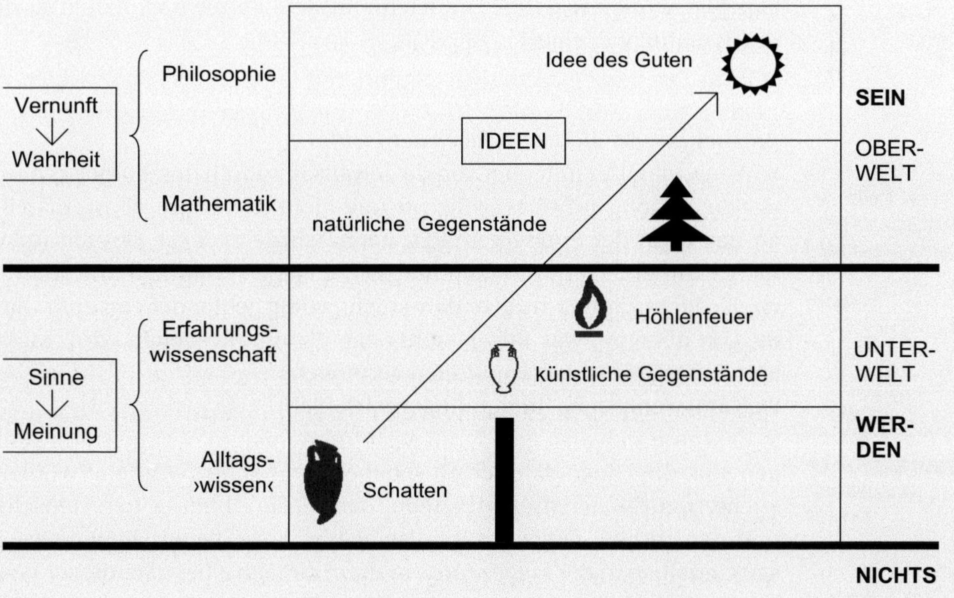

Es gibt nur Schatten-Wahrheit

S: Durchweg also würden diese Gefangenen nichts anderes für wahr gelten lassen als die Schatten der künstlichen Gegenstände.

G: Notwendig.

In der Höhle: Befreiung eines Gefangenen

Der Entfesselte ist zunächst geblendet

S: Nun betrachte den Hergang ihrer Lösung von den Banden und ihrer Heilung von dem Unverstand, wie er sich natürlicherweise gestalten würde, wenn sich Folgendes mit ihnen zutrüge: wenn einer von ihnen entfesselt und genötigt würde, plötzlich aufzustehen, den Hals umzuwenden, sich in Bewegung zu setzen und nach dem Licht empor zu blicken, und alles dies nur unter Schmerzen verrichten könnte, und geblendet von dem Glanze nicht imstande wäre, jene Dinge zu erkennen, deren Schatten er vorher sah, was, glaubst du wohl, würde er sagen, wenn man ihm versichert, er hätte damals lauter Nichtigkeiten gesehen, jetzt aber, dem Seienden nahe gerückt und auf Dinge hingewandt, denen ein stärkeres Sein zukäme, sehe er richtiger? Und wenn man zudem noch ihn auf jedes der vorübergetragenen Menschenwerke hinwiese und ihn nötigte auf die vorgelegte Frage zu antworten, was es sei, meinst du da nicht, er werde weder aus noch ein wissen und glauben, das vordem Geschaute sei wirklicher als das, was man ihm jetzt zeige?

Er reagiert verwirrt auf die neuen Einsichten: Sollte er bisher nur Nichtigkeiten für wahr gehalten haben?

G: Weitaus.

Der Blick ins Höhlenfeuer schmerzt – Wunsch nach Rückkehr

S: Und wenn man ihn nun zwänge seinen Blick auf das Licht selbst zu richten, so würden ihn doch seine Augen schmerzen und er würde sich abwenden und wieder jenen Dingen zustreben, deren Anblick ihm geläufig ist, und diese würde er doch für tatsächlich gewisser halten als die, die man ihm vorzeigte?

G: Ja.

Aufstieg aus der Höhle ins Reich des Lichtes

Der Entfesselte ist vom Anblick des Sonnenlichts völlig geblendet, er kann zuerst nichts erkennen

S: Wenn man ihn nun aber von da gewaltsam durch den holperigen und steilen Aufgang aufwärts schleppte und nicht eher ruhte, als bis man ihn an das Licht der Sonne gebracht hätte, würde er diese Gewaltsamkeit nicht schmerzlich empfinden und sich dagegen sträuben, und wenn er an das Licht käme, würde er dann nicht, völlig geblendet von dem Glanze, von alledem, was ihm jetzt als das Wahre angegeben wird, nichts, aber auch gar nichts zu erkennen vermögen?

G: Nein, wenigstens für den Augenblick nicht.

Er gewöhnt sich langsam an die Dinge der sichtbaren Oberwelt

S: Er würde sich also erst daran gewöhnen müssen, wenn es ihm gelingen soll, die Dinge da oben zu schauen, und zuerst würde er wohl am leichtesten die Schatten erkennen, darauf die Abbilder der Menschen und der übrigen Dinge im Wasser, später dann die wirklichen Gegenstände selbst; in der Folge würde er dann zunächst bei nächtlicher Weile die Erscheinungen am Himmel und den Himmel selbst betrachten, das

Licht der Sterne und des Mondes schauend, was ihm leichter werden würde, als bei Tage die Sonne und das Sonnenlicht zu schauen.

G: Gewiss.

Zuletzt sieht der Entfesselte die Sonne und erkennt sie als Urheberin alles Sichtbaren

S: Zuletzt dann, denke ich, würde er die Sonne, nicht etwa bloß Abspiegelungen derselben im Wasser oder an einer Stelle, die nicht ihr eigener Standort ist, sondern sie selbst in voller Wirklichkeit an ihrer eigenen Stelle zu schauen und ihre Beschaffenheit zu betrachten imstande sein.

G: Notwendig.

S: Und dann würde er sich durch richtige Folgerungen klar machen, dass sie es ist, der wir die Jahreszeiten und die Jahresumläufe verdanken, und die über allem waltet, was in dem sichtbaren Raum sich befindet, und in gewissem Sinne auch die Urheberin jener Erscheinungen ist, die sie vordem in der Höhle schauten.

G: Offenbar würde er zu dieser Einsicht gelangen.

Der Entfesselte erinnert sich an seine alte Höhlenwirklichkeit

S: Wie nun? Meinst du nicht, er würde in der Erinnerung an seine erste Wohnstätte und an seine dortige Weisheit und an seine dortigen Mitgefangenen sich nun glücklich preisen ob dieser Veränderung, jene dagegen bemitleiden?

G: Sicherlich.

Er möchte nicht mit den Gefangenen tauschen, die ja nur Trugbilder sehen können

S: Wenn es damals aber unter ihnen gewisse Ehrungen und Lobpreisungen und Auszeichnungen gab für den, der die vorübergehenden Gegenstände am schärfsten wahrnahm und sich am besten zu erinnern wusste, welche von ihnen eher und welche später und welche gleichzeitig vorüberwandelten, und auf Grund dessen am sichersten das künftig Eintretende zu erraten verstand, glaubst du etwa, dass er sich danach zurücksehnen werde und die bei ihnen durch Ehren und Macht Ausgezeichneten beneiden werde? Oder nicht vielmehr, dass er, nach Homer, das harte Los wählen, nämlich viel lieber »einem anderen, einem unbegüterten Manne um Lohn dienen wolle« und lieber alles andere über sich ergehen lassen würde, als im Banne jener Trugmeinungen zu stehen und ein Leben jener Art zu führen?

G: Ja, ich denke, er würde lieber alles andere über sich ergehen lassen, als auf jene Weise leben.

Rückkehr in die Höhle

Zurück in der Höhle erkennt der Entfesselte die Schattenbilder schlechter als die Gefangenen

S: Und nun bedenke auch noch Folgendes: wenn ein solcher wieder hinabstiege in die Höhle und dort wieder seinen alten Platz einnähme, würden dann seine Augen nicht förmlich eingetaucht werden in Finsternis, wenn er plötzlich aus der Sonne dort anlangte?

G: Gewiss.

S: Wenn er nun wieder, bei noch anhaltender Trübung des Blicks mit jenen ewig Gefesselten wetteifern müsste in der Deutung jener Schattenbilder, ehe noch seine Augen sich der jetzigen Lage wieder völlig angepasst haben – und die Gewöhnung daran dürfte eine ziemlich erhebliche

Die anderen Gefangenen wollen auf keinen Fall entfesselt werden

Zeit fordern –, würde er sich da nicht lächerlich machen und würde es nicht von ihm heißen, sein Aufstieg nach oben sei schuld daran, dass er mit verdorbenen Augen wiedergekehrt sei, und schon der bloße Versuch, nach oben zu gelangen, sei verwerflich? Und wenn sie den, der es etwa versuchte sie zu entfesseln und hinaufzuführen, irgendwie in ihre Hand bekommen und umbringen könnten, so würden sie ihn doch auch umbringen?
G: Sicherlich.

Deutung des Gleichnisses

Höhlenwelt ist die Welt des Wahrnehmbaren

Aufstieg ist der Weg der Erkennntnis

Die Sonne verkörpert die Idee des Guten: Ursache für Wahrheit, Vernunft und alles Sichtbare

S: Dieses Gleichnis, mein lieber Glaukon, musst du seinem vollen Umfang nach mit den vorhergehenden Erörterungen in Verbindung bringen: die durch das Gesicht uns erscheinende Raumwelt setze der Wohnstätte der Gefesselten gleich, den Lichtschein des Feuers aber in ihr der Kraft der Sonne; den Aufstieg nach oben aber und die Betrachtung der oberen Welt musst du der Erhebung der Seele in das Reich des nur Denkbaren vergleichen, wenn du eine richtige Vorstellung von meiner Meinung bekommen willst, da du sie ja zu hören begehrst. Gott mag wissen, ob sie richtig ist. Was sich mir also als richtig darstellt, ist dies: in dem Gebiete des Denkbaren zeigt sich zuletzt und schwer erkennbar die Idee des Guten[1]; hat sie sich aber einmal gezeigt, so muss sich bei einiger Überlegung ergeben, dass sie für alle die Urheberin alles Rechten und Guten ist, indem sie im Sichtbaren das Licht und den Quell und Herrn desselben (die Sonne) erzeugt, in dem Denkbaren[2] aber selbst als Herrscherin waltend uns zu Wahrheit und Vernunft verhilft, so dass also diese Idee erkannt haben muss, wer einsichtig handeln will, sei es in persönlichen oder in öffentlichen Angelegenheiten.
G: Diese Meinung teile auch ich, soweit mir ein Urteil darüber zusteht.

Der Vernünftige in der Alltagswelt

S: So teile denn auch die folgende Ansicht mit mir und wundere dich nicht, dass diejenigen, die zu dieser Höhe gelangt sind, keine Neigung verspüren sich den menschlichen Alltagsgeschäften zu widmen; sondern ihre Seelen fühlen sich immer getrieben dort oben zu verweilen. Und so ist es doch wohl auch ganz in der Ordnung, wenn anders es dem vorhin vorgeführten Bilde entsprechen soll.
G: Ja, ganz in der Ordnung.

Der Vernünftige hat im Alltag einen schweren Stand

S: Wie nun? Scheint es dir verwunderlich, wenn einer, der von den göttlichen Anschauungen her in das menschliche Jammertal herabkommt, haltungslos ist und sich recht lächerlich ausnimmt, wenn er, noch getrübten Blickes und noch nicht wieder genügend an die hiesige Finster-

1 Vgl. dazu auch das Sonnengleichnis
2 Vgl. dazu auch das Liniengleichnis

nis gewöhnt, sich genötigt sieht, in Gerichtshöfen oder anderswo um die Schatten der Gerechtigkeit zu streiten oder um die Kunstgebilde, deren Schatten sie sind, und sich in einen Wettkampf einzulassen mit der Auffassungsweise dieser Dinge von Seiten solcher Leute, die niemals die Gerechtigkeit an sich geschaut haben?

G: Nicht im Geringsten verwunderlich.

S: Nein, wer bei Vernunft ist, der würde sich sagen, dass die Störungen der Sehkraft zwiefacher Art sind und zwiefacher Ursache entstammen, nämlich erstens, wenn man aus dem Licht in die Finsternis, und zweitens, wenn man aus der Finsternis in das Licht versetzt wird. Und wenn er sich nun davon überzeugt hat, dass die nämlichen Vorgänge auch bei der Seele vorliegen, so wird er, wenn er eine Seele in Verwirrung und unfähig sieht, etwas zu erkennen, nicht unbedacht lachen, sondern prüfen, ob sie aus einem erleuchteteren Leben hierher gekommen ist und infolge der Ungewohnheit mit Finsternis geschlagen ist oder ob sie aus einem Zustand größerer Unwissenheit in helleren Glanz kommt und von dieser größeren Helligkeit geblendet ist; und so wird er denn die eine glücklich preisen ob ihres Zustandes und ihrer Lebensgestaltung, die andere dagegen bemitleiden; und wenn er über sie lachen wollte, so würde sein Lachen hier weniger lächerlich sein als das über die, welche von oben her aus dem Lichte herabkommt.

Zwei Gründe für die Störung der Sehkraft:

• vom Licht in die Finsternis

• aus der Finsternis ins Licht

G: Das ist gewiss zutreffend.

Erkenntnis als Prozess der Umkehrung

S: Wir müssen also, wenn dies wahr ist, zu folgender Überzeugung über die Sache gelangen: die Bildung ist nicht das, wofür sie gewisse Leute verheißungsvoll ausgeben. Ihre Verheißung nämlich lautet etwa dahin, sie pflanzten der Seele, in der es ursprünglich kein Wissen gebe, dies Wissen ein, etwa wie wenn sie blinden Augen die Sehkraft einsetzten.

Die Geistesbildung pflanzt keine Erkenntnis in die Seele

G: Ja, so lautet sie.

S: Unsere vorliegende Untersuchung dagegen zeigt, dass man diese der Seele eines jeden innewohnende Wissenskraft und das Organ, durch welches ein jeder zu Kenntnissen kommt, ganz ähnlich wie wenn man das Auge nicht anders aus dem Dunklen nach dem Hellen umwenden könnte als mitsamt dem ganzen Leibe, so sie mitsamt der ganzen Seele aus dem Bereiche des Werdenden nach der anderen Seite umkehren muss, bis sie fähig geworden ist, die Betrachtung des Seienden und des Hellsten unter dem Seienden auszuhalten; dies aber ist, wie wir behaupten, das Gute. Nicht wahr?

Geistesbildung ist ein Prozess des Umkehrens

G: Ja.

S: Es wäre demnach die Bildung eine Kunst der Umkehrung dieses Organs, die Art und Weise nämlich, wie es am leichtesten und wirkungsvollsten umgewendet wird, nicht aber eine Kunst, die darin bestände, ihm diese Sehkraft erst einzupflanzen; diese hat es vielmehr schon –, es

Bildung als Kunst der Umkehrung

ist nur nicht nach der richtigen Seite hingewendet und blickt nicht dahin, wohin es sollte, und dass dies geschehe, das ist eben, was unsere Kunst der Erziehung bewirken will.

G: So scheint es. *7. Buch*

Das Sonnengleichnis

Die Sonne lässt uns die Dinge sehen

S: Welchen nun von den Sternengöttern kannst du als den Urheber davon bezeichnen, also als den, dessen Licht unserem Gesicht dazu verhilft, auf das Schönste zu sehen, und dem Gesehenen dazu, gesehen zu werden?

G: Den auch du dafür hältst und sonst auch alle Welt; denn offenbar ist es die Sonne, wonach du fragst.

S: Verhält sich nun das Gesicht zu diesem Gott naturgemäß folgendermaßen?

G: Wie?

S: Das Gesicht ist nicht die Sonne, weder es selbst noch dasjenige, dem es innewohnt, von uns Auge genannt.

G: Das allerdings nicht.

Das Auge als sonnenartiges Organ

S: Aber das Sonnenartigste, denke ich, ist es doch gewiss von allen Organen der sinnlichen Wahrnehmung.

G: Weitaus.

S: Hat es nun nicht auch seine Kraft von dieser gespendet erhalten wie etwas, das von ihr ihm zufließt?

G: Sicherlich.

S: Steht es nun mit der Sonne nicht auch so? Sie ist nicht Gesicht, aber Ursache davon, und wird als solche von ihm gesehen.

G: Ja.

Die Sonne als ›Sohn‹ der Idee des Guten

S: Sie also meine ich – das kannst du nun als meine Ansicht verkünden – mit jenem Sprössling des Guten, den das Gute selbst als sein Ebenbild erzeugt: was es selbst im Bereiche des Denkbaren ist im Verhältnis zur Vernunft und zum Gedachten, das ist die Sonne im Bereiche des Sichtbaren im Verhältnis zu dem Gesicht und zu dem Gesehenen.

G: Wie? Lass dich weiter darüber vernehmen.

Das Licht der Wahrheit verhilft der Vernunft zur Erkenntnis

S: So denke dir denn auch das Verhältnis der Seele folgendermaßen: wenn sie fest gerichtet ist auf das, worauf das Licht der Wahrheit und des Seienden fällt, dann erfasst und erkennt sie es und scheint im Besitze der Vernunft zu sein; wenn aber auf das mit Finsternis Gemischte, das Entstehende und Vergehende, dann fällt sie dem bloßen Meinen anheim, wird stumpfsichtig, wirft die Meinungen herüber und hinüber und macht nunmehr den Eindruck, als sei sie aller Vernunft bar.

G: Ja, so ist es.

Die Idee des Guten als Ursache für Erkenntnis und Wahrheit

S: Das also, was den Dingen, welche erkannt werden, Wahrheit verleiht und dem Erkennenden die Kraft zum Erkennen gibt, ist – das sei jetzt dein Spruch – die Idee des Guten und diese musst du dir jetzt als die Ursache der Erkenntnis und Wahrheit vorstellen, soweit die letztere erkannt wird: aber so schön sie auch beide sein mögen, Erkenntnis und Wahrheit, so wirst du doch das Richtige treffen mit der Annahme, dass sie selbst etwas noch Schöneres ist als diese; wie es aber im Vorigen in Bezug auf Licht und Gesicht richtig war, sie wohl für sonnenartig zu erklären, so für falsch dagegen, sie für die Sonne selbst zu halten, so steht es auch hier mit Erkenntnis und Wahrheit: sie beide für verwandt mit dem Guten halten ist recht, sie aber, sei es nun die eine oder die andere, für das Gute selbst zu halten, ist nicht recht, vielmehr steht das Gute selbst seinem ganzen Verhältnis nach auf einer noch höheren Stufe.

Die Idee des Guten steht über Wahrheit und Erkenntnis

G: Eine gar nicht auszudenkende Schönheit offenbarst du, wenn sie Erkenntnis und Wahrheit schafft, selbst aber noch über diese an Schönheit

11.4 Sonnengleichnis und das platonische Dreieck (Platon)

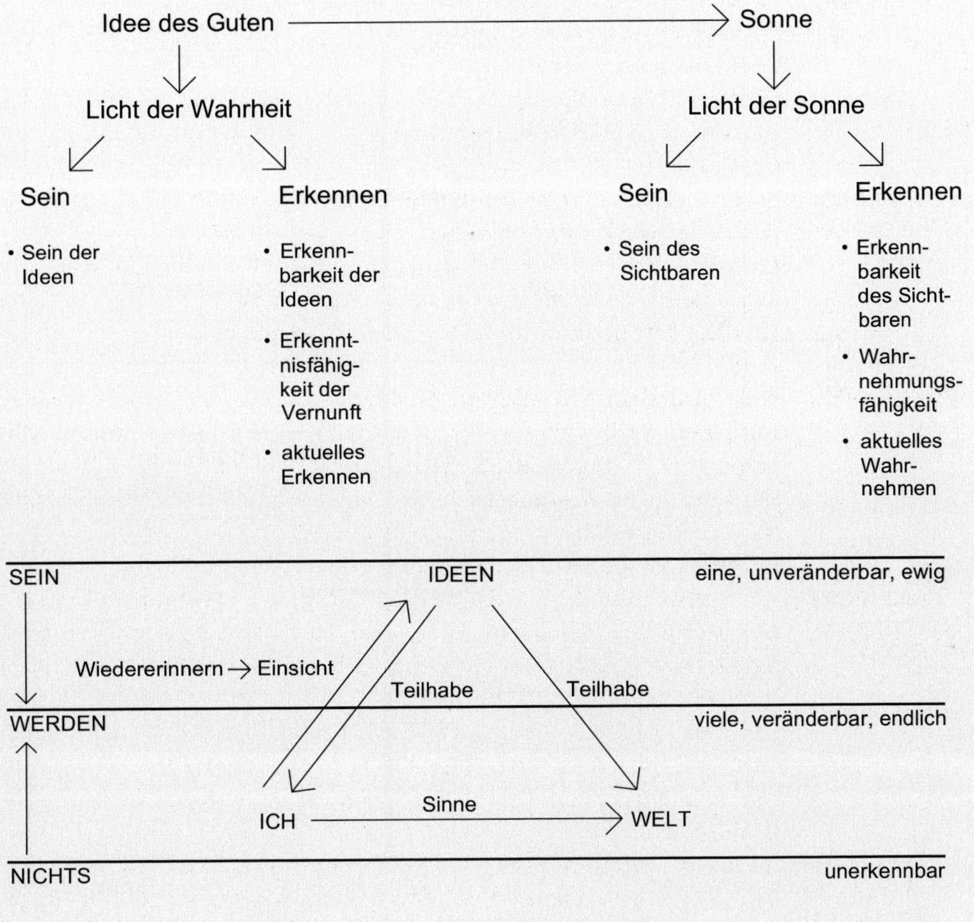

emporragt; denn dass du etwa die Lust damit meinen könntest, ist doch bei dir ganz Ausgeschlossenes.

S: Lästere nicht; betrachte vielmehr das Abbild des Guten noch von folgender Seite.

Die Sonne ist auch Ursache für das Werden, Wachsen und die Nahrung

G: Von welcher?

S: Du wirst, denke ich, sagen, die Sonne verleihe dem, was gesehen wird, nicht nur das Vermögen gesehen zu werden, sondern auch Werden, Wachstum und Nahrung, ohne doch selbst ein Werden zu sein.

G: Wie könnte sie das auch sein?

Die Idee des Guten ist Ursache für das Sein der Ideen

S: Also musst du auch sagen, dass dem Erkennbaren nicht nur das Erkanntwerden von dem Guten zuteil wurde, sondern dass es sein Sein und Wesen von ihm habe, so dass das Gute nicht das Sein ist, sondern an Würde und Kraft noch über das Sein hinausragt? *6. Buch*

11.5 Liniengleichnis (Platon)

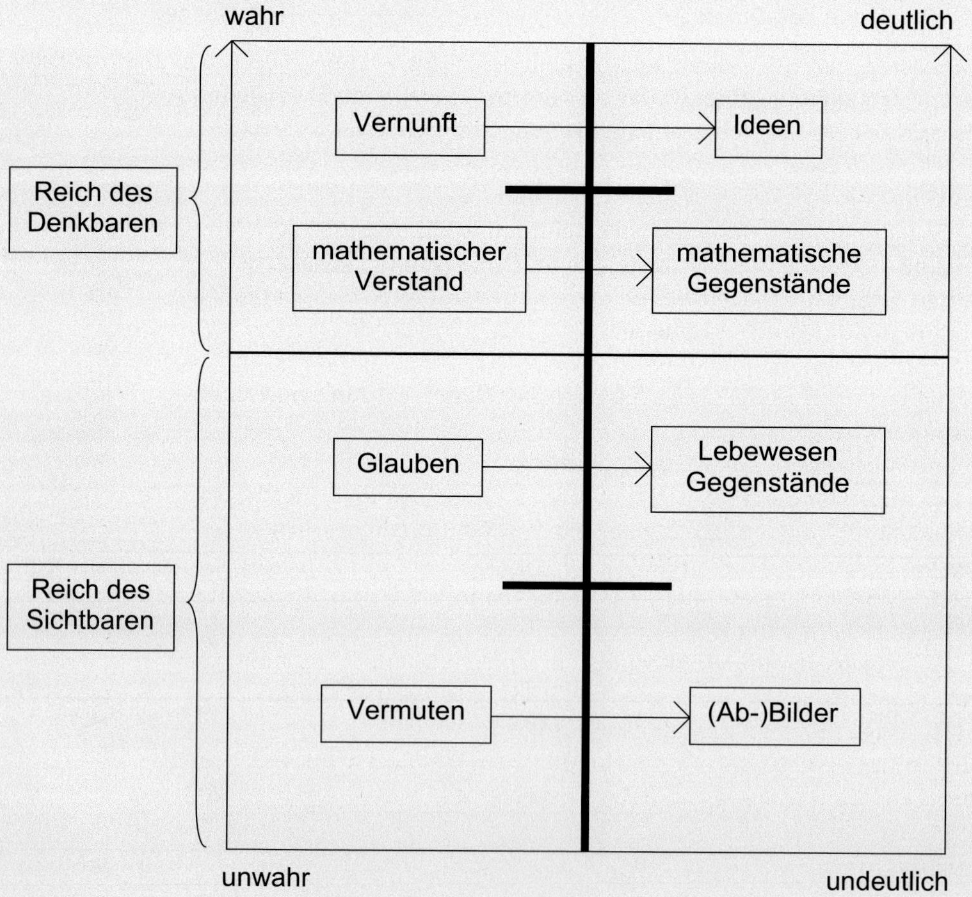

Das Liniengleichnis

Das Reich des Sichtbaren und Denkbaren

S: Halte dir also gegenwärtig, dass, wie gesagt, es sich dabei um zwei Mächte handelt, und dass die eine über (...) den Bereich des Denkbaren herrscht, die andere über das Geschlecht und den Bereich des Sichtbaren (...). Diese beiden Reiche, das Sichtbare und Denkbare, sind dir doch also in ihrem Unterschied klar?

G: Jawohl.

Das Sichtbare und Denkbare als ungleiche Abschnitte einer Linie

Das Sichtbare: Ein Unterabschnitt steht für die Bilder

S: So nimm sie denn wie eine in zwei ungleiche Abschnitte geteilte Linie und teile jeden dieser Abschnitte, von denen der eine das Gebiet des Sichtbaren, der andere das des Denkbaren darstellt, wieder nach dem nämlichen Verhältnis und so wird dir, nach Maßgabe des gegenseitigen Verhältnisses von Deutlichkeit und Undeutlichkeit, im Gebiete des Sichtbaren der eine Abschnitt Bilder liefern. Ich verstehe aber unter Bildern erstens die Schatten, sodann die Abspiegelungen im Wasser und auf den Oberflächen dichter, glatter und glänzender Körper und alles Ähnliche. Du verstehst mich doch?

G: Gewiss.

Ein Unterabschnitt steht für die Gegenstände

S: Als den anderen Abschnitt setze den, der die Gegenstände selbst umfasst, wovon dies die Bilder waren, also die uns umgebende Tierwelt und das ganze Gewächsreich und jede Art von Erzeugnissen des menschlichen Kunstfleißes.

G: Ich tue es.

Die Gegenstände sind wahrer als ihre Abbilder

S: Wirst du nun auch ohne Bedenken einräumen, hinsichtlich der Wahrheit und ihres Gegenteils verhalte sich bei dieser Teilung das Nachgebildete zu dem, dem es nachgebildet ist, ebenso wie das Gebiet der bloßen Meinung zu dem des Gedachten?

G: Ohne weiteres.

S: Nun fasse anderseits die Teilung des Denkbaren ins Auge nach ihrer Besonderheit.

G: Und worin besteht diese Besonderheit?

Das Denkbare: Auch hier gibt es Gegenstände und Bilder

S: Darin: den einen Teil muss die Seele so aufsuchen, dass sie das, was die frühere Teilung in dem einen Abschnitt bot, nämlich wirkliche Gegenstände, bloß als Bilder benutzt,(...)

Die Bilder sind die mathematischen Ideen

G: Ich verstehe: du meinst das, was in das Gebiet der Geometrie und der ihr verwandten Fächer fällt.

Die Urbilder erfasst der denkende Verstand

S: So verstehe denn auch folgendes: unter dem zweiten Abschnitt des Denkbaren meine ich das, was der denkende Verstand unmittelbar selbst erfasst mit der Macht der Dialektik1[1], (...)

Und so lass denn jenen vier Abschnitten auch vier Seelenzustände entsprechen, Vernunfttätigkeit dem obersten, mathematische Verstan-

1 Dialektik: eigentlich die Kunst der Unterredung, hier ist der Aufstieg vom Sinnlichen zur Idee gemeint.

Zuordnung der Linienabschnitte zu den verschiedenen Erkenntnisvermögen

destätigkeit dem zweiten, dem dritten aber weise den Glauben[1] und dem vierten die bildliche Erkenntnis zu, und ordne sie nach dem Verhältnis, dass du ihnen (stufenweise) denjenigen Grad von Deutlichkeit beimisst, welcher dem Anteil entspricht, den ihre Objekte an der Wahrheit haben. G: Ich verstehe und räume es ein und ordne sie, wie du sagst. *6. Buch*

11.6 Zusammenfassung und Kritik

In seinem Hauptwerk ›Der Staat‹ setzt sich Platon mit der Frage auseinander, was Gerechtigkeit ist und was sie für den Menschen und den Staat bedeutet.

Sie ist für ihn beim Menschen dann vorhanden, wenn die drei Seelenteile (Vernunft, Mut, Begehrlichkeit) unter der Leitung der Vernunft eine harmonische Einheit bilden.

Entsprechend müssen im Staat die drei Stände (Herrscher, Krieger, Handwerker) unter der Leitung eines vernünftigen Herrschers friedlich zusammenleben.

Damit dies möglich ist, müssen die zukünftigen Herrscher gebildet werden und erkennen, worin das Wesen der Gerechtigkeit besteht. In diesem Zusammenhang unterscheidet Platon die Vielheit gerechter, schöner, guter wahrnehmbarer Tätigkeiten bzw. Dinge und die Einheit der – dieser Vielheit übergeordneten, nur denkbaren – Ideen.

Diese sind ewig und unveränderbar, während sich alles Sichtbare in einem ständigen Prozess des Werdens befindet: Es war einmal nicht, entsteht und vergeht dann wieder.

Allerdings hat die Seele des Menschen – nach Platons Überzeugung – vor ihrer Geburt schon einmal die Ideen geschaut und kann sich später, nach der Verbindung mit dem Körper, wieder an sie erinnern.

Mit Hilfe von drei Gleichnissen (Höhlengleichnis, Sonnengleichnis, Liniengleichnis) versucht Platon – durch den Mund seines Lehrers Sokrates – anschaulich zu verdeutlichen, dass unser Alltagswissen, das in der Regel nur auf sinnlicher Beobachtung beruht, nur aus Vermutungen und Meinungen besteht. Dies gilt im Wesentlichen auch für die so genannten Erfahrungswissenschaften.

Was ein Baum, eine Katze oder das Gerechte aber in Wirklichkeit sind, kann man nur mit Hilfe des Verstandes erkennen. Er muss sich, um mit Platon zu sprechen, in den Bereich der Einsicht ›aufschwingen‹ und dort Ideen oder Urbilder der ›Dinge‹ schauen. Das abstrakte mathematische Denken stellt dafür eine wichtige Vorstufe dar (Liniengleichnis). Am Ende seines langen Erkenntnisweges wird der Vernünftige dann begreifen,

1 Glaube: hier gemeint im Sinne des Fürwahrhaltens; dem Glauben fehtl die objektive Gewissheit.

dass die höchste und umfassendste aller Ideen, die Idee des Guten-Wahren-Schönen, der Ursprung von allem ist, was man denken und wahrnehmen kann. Das Licht ihrer Wahrheit ist sowohl für das Sein als auch für das Erkennen alles Sicht- und Denkbaren unabdingbar (Sonnengleichnis).
Platons Höhlengleichnis erklärt aber auch, warum der Philosoph – geblendet vom Licht der Wahrheit – im Alltag einen schweren Stand hat und warum es notwendig ist, dass er seine Mitmenschen durch die Kunst der ›Umlenkung‹ von den Fesseln der Unwahrheit befreit. Nur so kann es nach Platon ein gerechtes Leben in einem gerechten Staat geben.

Schon zu Platons Lebzeiten wurde seine Ideenlehre kritisiert, vor allem von seinem Schüler Aristoteles.

- Stellt Platons 2-Welten-Theorie nicht eine unnötige Verdoppelung der Wirklichkeit dar? Wenn die Ideen doch schon die wahren Urbilder von allem sind, wozu sollte es dann noch einmal die unwahren Abbilder in der Welt des Werdens geben?
- Und wo genau soll denn dieser Ideenhimmel sein? Gibt es wirklich Beweise dafür, dass unsere Seele die Ideen der Dinge schon einmal gesehen hat? Sind Platons Ideen nicht einfach nur so ›Ideen‹?
- Damit etwas existiert und von uns wahrgenommen werden kann, muss es ja Anteil an der Idee dessen haben, was es ist. Also: Irgendeine beliebige kleine, schwarze Katze ist doch nur deshalb eine Katze, weil in ihr (Wir würden heute sagen: in ihrem genetischen Bauplan) das Wesen der Katze vorhanden ist. Und dieses müsste auf der Grundlage von Erfahrungen auch erkennbar und bestimmbar sein.
- Platons Abwertung des Körperlich-Sinnlichen auf der einen Seite und seine Aufwertung des Geistig-Denkbaren auf der anderen Seite hat zu einer problematischen Trennung von Leib und Seele geführt.

11.7 Test*

1. Das Wahrnehmbare und das Denkbare unterscheidet Platon durch die Begriffe .... für Wahrnehmbares und .... für das Denkbare.

2. In Platons Höhlengleichnis stehen die Schatten für das, was wir
❑ fühlen ❑ mit den Sinnen wahrnehmen
❑ mit dem Verstand erkennen.

3. Die Gefangenen in Platons Höhle kann man am ehesten vergleichen mit
❑ Naturbeobachtern ❑ Fernsehzuschauern ❑ Wissenschaftlern

4. Wer in Platons Höhle von seinen Fesseln befreit wird,
❑ erkennt die Dinge, die hinter der Mauer vorbei getragen werden
❑ ist geblendet ❑ sieht das Höhlenfeuer

5. In der Oberwelt erkennt der von seinen Fesseln befreite Mensch zuerst
❑ die Dinge selbst ❑ ihre Schatten und Spiegelbilder ❑ die Sonne

6. Wenn diejenigen, die an die Oberwelt gelangt sind, in die Höhle zurückkehren,
❑ werden sie bewundert ❑ werden sie ausgelacht
❑ werden sie ignoriert

7. Die Dinge, die die von den Fesseln befreiten Menschen in der Oberwelt sehen, symbolisieren die ....

8. Die Abbilder der Urbilder sind:
❑ viele ❑ kompliziert ❑ unvergänglich ❑ vergänglich
❑ einzigartig ❑ veränderlich ❑ unveränderlich ❑ vieldeutig

9. Die Sonne in Platons Höhlengleichnis
❑ steht für den Ursprung aller Dinge ❑ repräsentiert das Gute
❑ steht für das Unerkennbare ❑ ist Ursache für das Erkennen

10. Geistes-Bildung ist für Platon ein Prozess
❑ der Umkehrung ❑ der Wissensvermittlung ❑ der Belehrung

11. Platons Sonnengleichnis soll deutlich machen, dass die Sonne als Sinnbild für das Höchste, was der Mensch erkennen kann, Ursache für das .... und die .... der Dinge / Ideen ist.

12. Das mathematische Erkennen in Platons Liniengleichnis entspricht dem
❑ dem ersten Abschnitt ❑ dem zweiten Abschnitt
❑ dem dritten Abschnitt ❑ dem vierten Abschnitt

* Eintragungen gegebenenfalls nur auf einer Kopie der Seite vornehmen.

12.1 René Descartes – Leben

* 31. Januar 1596, La Haye
† 11. Februar 1650, Stockholm

Der französische Mathematiker und Philosoph René Descartes gilt als ›Vater‹ des modernen neuzeitlichen Denkens. Es gipfelt in seiner Erkenntnis: »Cogito, ergo sum.«
Descartes war der Sohn eines Juristen und Parlamentariers, seine Mutter starb, als er noch ein Kleinkind war. Mit acht Jahren wurde er ein Musterschüler des Jesuitenkollegs La Flèche in Anjou, und nach Abschluss eines juristischen Studiums an der Universität Poitiers absolvierte er zu Beginn des 30-jährigen Krieges 1618 eine militärische Offiziers-Ausbildung in der holländischen Armee, zog als genau beobachtender Soldat durch Dänemark, Polen, Ungarn, Österreich, Böhmen und Deutschland und trat 1619 in die Dienste Maximilians von Bayerns.
In der Nähe von Ulm, im Winterquartier in Neuburg an der Donau, hatte Descartes sein philosophisches Urerlebnis. Ganz auf sich selbst zurückgeworfen entdeckte er eine Quelle der klaren und deutlichen Erkenntnis, die für das philosophische Denken der Neuzeit von entscheidender Bedeutung werden sollte: die subjektive Gewissheit als Grundlage objektiver Erkenntnis. Nach einer längeren Reise durch die Schweiz und Italien ließ sich Descartes 1625 in Paris nieder, wo er sich mit dem Mathematiker und Geistlichen Pater Mersenne anfreundete. Bereits drei Jahre später emigrierte er nach Holland und verbrachte dort die nächsten 20 Jahre seines Lebens als Mathematiker, Physiker, Anatom und Metaphysiker in ländlicher Zurückgezogenheit. 1641 bzw. 1642 veröffentlichte der publikumsscheue Philosoph seine ›Meditationen über die Erste Philosophie‹ – erst in Paris, dann (mit verändertem Titel) in Amsterdam. Nur widerstrebend folgte Descartes, der wegen gesundheitlicher Probleme einen geregelten Tagesablauf mit 10-stündigem Schlaf bis in die Mittagszeit pflegte, 1649 einer Einladung der Königin Christine von Schweden nach Stockholm. Dem rauen Klima des Nordens war er gesundheitlich aber nicht gewachsen, er starb 54-jährig an den Folgen einer Grippe.

12.2 René Descartes Meditationen (1641/42)

Zugeständnis an die Theologische Fakultät

Meditationen über die Erste Philosophie, in der die Existenz Gottes und die Unsterblichkeit der Seele bewiesen wird
Zu Paris, bei Michael Soly, M DC XLI,
mit dem Privileg und der Billigung der Doktoren.

Ausdruck einer radikal subjektiven Wende

Meditationen über die Erste Philosophie, in denen die Existenz Gottes und die Verschiedenheit der menschlichen Seele vom Körper bewiesen wird. (...)
Zweite Ausgabe, um die noch nicht erschienenen siebten Einwände vermehrt. Amsterdam, bei Ludwig Elzevir, 1642.

12.3 Titel und Zweifel (Descartes)

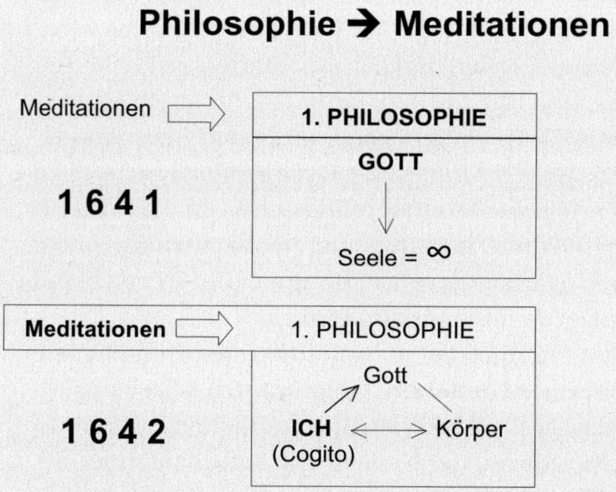

1. Meditation

Schon vor Jahren bemerkte ich, wie viel Falsches ich von Jugend auf als wahr hingenommen habe und wie zweifelhaft alles sei, was ich später darauf gründete; darum war ich der Meinung, ich müsse einmal im Leben von Grund auf alles umstürzen und von den ersten Grundlagen an ganz neu anfangen, wenn ich je irgendetwas Festes und Bleibendes in den Wissenschaften aufstellen wollte. Dies schien mir aber eine ungeheure Aufgabe zu sein, und so wartete ich jenes reife Alter ab, auf das kein für wissenschaftliche Forschungen geeigneteres folgen würde. Darum habe ich so lange gezögert, dass ich jetzt eine Schuld auf mich laden würde, wenn ich die Zeit, die mir zum Handeln noch übrig ist, mit Zaudern verbringen wollte. Da trifft es sich sehr günstig, dass ich heute meinen Geist von allen Sorgen losgelöst und mir friedliche Muße verschafft habe. Ich ziehe mich also in die Einsamkeit zurück und will ernst und frei diesen allgemeinen Umsturz aller meiner Meinungen vornehmen.

Alles zweifelhaft

Rückzug in die Einsamkeit

Umsturz aller Meinungen

Dazu wird es indessen nicht nötig sein, dass ich allen die Falschheit nachweise, dies könnte ich vielleicht niemals erreichen. Da ja schon die Vernunft anrät, bei nicht ganz gewissen und zweifelsfreien Ansichten uns ebenso sorgfältig der Zustimmung zu enthalten wie bei solchen, die ganz sicher falsch sind, so reicht es für ihre Verwerfung insgesamt aus, wenn ich in jeder einzelnen irgendeinen Anlass zum Zweifeln finde. Auch braucht man sie darum nicht einzeln durchzugehen; das wäre eine endlose Arbeit. Da ja bei der Untergrabung der Fundamente alles, was darauf gebaut ist, von selbst zusammenstürzt, werde ich unmittelbar die Prinzipien selbst angreifen, auf die alles sich stützte, was ich früher für wahr hielt.

Methodischer Zweifel

Angriff auf die Erkenntnisprinzipien

Alles nämlich, was ich bis heute als ganz wahr hingenommen habe, empfing ich unmittelbar oder mittelbar von den Sinnen; diese aber habe ich bisweilen auf Täuschungen ertappt, und es ist eine Klugheitsregel, niemals denen volles Vertrauen zu schenken, die uns auch nur ein einziges Mal getäuscht haben.

1. Sinnliche Wahrnehmung …

täuscht zuweilen

Indessen, wenn uns auch die Sinne zuweilen über kleine und ferner liegende Gegenstände täuschen, so ist doch vielleicht das meiste andere derart, dass ein Zweifel ganz unmöglich ist, wiewohl es auch aus den Sinnen herrührt; so z. B. dass ich hier bin, am Ofen sitze, meinen Winterrock anhabe, dieses Papier hier mit den Händen berühre und dergleichen. Mit welchem Recht könnte ich leugnen, dass diese Hände, dieser ganze Körper mein sind? – ich müsste mich denn mit gewissen Verrückten vergleichen, deren Gehirn ein hartnäckiger melancholischer Dunst so schwächt, dass sie unbeirrt versichern, sie seien Könige, während sie gänzlich arm sind, oder sie trügen Purpur, während sie nackt sind, oder sie hätten einen Kopf von Ton oder seien ganz Kürbisse oder aus Glas geblasen. Allein das sind Wahnsinnige, und ich würde ebenso verrückt erscheinen, wenn ich auf mich anwenden wollte, was von ihnen gilt.

Gewissheit der Selbstwahrnehmung

Ich bin kein Wahnsinniger

Traumargument → Selbstwahrnehmung

Trefflich fürwahr! Bin ich denn nicht ein Mensch, der nachts zu schlafen pflegt und dann alles das, und oft noch viel Unglaublicheres, im Traum erlebt wie jene im Wachen? Wie oft aber erst glaube ich nachts im Traume ganz Gewöhnliches zu erleben; ich glaube hier zu sein, den Rock anzuhaben und am Ofen zu sitzen – und dabei liege ich entkleidet im Bett!

Deutlichkeit des Wachbewusstseins

Jetzt aber schaue ich sicherlich mit ganz wachen Augen auf dieses Papier. Dieser Kopf, den ich bewege, ist nicht vom Schlaf befangen. Mit Überlegung und Bewusstsein strecke ich diese Hand aus und habe Empfindungen dabei. So deutlich würde ich nichts im Schlaf erleben.

Alles nur ein Traum?

Ja, aber erinnere ich mich denn nicht, dass ich auch schon von ähnlichen Gedanken – in Träumen getäuscht worden bin? Während ich aufmerksamer hierüber nachdenke, wird mir ganz klar, dass nie durch sichere Merkmale der Schlaf vom Wachen unterschieden werden kann, und dies macht mich so stutzig, dass ich gerade dadurch fast in der Meinung bestärkt werde, dass ich träume.

Traumvorlagen → Träume

Wohlan denn, wir träumen, und unwahr sollen alle jene Einzelheiten sein: dass wir die Augen öffnen, den Kopf bewegen, die Hände ausstrecken, ja sogar, dass wir solche Hände, überhaupt solch einen Körper haben! Gleichwohl aber müssen wir gestehen, dass uns im Schlaf gleichsam gewisse Malereien erschienen sind, die nur nach dem Vorbilde wirklicher Dinge gebildet werden konnten, und dass darum wenigstens im Allgemeinen Augen, Kopf, Hände und der ganze Körper nicht als eingebildete, sondern als wirkliche Dinge existieren. Denn es können ja selbst die Maler nicht einmal dann, wenn sie Sirenen[1] und Satyrisken[2] in den allerungewöhnlichsten Gestalten zu schaffen suchen, diesen in jeder Beziehung neue Eigentümlichkeiten beilegen; sie vermischen vielmehr lediglich Glieder verschiedener Geschöpfe miteinander. Ja, selbst wenn sie sich vielleicht etwas so Neues ausdenken, dass man überhaupt nie Ähnliches gesehen hat, also etwas völlig Erdichtetes und Unwahres, so müssen doch sicherlich mindestens die Farben wirklich sein, mit denen sie es darstellen. Wenngleich daher auch Augen, Kopf, Hände und Ähnliches im Allgemeinen bloße Einbildungen sein könnten, muss man doch aus eben demselben Grunde wie oben anerkennen, dass notwendigerweise wenigstens irgendetwas anderes noch Einfacheres und Allgemeineres wirklich sein müsse, aus dem – gleich wie aus den wirklichen Farben – alle jene wahren oder unwahren Bilder von Dingen gebildet werden, die in unserem Bewusstsein vorhanden sind.

Allgemeine Grundlagen unseres Bewusstseins:

• Ausdehnung
• Gestalt
• Größe
• Zahl
• Ort

Solcher Art sind anscheinend die Natur des Körpers im Allgemeinen und seine Ausdehnung, desgleichen die Gestalt der ausgedehnten Dinge, ferner ihre Größe und Zahl; ebenso der Ort, an dem sie sind, die Zeit, während der sie dauern, und Ähnliches.

1 Sirenen: Mischwesen aus Vogel- und Mädchenleib, im MA fischschwänzig
2 Satyrisken: junge, Fruchtbarkeitsdämonen mit Ziegen- oder Pferdeschwanz

Mathemata

2 + 3 = 5

Somit könnten wir hieraus wohl nicht mit Unrecht schließen, dass die Physik, die Astronomie, die Medizin und alle andern Wissenschaften, die von der Betrachtung der zusammengesetzten Körper abhängen, wenigstens zweifelhaft seien, während hingegen die Arithmetik, Geometrie und andere von der Art, die lediglich die einfachsten und allgemeinsten Dinge behandeln und sich wenig darum kümmern, ob diese in Wirklichkeit da sind oder nicht, etwas Sicheres und Unzweifelhaftes enthalten. Denn ob ich nun schlafe oder wache: zwei und drei geben zusammen fünf, und das Quadrat hat nicht mehr als vier Seiten. Es scheint unmöglich, dass so offenbare Wahrheiten in den Verdacht der Falschheit geraten könnten.

Gott = Täuscher-Gott?

2 + 3 = 6?

Nun ist aber doch meinem Geist eine gewisse althergebrachte Meinung eingeprägt, es gebe einen Gott, der alles vermag; von ihm sei ich, so wie ich da bin, geschaffen worden. Woher aber weiß ich, dass dieser es nicht etwa so eingerichtet hat, dass es überhaupt gar keine Erde, keinen Himmel, nichts Ausgedehntes, keine Gestalt, keine Größe, keinen Ort gibt, und dass trotzdem alles dies mir genauso wie jetzt da zu sein scheint? Ja, wäre es nicht sogar möglich, dass ich mich irre, sooft ich zwei und drei addiere oder die Seiten des Quadrats zähle (...)?

Gott, der Allgütige → Täuschung

Vielleicht aber hat Gott gar nicht gewollt, dass ich solcher Täuschung anheimfalle, heißt er doch der Allgütige. Allein wenn es seiner Güte widerspräche, mich so zu schaffen, dass ich immer getäuscht werde, so würde es auch mit seiner Güte unvereinbar scheinen, dass er mich bisweilen in Täuschungen geraten lässt; und doch ist dies unbestreitbar der Fall.

Ohne Gott → mehr Täuschung

Vielleicht aber gibt es manche, die lieber einen so mächtigen Gott leugnen, als zu glauben, dass alle andern Dinge ungewiss seien. Wir wollen ihnen hier nicht entgegentreten und einmal zugeben, alles über Gott Gesagte sei erdichtet. Sie mögen nun annehmen, ich sei durch das Schicksal, den Zufall oder die natürliche Folge der Dinge oder sonst wie das geworden, was ich bin: da Täuschung und Irrtum Unvollkommenheiten zu sein scheinen, wird es umso wahrscheinlicher sein, dass ich aus Unvollkommenheit immer irre, je weniger Macht jene dem Urheber meiner Entstehung zuschreiben. Gegen diese Gründe habe ich in der Tat nichts einzuwenden und bin schließlich zu dem Geständnis gezwungen, dass man an allem, was ich einst für wahr hielt, zweifeln könne, und zwar nicht aus Unbedachtsamkeit und Leichtsinn, sondern aus triftigen, wohlüberlegten Gründen. Will ich daher etwas Sicheres finden, so muss ich mich bezüglich dieser Meinungen künftig ebenso sorgfältig der Zustimmung enthalten, als hätten wir es mit offenbar Falschem zu tun.

Man kann an allem zweifeln

Doch es ist nicht genug, dies bloß erkannt zu haben; ich muss es mir auch stets gegenwärtig zu halten suchen, denn immer wieder kehren die gewohnten Meinungen zurück und nehmen, meist gegen meinen Willen, meinen leichtgläubigen Sinn ein, als sei er ihnen durch langen Verkehr und das Recht engster Freundschaft verpflichtet. Ich werde es mir

12.4 Zweifelsweg 1. Meditation (Descartes)

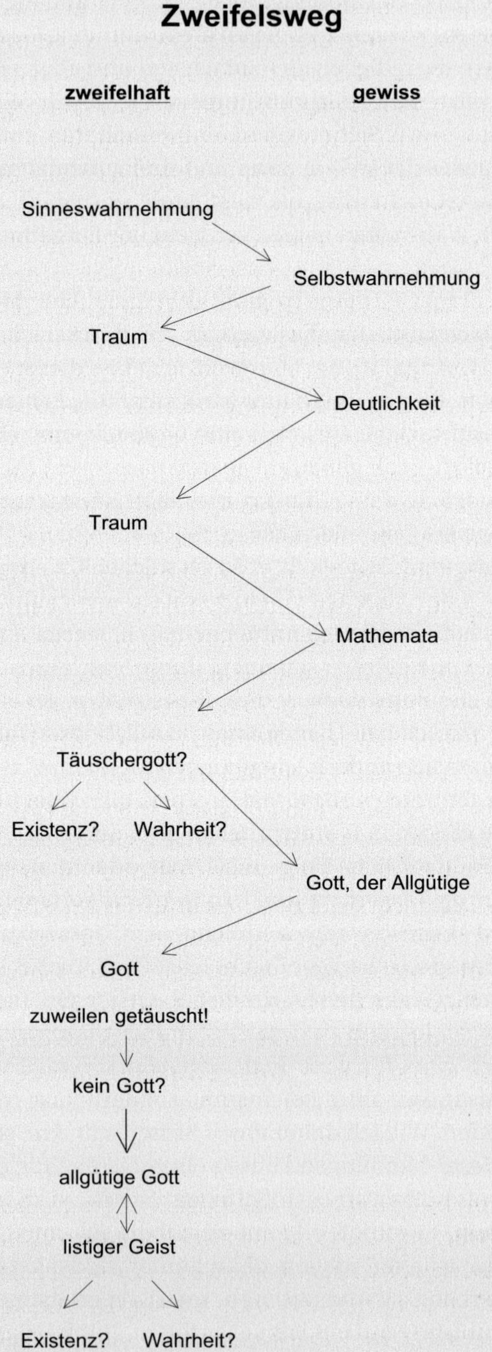

auch nie abgewöhnen, ihnen beizustimmen und zu vertrauen, solange ich sie als das hinnehme, was sie in der Tat sind, nämlich ein wenig zweifelhaft, wie wir gerade gesehen, aber gleichwohl doch so glaubhaft, dass es viel vernünftiger ist, ihnen zu trauen als zu misstrauen. Darum glaube ich wohl gut zu fahren, wenn ich mich bewusst zum Gegenteil bestimme, d. h. mich selbst einer Täuschung hingebe und eine Zeitlang alle jene Meinungen für ganz falsch und erdichtet annehme, bis schließlich das Gewicht der Vorurteile beiderseits gleich ist und keine üble Gewohnheit mehr mein Urteil von der richtigen Auffassung der Dinge ablenkt. Ich weiß ja, dass daraus inzwischen keine Gefahr und kein Irrtum entstehen wird und dass ich mich nicht mehr als billig dem Misstrauen hingeben kann; ich habe es ja hier nicht mit praktischen Gegenständen zu tun, sondern nur mit Gegenständen der Erkenntnis.

Die Macht der Gewohnheit

methodischer Zweifel → Täuschung

Ich will daher annehmen, dass nicht der allgütige Gott, der die Quelle der Wahrheit ist, sondern ein ebenso böser wie mächtiger und listiger Geist all sein Bestreben darauf richtet, mich zu täuschen; ich will glauben, dass der Himmel, die Luft, die Erde, die Farben, die Gestalten, die Töne und alles außerhalb von uns nur das Spiel der Träume sei, durch die er meiner Leichtgläubigkeit nachstellte. Mich selbst will ich so ansehen, als hätte ich keine Hände, keine Augen, kein Fleisch, kein Blut noch irgendeinen Sinn, sondern dies bloß fälschlicherweise zu haben glaubte. Ich will hartnäckig in dieser Meditation verharren, und wenn es dann auch nicht in meiner Macht steht, etwas Wahres zu erkennen, will ich wenigstens, soweit es an mir ist, mit festem Geist mich hüten, etwas Falschem zuzustimmen, damit nicht jener Betrüger, sei er noch so mächtig, noch so listig, irgendwelchen Einfluss auf mich bekomme.

Der listige Geist

Alles ist nur ein Spiel der Träume

Aber dies Unternehmen ist mühevoll, und eine gewisse Trägheit bringt mich zu den Lebensgewohnheiten zurück. Wenn ein Gefangener, der etwa im Traum eine eingebildete Freiheit genoss, nachher zu merken beginnt, dass er schläft, fürchtet er das Erwachen und hält bei schmeichlerischen Traumbildern lässig die Augen geschlossen; und ich falle von selbst zurück zu den alten Meinungen und fürchte aufzuwachen, damit nicht der friedlichen Ruhe ein beschwerliches Wachen folge, welches künftig nicht in einem Lichtschein, sondern in der undurchdringlichen Finsternis der einmal angeregten Schwierigkeiten verbracht werden muss.

Rückfall in alte Meinungen

Wiederholter Angang des Zweifelweges

2. Meditation

Die gestrige Meditation hat mich in so mächtige Zweifel gestürzt, dass ich sie nicht mehr loswerden kann; und doch sehe ich auch keinen Weg zu ihrer Lösung. Mir ist, als wäre ich unversehens in einen tiefen Strudel geraten und würde so herumgewirbelt, dass ich auf dem Grund nicht Fuß fassen, aber auch nicht zur Oberfläche emporschwimmen kann. Doch ich will den Mut nicht sinken lassen und noch einmal denselben

Suche nach festem, archimedischem Punkt

Weg versuchen, den ich gestern gegangen war; ich will also alles aus dem Weg räumen, was auch nur den Schein eines Zweifels zulässt, genauso als hätte ich es für gänzlich falsch erkannt; ich will vorwärts dringen, bis ich etwas Gewisses erkenne, sollte es auch nur die Gewissheit sein, dass es nichts Gewisses gibt. Nur einen Punkt, der fest und unbeweglich sei, verlangte Archimedes, um die ganze Erde von ihrer Stelle zu bewegen. Es eröffnet sich ebenfalls eine große Aussicht, wenn ich auch nur das Geringste finden werde, das gewiss und unerschütterlich ist.

Nichts Gewisses?

Ich nehme also an, alles, was ich sehe, sei falsch; ich glaube, dass nichts von alledem jemals existiert habe, was mir mein trügerisches Gedächtnis vorführt. Ich habe überhaupt keine Sinne; Körper, Gestalt, Ausdehnung, Bewegung und Ort sind Chimären[1]. Was soll da noch wahr sein? Vielleicht dies Eine, dass es nichts Gewisses gibt.

Ich → Sein?

Aber woher weiß ich, dass es nicht noch etwas von allem bereits Angezweifelten Verschiedenes gibt, das auch nicht die geringste Möglichkeit zu einem Zweifel bietet? Gibt es nicht vielleicht einen Gott, oder wie ich ihn sonst nennen soll, der mir diese Gedanken einflößt? Doch wozu soll ich dergleichen annehmen, da ich wohl auch selbst ihr Urheber sein könnte? So wäre aber doch wenigstens Ich etwas? Allein ich habe ja bereits geleugnet, dass ich irgendwelche Sinne und irgendeinen Körper habe. Doch halt, was folgt denn hieraus? Bin ich denn so sehr an den Körper und die Sinne gebunden, dass ich nicht auch ohne sie sein könnte? Aber ich habe in mir die Annahme gefestigt, es gebe gar nichts in der Welt, keinen Himmel, keine Erde, keine Geister, keine Körper: also bin doch auch ich nicht da? Nein, ganz gewiss war Ich da, wenn ich mich von etwas überzeugt habe.

Gewissheit des Ichs

Der listige Geist ↔ »Ich denke.«

Aber es gibt doch irgendeinen sehr mächtigen, sehr schlauen Betrüger, der mit Absicht mich immer täuscht. Ganz zweifellos bin aber eben darum auch Ich, wenn er mich täuscht; mag er mich nun täuschen, so viel er kann, so wird er doch nie bewirken können, dass ich nicht sei, solange ich denke, ich sei etwas. Nachdem ich so alles genug und übergenug erwogen habe, muss ich schließlich festhalten, dass der Satz »Ich bin, Ich existiere«, sooft ich ihn ausspreche oder im Geiste auffasse, notwendig wahr sei. (...)

Wer bin ich?

Denken:
- *zweifeln*
- *wollen*
- *vorstellen*

Aber was bin ich denn nun? Ein denkendes Ding. Was ist das? – Ein Ding, das zweifelt, einsieht, bejaht, verneint, will, nicht will, das auch bildlich vorstellt und empfindet. (...)

Hieraus beginne ich schon etwas besser zu erkennen, wer ich sein mag. Es scheint mir aber doch noch – und ich kann mich der Meinung nicht erwehren –, dass die körperlichen Gegenstände, deren Bilder im Bewusstsein entstehen und die von den Sinnen erkundet werden, viel deut-

Das Körperliche + Seelische

1 Chimäre: (Feuer speiendes) Mischwesen mit verschiedenen Köpfen; Trugbild

12.5 Cogito, ergo sum (Descartes)

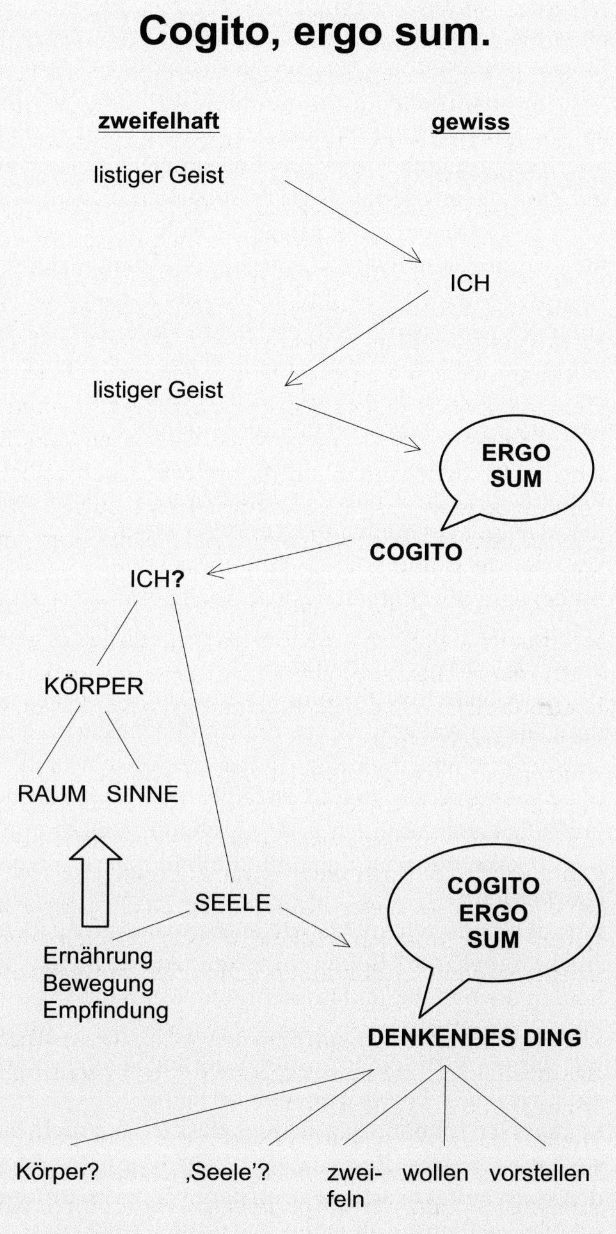

licher erkannt werden als jenes rätselhafte Meinige, das nicht bildhaft vorstellbar ist. (...)

Das Wachsbeispiel

Wachs → Veränderungen

Betrachten wir also jene Dinge, die man gemeinhin am deutlichsten zu erkennen meint, nämlich die Körper, die wir betasten und sehen, und zwar nicht die Körper im Allgemeinen, denn solche Allgemeinvorstellungen pflegen etwas verworrener zu sein, sondern im Besonderen einen einzelnen Körper. Nehmen wir z. B. dieses Stück Bienenwachs. Es ist ganz frisch aus Honigscheiben gewonnen worden. Noch hat es nicht allen Honiggeschmack verloren. Ein wenig hat es auch noch von dem Duft der Blumen, aus denen es gesammelt wurde. Seine Farbe, seine Gestalt, seine Größe liegen offen zutage. Es ist hart, kalt, man kann es leicht anfassen, und wenn man mit dem Knöchel darauf klopft, gibt es einen Ton von sich. Kurz, alles ist ihm eigen, was zur ganz deutlichen Erkenntnis eines Körpers erforderlich erscheint. Doch sieh da, während ich rede, kommt es dem Feuer nahe; der Rest des Geschmacks vergeht; sein Duft verflüchtigt sich; seine Farbe ändert sich; seine Form verschwindet. Es nimmt zu an Größe, wird flüssig, wird heiß, kaum kann man es noch anfassen, und schlägt man darauf, so gibt es keinen Ton mehr.

Bleibt es nun noch dasselbe Stück Wachs? Man muss es zugeben, niemand leugnet es, niemand ist anderer Meinung.

Wachs = Veränderliches

Was war denn nun aber an ihm, das so deutlich aufgefasst wurde? (...) Aufgepasst! wir bringen alles in Abzug, was nicht zu dem Stück Wachs gehört, und sehen zu, was übrig bleibt: Es ist lediglich etwas Ausgedehntes, Biegsames, Veränderliches.

Unendlich viele Formen der Veränderung

Was aber heißt hier biegsam, veränderlich? Etwa, dass in meiner Einbildung dieses Wachsstück aus der runden Gestalt in eine viereckige, oder aus dieser in eine dreieckige umgesetzt werden kann? Keineswegs, denn es ist nach meinem Begriff unzähliger derartiger Umwandlungen fähig; unzählige aber kann ich in der Einbildung nicht umfassen, und dieser Begriff kann mithin durch mein Einbildungsvermögen gar nicht vollzogen werden.

Unendlich viele Formen der Ausdehnung

Wachs ist nicht bildlich vorstellbar

Was heißt ausgedehnt? Ist vielleicht sogar die Ausdehnung des Wachsstücks unbekannt? Beim schmelzenden Wachs wird sie ja größer, beim heißen noch mehr, und immer mehr, wenn die Hitze zunimmt. Ich würde also falsch beurteilen, was das Wachsstück ist, wenn ich nicht annähme, dass es auch seiner Ausdehnung nach mehr Veränderungen zulässt, als ich je in der Einbildung umfasst habe.

So muss ich schließlich gestehen, dass ich mir nicht einmal bildhaft vorstellen kann, was dieses Stück Wachs hier ist, sondern es allein durch den Geist auffasse. Ich rede von dem Wachs im Besonderen; vom Wachs im Allgemeinen zu sprechen, ist nämlich viel klarer.

Was ist denn nun aber dieses Wachs, das man nur im Geiste auffassen kann? Offenbar eben das, was ich sehe, berühre, bildhaft vorstelle; überhaupt dasselbe, das ich von Anfang an für seiend gehalten habe. Aber, wohlgemerkt, die Wahrnehmung desselben besteht nicht in einem Sehen, Berühren, sinnlichen Vorstellen, und bestand überhaupt nie darin, wenn es mir auch früher so vorkam; sie besteht vielmehr in einem bloßen geistigen Einblick, der unvollkommen und verworren sein kann, wie vordem, oder klar und deutlich, wie jetzt, je nachdem ich mehr oder weniger auf seine Bestandteile achte. (...)

Wachs = geistiger Einblick

So bin ich schließlich ganz von selbst dahin gekommen, wohin ich wollte. Ich weiß jetzt, dass die Körper nicht eigentlich von den Sinnen oder von der Einbildungskraft, sondern von dem Verstand allein wahrgenommen werden, und zwar nicht weil wir sie berühren und sehen, sondern lediglich weil wir sie denken; und so erkenne ich denn, dass ich nichts leichter oder evidenter wahrnehmen kann als meinen Geist. (...)

Körperliches = Gedachtes

3. Meditation

(...) Ich bin sicher, dass ich ein denkendes Ding bin; weiß ich denn also nicht auch, was dazu gehört, damit ich einer Sache sicher bin? Es ist doch in jener ersten Erkenntnis nichts anderes enthalten als eine klare und deutliche Auffassung dessen, was ich behaupte. Diese aber würde offenbar nicht genügen, mich der Wahrheit eines Gegenstands zu versichern, wenn jemals etwas, das ich so klar und deutlich einsehe, falsch sein könnte. Somit darf ich wohl als allgemeine Regel festsetzen, dass alles das wahr ist, was ich ganz klar und deutlich auffasse. (...)

Wahrheitsregel

Was nun die Vorstellungen betrifft, so können sie eigentlich nicht falsch sein, wenn man sie nur für sich betrachtet und nicht auf etwas anderes bezieht. Ob ich mir ein Bild von einer Ziege oder einer Chimäre mache, bleibt wahr hinsichtlich dessen, dass ich mir die eine wie die andere bildhaft vorstelle. Auch beim Willen und bei den Affekten als solchen brauche ich keinen Irrtum zu fürchten, denn wenn ich auch Schlechtes oder gar Unmögliches wünschen kann, so bleibt es darum doch immer wahr, dass ich solches wünsche.

Vorstellungen sind immer wahr

Mein Wollen ist immer wahr

Daher bleiben allein die Urteile übrig, bei denen ich mich vor Irrtum hüten muss. Der hauptsächlichste und häufigste Irrtum aber, den man in ihnen finden kann, besteht darin, dass ich meine, die Vorstellungen, die in mir sind, seien gewissen Dingen außerhalb meiner ähnlich und entsprechend. In der Tat, wenn ich die Vorstellungen nur als gewisse Arten meines Denkens betrachten und auf nichts anderes beziehen würde, könnten sie mir kaum irgendeinen Stoff zum Irrtum bieten.

Objektivität meiner Vorstellungen?

Von diesen Vorstellungen nun stellen sich mir die einen als angeboren, andere als von außen gekommen, wieder andere als von mir selbst gebildet dar. Wenn ich einsehe, was Ding, Wahrheit, Bewusstsein ist, kann ich dies wohl lediglich aus meiner eigenen Natur schöpfen. Höre ich dagegen ein Geräusch, sehe ich die Sonne, fühle ich das Feuer, so meinte ich

12.6 Rationalismus und Objektivität (Descartes)

Primäre Erkenntnisquelle

Wahrheitsregel

Objektivität der Erkenntnis

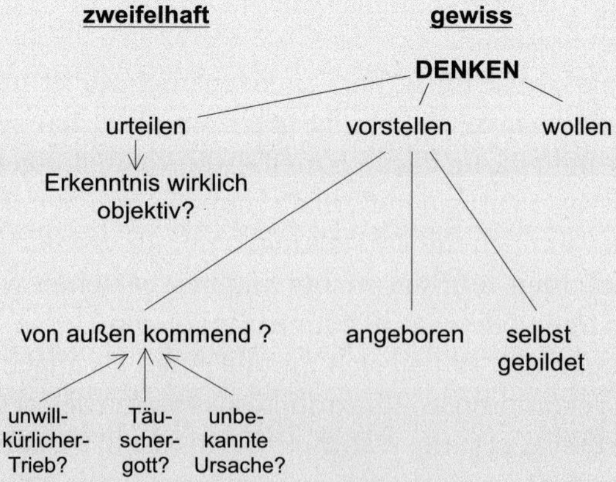

Vorstellungen:
- *angeboren*
- *von außen*
- *selbst gebildet*

bisher, dies käme von Dingen außerhalb meiner. Vorstellungen schließlich wie Sirenen, Hippogryphen[1] und dergleichen bilde ich mir selbst. Doch ich könnte auch annehmen, alle Vorstellungen kämen von außen, oder alle seien mir angeboren, oder alle seien von mir gebildet; noch habe ich ja ihren wahren Ursprung nicht klar erkannt. (…)

Blinder Trieb → Objektivität

Aus alledem geht zur Genüge hervor, dass nicht ein sicheres Urteil, sondern nur ein blinder Trieb mich bisher zu der Meinung veranlasste, es gebe Dinge, die von mir verschieden sind und mir Vorstellungen oder Bilder von sich durch Vermittlung der Sinnesorgane oder auf andere Weise eingeben.

Der andere Weg → Objektivität

Es zeigt sich mir aber noch ein anderer Weg, um festzustellen, ob einige von den Dingen, deren Vorstellungen ich in mir habe, auch außerhalb meiner existieren. Insofern nämlich jene Vorstellungen lediglich gewisse Arten des Denkens sind, finde ich zwischen ihnen keinen Unterschied, und alle scheinen in gleicher Weise aus mir hervorzugehen. Insofern aber die eine diese, die andere jene Sache darstellt, sind sie offenbar sehr verschieden voneinander. Ohne Zweifel sind diejenigen, welche mir Substanzen darstellen, in gewisser Beziehung etwas Größeres; sie enthalten sozusagen mehr objektive Realität in sich als jene, welche nur Zustandsweisen, d. h. Akzidenzien darstellen; und wenn ich mir einen höchsten Gott geistig vorstelle, der ewig, unendlich, allweise, allmächtig und der Schöpfer aller Dinge außer ihm ist, so hat wiederum diese Vorstellung mehr objektive Realität in sich als die, welche endliche Substanzen darstellen. Nun wird aber durch das natürliche Licht offenkundig, dass in der vollständigen wirkenden Ursache mindestens ebenso viel Realität enthalten sein muss wie in dem von dieser Ursache Bewirkten. Denn woher, frage ich, könnte die Wirkung sonst ihre Realität empfangen als von der Ursache? Und wie könnte die Ursache sie ihr geben, wenn sie sie nicht selbst hätte? Daraus aber ergibt sich, dass weder etwas aus Nichts entstehen kann noch ein Vollkommeneres (d. h. mehr Realität Enthaltendes) aus einem weniger Vollkommenen. (…)

Substanzen > Akzidenzien

Ursache ≥ Wirkung

Kein Fortschreiten ins Unendliche

Die erste Vorstellung

Da die Realität, die ich in meinen Vorstellungen anschaue, nur objektiv ist, so könnte man meinen, dieselbe Realität brauche nicht formal in den Ursachen jener Vorstellungen zu sein, und es genüge, wenn sie in ihnen ebenfalls objektiv vorliegt; doch diese Annahme ist unzulässig. Denn wie die objektive Seinsweise den Vorstellungen als solchen angemessen ist, so entspricht die formale Seinsweise [= das Wirklichsein] den Ursachen der Vorstellungen, ihrer Natur als Ursachen gemäß; zumal den ersten und hauptsächlichen Ursachen. Es kann ja wohl auch eine Vorstellung aus einer andern hervorgehen. Aber dies setzt sich nicht ins Unendliche fort, denn schließlich muss man doch bei einer ersten Vorstellung ankommen, deren Ursache gleichsam das Original ist, in dem

Das Original → Abbildung

1 Hippogryph: geflügeltes Fabeltier mit Pferdeleib und Greifenkopf, vgl. Chimäre

die gesamte Realität formal [= der Wirklichkeit nach] enthalten ist, die sich in der Vorstellung nur objektiv findet.

So sehe ich nun durch das natürliche Licht ein, dass meine Vorstellungen gleichsam Bilder sind, die zwar leicht hinter der Vollkommenheit der Dinge zurückbleiben, von denen sie abgenommen sind, niemals aber Größeres oder Vollkommeneres als die Originale enthalten können. Je länger und eingehender ich die ganzen Zusammenhänge prüfe, umso klarer und deutlicher sehe ich ihre Wahrheit ein. Was folgt aber schließlich daraus?

Wenn die objektive Realität einer meiner Vorstellungen so groß ist, dass sie mit Gewissheit weder mit demselben noch mit einem höheren Grade von Wirklichkeit in mir enthalten und ich selbst mithin nicht die Ursache dieser Vorstellung sein kann, so folgt daraus notwendig, dass ich nicht allein in der Welt bin; es muss noch etwas anderes existieren, das die Ursache dieser Vorstellung ist. Findet sich in mir aber keine solche Vorstellung, so hätte ich gar keinen Grund, der mich der Existenz eines von mir verschiedenen Wesens versicherte. Ich habe ja alles um mich herum genau gemustert, konnte aber bis jetzt nichts anderes finden. (...)

Schöpfergott = notwendig

Daher bleibt allein die Vorstellung Gottes übrig, bei der es sich fragt, ob sie etwas enthält, das aus mir nicht hat hervorgehen können. Als Gott bezeichne ich eine unendliche, unabhängige, allweise, allmächtige Substanz, von der Ich selbst und alles, was etwa noch außer mir existiert, geschaffen worden sind. Diese ganzen Vorzüge sind derartig, dass ich umso weniger mir denken kann, sie seien aus mir selbst hervorgegangen, je sorgfältiger ich sie ins Auge fasse. So ergibt sich denn aus dem oben Gesagten, dass Gott notwendig existiere. (...)

Gott muss existieren

Ich habe nun noch zu untersuchen, in welcher Weise ich jene Vorstellung von Gott erhalten habe. Ich habe sie nicht aus den Sinnen geschöpft, auch ist sie mir nicht unerwartet gekommen, wie es bei den Vorstellungen sinnlicher Dinge zu geschehen pflegt, wenn diese Dinge sich meinen äußeren Sinnesorganen darbieten oder sich ihnen darzubieten scheinen. Ich habe mir auch die Gottesvorstellung nicht selbst gebildet, denn ich kann von ihr nichts wegnehmen und kann ihr nichts hinzufügen. Es bleibt demnach nur übrig, dass sie mir angeboren ist, wie auch die Vorstellung meiner selbst mir angeboren ist.

Die Vorstellung Gottes ist angeboren

6. Meditation

Gibt es materielle Dinge?

Wahrheitsregel → Objektivität

Es bleibt mir noch zu untersuchen übrig, ob es materielle Dinge gibt. Zum wenigsten weiß ich nun, dass sie, soweit sie Gegenstand der reinen Mathematik sind, existieren können, da ich diese klar und deutlich erfasse. Denn Gott ist ohne Zweifel imstande, alles das zu bewirken, was ich so klar aufzufassen im Stande bin; nur wenn eine Sache einer deutlichen Auffassung widerstreitet, kann es, wie ich feststellte, Gott nicht entstehen lassen. (...)

12.7 Gottesbeweis (Descartes)

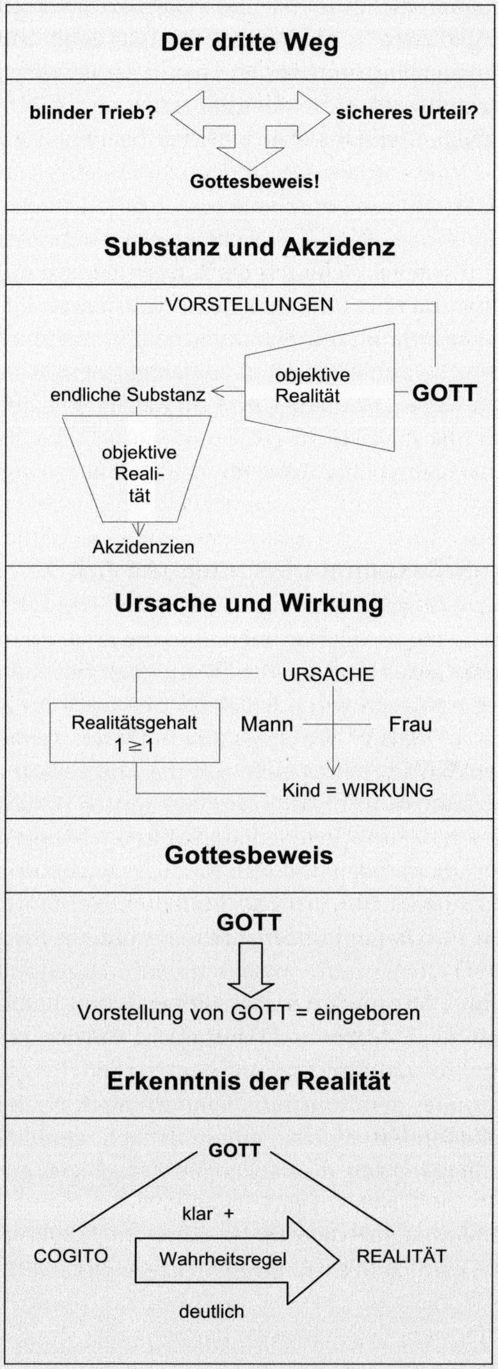

Das Traumargument = abwegig

Die übertriebenen Zweifel der letzten Tage sind als lächerlich zu verwerfen; besonders jener bedeutendste wegen des Traumes, den ich vom Wachen nicht unterscheiden konnte. Jetzt sehe ich, wie groß der Unterschied zwischen beiden ist: niemals verknüpft das Gedächtnis die Träume mit allem anderen, was wir im Leben tun; bei dem jedoch, was wir im Wachen erleben, ist dies der Fall.

Klarheit + Deutlichkeit → objektive Wahrheit

Begegnen mir (...) solche Dinge, bei denen ich deutlich bemerke, woher sie kommen, wo sie sind und wann sie sich ereignen, und steht ihre Wahrnehmung durchaus in stetigem Zusammenhang mit meinem ganzen übrigen Leben, so weiß ich gewiss, dass ich dabei nicht träume, sondern wache. Habe ich dann noch alle Sinne, das Gedächtnis und den Verstand angerufen, um jene Wahrnehmungen zu prüfen, und hat keiner von ihnen mir etwas vermeldet, was mit den andern in Widerstreit steht, so darf ich auch nicht den geringsten Zweifel mehr an ihrer Wahrheit hegen. Denn da Gott kein Betrüger ist, folgt, dass ich in solchen Fällen überhaupt nicht getäuscht werde. Allerdings bleibt uns im Drang der Geschäfte nicht immer die Zeit zu einer so genauen Prüfung (...).

Gott ist kein Betrüger

12.8 Zusammenfassung und Kritik

Mit seinen »Meditationen über die Erste Philosophie, in denen die Existenz Gottes und die Verschiedenheit der menschlichen Seele vom Körper bewiesen wird« hat René Descartes im Jahre 1642 das philosophische Denken neu begründet. Durch seinen Zweifel an allem, was denkbar ist, hat er nicht nur die Frage nach der Möglichkeit objektiver Erkenntnis in bis dahin unbekannter Weise radikalisiert, sondern zugleich die unbezweifelbare Selbstgewissheit des Individuums zum alles entscheidenden Maßstab für alles Gewusste gemacht.

Dabei geht Descartes als Mathematiker methodisch vor und unterzieht das Fundament unseres Wissens einer kritischen Überprüfung: die primäre Quelle seiner bisher als wahr angenommenen Erkenntnisse – die Sinne. Mit seinem weltberühmt gewordenen Traumargument stürzt er sein nach ›klarer und deutlicher‹[1] Gewissheit suchendes Ich (cogito) in den tiefsten Abgrund des denkbar möglichen Zweifels: Es könnte nicht nur alles geträumt sein, sondern auch noch von einer nicht zu durchschauenden ›Matrix‹, einem listigen, gemeinen Betrügergott, so manipuliert werden, dass selbst die einfachsten mathematischen Wahrheiten (2 + 3 = 5) objektiv falsch sind.

Schlussendlich kommt Descartes zu dem Ergebnis, dass das Einzige, woran man nicht mehr zweifeln kann, das Zweifeln (cogitare) selbst ist. Da-

1 Das ist eines der Wahrheitskriterien, die Descartes in seiner Schrift ›Discours de la méthode' (1637) formuliert hat.

mit hat er seinen archimedischen[1] Punkt gefunden, um etwas »Festes und Bleibendes in den Wissenschaften aufzustellen«. Von der Tätigkeit des Zweifelns schließt er auf sich als Zweifelnden (cogito, ergo sum), der sich aber zunächst nur als ein ›denkendes Ding‹ gewiss sein kann. Die alles entscheidende Bedeutung des Verstandes für das Erkennen macht Descartes mit Hilfe des Wachsbeispiels deutlich. Nur der Verstand kann letztlich begreifen, was etwas im Allgemeinen ist, die Sinne liefern lediglich eine Vielzahl von widersprüchlichen Eindrücken.

Bei näherer Untersuchung seiner geistigen Tätigkeiten entdeckt Descartes, dass der Hauptirrtum des Denkens darin besteht zu meinen, dass »die Vorstellungen, die in mir sind, (...) gewissen Dingen außerhalb meiner ähnlich« seien. Das, was ich will und mir nur vorstelle, ohne es auf einen Gegenstand außerhalb von mir zu beziehen, kann dagegen niemals falsch sein.

Die Vorstellungen, die etwas Wesentliches (Substanzen wie Baum, Mensch, Berg) repräsentieren, haben nach Descartes mehr ›objektive‹, das heißt vorgestellte Realität als diejenigen, die nur bestimmte Zustandsweisen einer ›Sache‹ (wie Farbigkeit, Lage im Raum) beinhalten.

In unserem Geist findet sich auch die Vorstellung eines absolut vollkommenen, unendlichen Wesens, nämlich Gott. Diese kann aber nicht von uns – als unvollkommenen, endlichen Wesen – erfunden worden sein, denn dann hätte die Wirkung mehr Wirklichkeit als die Ursache. Damit ist für Descartes bewiesen, dass Gott nicht nur existiert, sondern als Schöpfer aller Dinge uns auch die Vorstellung von ihm – als einem absoluten Wesen – ›eingepflanzt‹ hat.

So kommt Descartes über einen kosmologischen[2] Gottesbeweis zu der Vernunfterkenntnis, dass er nicht alleine auf der Welt ist, sondern seine Existenz einem höheren, von ihm verschiedenen Wesen verdankt, das auch alle von uns erfahrbaren und denkbaren ›Dinge‹ erschaffen hat. Und damit hat Descartes auch den Garanten für objektive Erkenntnis gefunden. Wenn wir gewissenhaft nach der Wahrheit streben und uns die Welt genauso deutlich und klar vor ›Augen‹ führen, wie wir Gott erkannt haben, dann kann sie kein bloßes Traumbild sein und unsere Erfahrungen genügen den wissenschaftlichen Anforderungen.

Die ›Meditationen‹ haben der menschlichen Erkenntnis eine neue, subjektive Denkrichtung gegeben.

- Zum Dreh- und Angelpunkt der Philosophie wird der methodisch geschulte Verstand eines selbstkritisch denkenden Ichs, das mit Hilfe an-

1 Archimedes (um 285–212 v.Chr.) Der griechische Mathematiker soll gesagt haben, er könne ganz alleine die Erde anheben, wenn er nur einen festen Punkt und einen ausreichend langen Hebel hätte.

2 Ontologischer Gottbeweis: Endlich → Unendlich (Schluss vom Logisch-Begrifflichen zum Sein); kosmologischer Gottesbeweis: Wirkung → Ursache → 1. Ursache

geborener Ideen die Wirklichkeit in Wahrheit erkennt. Aber kann man nicht auch ohne einen fragwürdigen Gottesbeweis[1] und die Annahme erfahrungsunabhängiger Prinzipien zu sicherem Wissen gelangen? Die englischen Empiristen lassen im Gegensatz zu Descartes die Sinnes- und Selbstwahrnehmung als einzig seriöse Erkenntnisquelle gelten und kommen auf dem Wege der Abstraktion zu allgemeinen Ideen.

- Für seinen Gottesbeweis braucht Descartes klare und deutliche Ideen. Da er diese aber von Gott empfangen hat, erweist sich sein logischer Schluss von Gott, dem Allmächtigen, auf den von ihm verursachten Menschen als zirkulär. Er setzt etwas voraus, was er gleichzeitig beweisen will.
- Descartes' Rückschluss vom Zweifeln auf die Existenz des Zweifelnden ist nur möglich, wenn er folgende Prinzipien nicht in Frage stellt:
  1. Jede Tätigkeit braucht einen Täter.
  2. Jede Wirkung hat eine bestimmte Ursache.
- Descartes' mathematisch orientierte Denkmethode kommt nur deshalb zu einem logisch plausiblen Ergebnis, weil sie rein rationalistisch argumentiert und den menschlichen Geist als eigenständige, vom Körper unabhängige Substanz betrachtet. Das dualistische Denken Descartes' kann deshalb auch nicht erklären, wie es möglich ist, dass bestimmte, mit starken Gefühlen verbundene Gedanken zu körperlichen Reaktionen führen und umgekehrt ein körperliches Wohlgefühl sich positiv auf unser seelisches Empfinden auswirkt.

1 In der ›Kritik der reinen Vernunft‹ zeigt Immanuel Kant, dass der Begriff der Vollkommenheit nicht notwendigerweise die Existenz einer ›Sache‹ beinhaltet.

12.9 Test*

1. Was wollte René Descartes mit Hilfe seiner ›Meditationen‹ finden:
   ❑ subjektive Gewissheit ❑ intersubjektive Gewissheit
   ❑ objektive Gewissheit ❑ mathematische Gewissheit
2. Descartes' methodischer Zweifel hat folgende Merkmale:
   ❑ Er ist eliminativ. ❑ Er ist radikal. ❑ Er ist korrektiv.
   ❑ Er ist spekulativ. ❑ Er ist systematisch. ❑ Er ist dialektisch.
3. Mit welchem Argument stellt Descartes die sinnliche Gewissheit in Frage?
   Er tut dies mit Hilfe des .... – Arguments.
4. Was ist für Descartes trotz allen Zweifels unbezweifelbar gewiss?
   ❑ das Zweifeln ❑ die Güte Gottes ❑ die Außenwelt ❑ die Mathemata
5. Was ist für Descartes die primäre Erkenntnisquelle?
   ❑ die Sinne ❑ die Gefühle ❑ die Meditation ❑ der Verstand
6. Welche Merkmale muss für Descartes eine wahre Erkenntnis haben?
   ❑ Sie muss klar und einfach sein.
   ❑ Sie muss einfach und deutlich sein.
   ❑ Sie muss klar und deutlich sein.
   ❑ Sie muss objektiv und klar sein.
7. Auf welchem Wege gelangt Descartes schließlich zur objektiven Erkenntnis?
   ❑ durch Abstraktion ❑ durch Intuition
   ❑ durch Induktion ❑ durch einen Gottesbeweis
8. Descartes argumentiert in seinen Meditationen
   ❑ empiristisch ❑ intuitiv ❑ sensitiv ❑ rationalistisch

* Eintragungen gegebenenfalls nur auf einer Kopie der Seite vornehmen.

13.1 John Locke – Leben

* 29. August 1632, Wrington bei Bristol
† 28. Oktober 1704, Oates (Essex)

John Locke gehört zusammen mit David Hume und George Berkeley zu den Hauptvertretern des britischen Empirismus und gilt als einer der Väter der modernen Erkenntnistheorie. Seine Formulierungen naturgegebener Menschenrechte (Freiheit und Gleichheit) haben sowohl die amerikanische Verfassung als auch die Französische Revolution beeinflusst.
Nach dem Besuch der angesehenen Westminster School in London studierte der Sohn eines Rechtsanwaltes Medizin, Chemie und Philosophie am Christ Church College in Oxford. Zwischen 1660 und 1664 lehrte er dann dort Philosophie, Rhetorik und alte Sprachen.
In den Jahren 1667–1675 lebte John Locke als Leibarzt, Privatsekretär und Erzieher im Hause des späteren Lordkanzlers 1. Earl of Shaftesbury (1621–1683).
Er beschäftigte sich intensiv mit der Philosophie von René Descartes und – angeregt durch die Bekanntschaft mit dem Physiker und Chemiker Robert Boyle und dem Physiker Sir Isaac Newton – auch mit der neuen experimentellen Naturwissenschaft. 1668 trat er der Royal Society bei.
Etwa 15 Jahre lang arbeitete John Locke an seinem philosophischen Hauptwerk, ›An Essay Concerning Human Understanding‹ (1689).
Wegen eines chronischen Asthmaleidens lebte Locke zwischen 1675 und 1679 in Südfrankreich und folgte seinem Gönner Shaftesbury nach dessen Sturz ins holländische Exil.
Er kehrte erst 1689, nach der ›Glorious Revolution‹ (kampflose Absetzung von König Karl II. durch Wilhelm von Oranien), wieder nach England zurück. Unmittelbar darauf erschienen drei seiner wichtigsten Werke, darunter ›The Second Treatise of Civil Government‹ (Zweite Abhandlung über die Regierung) und sein ›Brief über Toleranz‹.
1696 übernahm Locke einen hohen Posten im Handelsministerium. Er war Mitbegründer und Aktionär der Bank of England und hinterließ ein großes Vermögen.

13.2 John Locke
Versuch über den menschlichen Verstand (1689)

Einleitung

1. Da es (...) mein Ziel ist, Ursprung, Gewissheit und Umfang der *menschlichen Erkenntnis* zu untersuchen, (...) werde ich den Ursprung jener *Ideen*, Begriffe (...) untersuchen, die der Mensch in seinem Geist wahrnimmt und die ihm dort als vorhanden bewusst sind, sowie die Wege, auf denen der Verstand dazu gelangt (...).

Ziel, Gegenstand und Methode der Abhandlung

6. Wenn wir unsere eigenen Kräfte kennen, werden wir umso besser wissen, was wir mit Aussicht auf Erfolg unternehmen können. (...) Es ist für den Seemann von großem Wert, die Länge seiner Lotleine zu kennen, auch wenn er damit nicht alle Tiefen des Weltmeeres ergründen kann. Es ist gut, wenn er weiß, dass sie lang genug ist, um an solchen Stellen den Grund zu erreichen, wo es notwendig ist, um seinen Kurs zu bestimmen und ihn vor Untiefen zu bewahren, die ihm verderblich werden könnten. (...)

Das Wissen um die Erkenntnismöglichkeiten ist von entscheidender Bedeutung

Beispiel des Seemanns → Lotleine

7. Dies war es, was den ersten Anstoß zu dieser Abhandlung über den Verstand gab. Ich war nämlich der Meinung, der erste Schritt zur Beantwortung gewisser Fragen (...), bestehe darin, dass wir unseren eigenen Verstand betrachteten, unsere eigenen Kräfte prüften, um zu sehen, welchen Dingen sie angemessen seien. Bis das nicht erfolgt sei, fingen wir, so vermutete ich, am verkehrten Ende an und suchten vergeblich Befriedigung in einem sicheren und ungestörten Besitz von Wahrheiten, die für uns von höchster Wichtigkeit seien, da wir unseren Gedanken auf dem unermesslichen Ozean des Seienden freien Lauf lassen, als wäre jenes grenzenlose Gebiet der natürliche und unzweifelhafte Besitz unseres Verstandes und enthielte nichts, was sich seinen Entscheidungen entziehe und seiner Fassungskraft verschlossen sei. Wenn die Menschen jedoch mit ihren Untersuchungen die Grenzen ihrer Kapazität überschreiten und ihre Gedanken in jene Tiefen hinabdringen lassen, wo sie keinen sicheren Boden mehr unter den Füßen finden können, so ist es kein Wunder, dass sie Fragen aufwerfen und immer mehr Streitgespräche führen, die, weil sie nie klar entschieden werden, nur dazu dienen, ihren Zweifeln neue Nahrung zu geben und sie zu vertiefen und sie selbst schließlich in einem vollständigen Skeptizismus zu bestärken. (...)

Wer die Grenzen der menschlichen Erkenntnisfähigkeit nicht kennt, verliert sich

1. schnell in metaphysischen Spekulationen

und erliegt

2. leicht einem vollständigen Skeptizismus

Es gibt keine angeborenen spekulativen Prinzipien

1. Für manchen ist es eine ausgemachte Sache, dass im Verstand gewisse angeborene *Prinzipien* vorhanden seien, gewisse primäre Begriffe (...), die dem Geist des Menschen gleichsam eingeprägt sind. (...) Um vorurteilsfreie Leser von der Irrigkeit dieser Annahme zu überzeugen, würde es genügen, wenn ich nur zeigte (...), wie sich die Menschen allein durch

Der Gebrauch der natürlichen Fähigkeiten macht angeborene Begriffe überflüssig

den Gebrauch ihrer natürlichen Fähigkeiten ohne Zuhilfenahme irgendwelcher angeborenen Eindrücke alle Kenntnisse, die sie besitzen, aneignen und ohne solche ursprünglichen Begriffe oder Prinzipien zur Gewissheit gelangen können. (...)

Es gibt keine allgemeine Übereinstimmung bezüglich ursprünglicher Prinzipien

27. Dass die (...) allgemeinen Axiome Kindern, Idioten und einem großen Teil der Menschheit nicht bekannt sind, (...) erhellt, dass sie weder durchgängige Zustimmung finden noch allgemeine Eindrücke sind. (...)

I. Buch, 1. Kapitel

Über die Ideen im Allgemeinen und ihren Ursprung

Verschiedene Arten von Ideen

1. Da sich jedermann dessen bewusst ist, dass er denkt und dass das, womit sich sein Geist beim Denken befasst, die dort vorhandenen Ideen sind, so ist es zweifellos, dass die Menschen in ihrem Geist verschiedene *Ideen* haben, zum Beispiel diejenigen, die durch die Wörter *Weiße, Härte, Süßigkeit, Denken, Bewegung, Mensch, Elefant, Armee, Trunkenheit* und andere mehr ausgedrückt werden. In erster Linie werden wir also zu untersuchen haben, wie der Mensch zu diesen Ideen gelangt. (...)

Ursprünglich ist der Geist wie ein unbeschriebenes Blatt (tabula rasa) Alle unsere Ideen stammen aus der Erfahrung

2. Nehmen wir also an, der Geist sei, wie man sagt, ein unbeschriebenes Blatt, ohne alle Schriftzeichen, frei von allen Ideen; wie werden ihm diese dann zugeführt? (...) Ich antworte darauf mit einem einzigen Worte: aus der *Erfahrung*. Auf sie gründet sich unsere gesamte Erkenntnis, von ihr leitet sie sich schließlich her. Unsere Beobachtung, die entweder auf äußere sinnlich wahrnehmbare Objekte gerichtet ist oder auf innere Operationen des Geistes, die wir wahrnehmen und über die wir nachdenken, liefert unserm Verstand das gesamte *Material* des Denkens. Dies sind die beiden Quellen der Erkenntnis, aus denen alle Ideen entspringen, die wir haben oder naturgemäß haben können.

Die sinnliche Wahrnehmung ist die Erkenntisquelle für die meisten Ideen

3.I. Wenn unsere Sinne mit bestimmten sinnlich wahrnehmbaren Objekten in Berührung treten, so führen sie dem Geist eine Reihe verschiedener Wahrnehmungen von Dingen zu, die der mannigfach verschiedenen Art entsprechen, wie jene Objekte auf die Sinne einwirken. Auf diese Weise kommen wir zu den Ideen, die wir von *gelb, weiß, heiß, kalt, weich, hart, bitter, süß* haben, und zu allen denen, die wir sinnlich wahrnehmbare Qualitäten nennen. Wenn ich sage, die Sinne führen sie dem Geist zu, so meine ich damit, sie führen von den Gegenständen der Außenwelt her dem Geist dasjenige zu, was in demselben jene Wahrnehmungen hervorruft. Diese wichtige Quelle der meisten unserer Ideen, die ganz und gar von unseren Sinnen abhängen und durch sie dem Verstand zugeleitet werden, nenne ich *Sensation*.

Die Selbstbeobachtung → Operationen des Geistes ist die 2. Erkenntnisquelle

4.II. Die andere Quelle, aus der die Erfahrung den Verstand mit Ideen speist, ist die Wahrnehmung der Operationen des eigenen Geistes in uns, der sich mit den ihm zugeführten Ideen beschäftigt. Diese Operationen statten den Verstand, sobald die Seele zum Nachdenken und Betrachten kommt, mit einer anderen Reihe von Ideen aus, die durch Dinge der Außenwelt nicht hätten erlangt werden können. Solche Ideen sind: *wahrnehmen, denken, zweifeln, glauben, schließen, erkennen, wollen* und all die verschiedenen Tätigkeiten unseres eigenen Geistes. Indem wir uns ihrer bewusst werden und sie in uns beobachten, gewinnen wir von ihnen für unseren Verstand ebenso deutliche Ideen wie von Körpern, die auf unsere Sinne einwirken. Diese Quelle von Ideen liegt ausschließlich im Innern des Menschen, und wenn sie auch kein Sinn ist, da sie mit den äußeren Objekten nichts zu tun hat, so ist sie doch etwas sehr Ähnliches und könnte füglich als *innerer Sinn* bezeichnet werden. (...)

Neugeborene eignen sich die Ideen erst allmählich an

6. Wer aufmerksam den Zustand eines neugeborenen Kindes betrachtet, wird wenig Grund zu der Annahme haben, dass es einen reichen Vorrat an Ideen habe, der das Material seiner künftigen Kenntnisse abgeben könnte. Erst *allmählich* eignet es sich jene Ideen an. Mögen sich auch die Ideen von naheliegenderen, bekannteren Qualitäten schon einprägen, bevor das Gedächtnis anfängt, ein Register über Zeit oder Reihenfolge zu führen, so kommen einem doch gewisse seltenere Qualitäten oft erst so spät in den Weg, dass sich nur wenige Leute nicht an den Zeitpunkt erinnern können, wo sie ihnen bekannt wurden. (...) [W]enn ein Kind, bis es erwachsen wäre, an einem Orte festgehalten würde, wo es nie etwas anderes sähe als die Farben schwarz und weiß, es als Erwachsener ebenso wenig eine Idee von scharlachrot oder grün haben würde, wie jemand eine Idee von dem eigentümlichen Wohlgeschmack der Auster oder der Ananas besitzt, der von Kindheit her nie dergleichen gekostet hat.

Ohne Farbwahrnehmung keine Idee von Farben

9. Wenn gefragt wird, wann der Mensch zuerst irgendwelche Ideen habe, so heißt das: wann beginnt er wahrzunehmen? Denn Ideen *haben* und *wahrnehmen* ist ein und dasselbe. (...) *II. Buch, I. Kapitel*

Ideen haben = wahrnehmen

Über einfache Ideen der Sinne

1. Um uns von den Ideen, die wir durch Sensation erlangen, eine bessere Vorstellung zu machen, ist es vielleicht nicht unangebracht, wenn wir sie bezüglich der verschiedenen Wege betrachten, auf denen sie in unseren Geist Eingang finden und sich für uns wahrnehmbar machen.

Wir gelangen auf vier Wegen zu unseren Ideen:

Erstens gelangen manche unserer Ideen *nur durch einen einzigen Sinn* [wie das Licht und die Farben] in unseren Geist.

• ein Sinn

Zweitens. Andere finden Eingang *durch mehr als einen Sinn* [wie die Ideen des Raumes, der Gestalt, der Ruhe und der Bewegung].

• mehrere Sinne

Drittens. Noch andere gewinnen wir *nur durch Reflexion* [wie Wahrnehmung oder Denken und Wille oder Wollen].

• Reflexion

Viertens. Endlich gibt es auch solche, die sich auf *allen Wegen der Sensation und Reflexion* Bahn brechen und dem Geist nahegebracht werden [wie Freude, Schmerz, Kraft, Dasein, Einheit]. (...) *III. Kapitel*

• Sinne + Reflexion

13.3 Erkenntnisquellen (Locke)

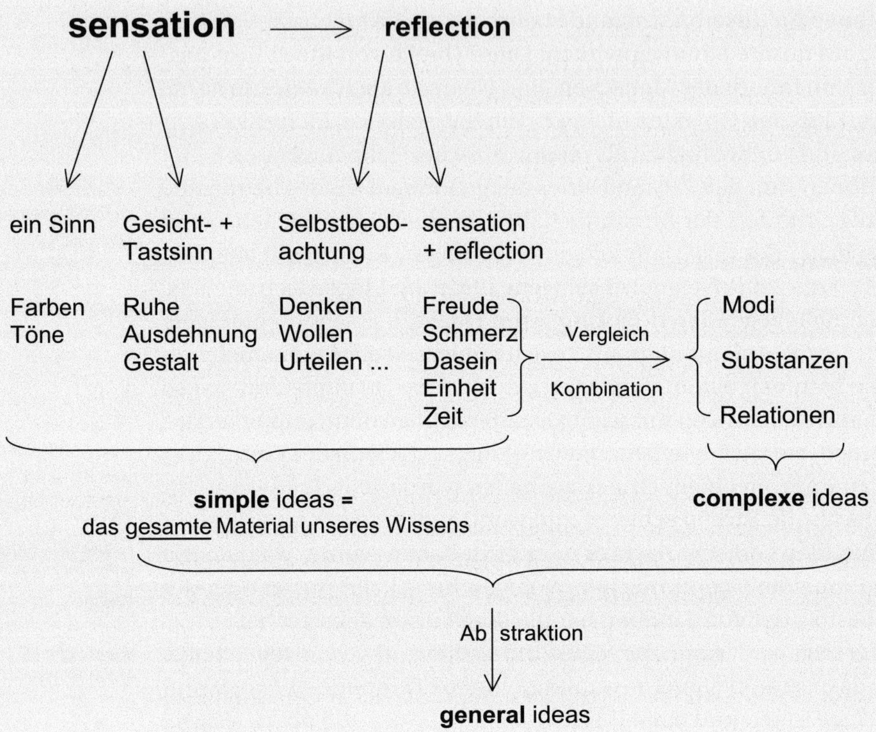

Es gibt zwei Arten von Ideen:

- *Modifikationen der Materie →*
- *Wahrnehmung → Idee im Geist*

Weitere Betrachtungen über unsere einfachen Ideen der Sensation

7. Um die Natur unserer *Ideen* noch besser zu erkennen und verständlich von ihnen zu reden, wird es zweckdienlich sein, zwischen ihnen zu unterscheiden, *insofern sie Ideen oder Wahrnehmungen in unserem Geist und insofern sie Modifikationen der Materie in den Körpern sind, die in uns derartige Wahrnehmungen verursachen*; denn wir dürfen nicht etwa denken (wie es vielleicht meist geschieht), sie seien die genauen Abbilder und Ebenbilder von etwas dem Gegenstand Inhärierenden[1]; haben doch die meisten der durch Sensation gewonnenen Ideen im Geiste nicht mehr Ähnlichkeit mit etwas außer uns Existierendem als die Namen, die für sie stehen, mit unsern Ideen, die sie doch in uns hervorzurufen vermögen, sobald wir sie hören.

8. Alles, was der Geist *in sich selbst* wahrnimmt oder was unmittelbares Objekt der Wahrnehmung, des Denkens oder des Verstandes ist, das

1 inhärieren (lat.): innewohnen

nenne ich *Idee*; und die Kraft, eine Idee in unserm Geist zu erzeugen, nenne ich eine *Qualität* des Gegenstandes, dem jene Kraft innewohnt. Wenn beispielsweise ein Schneeball die Kraft besitzt, in uns die Ideen von weiß, kalt und rund zu erzeugen, so nenne ich die Kraft, diese Ideen, wie sie im Schneeball sind, in uns zu erzeugen, Qualitäten; sofern sie aber Sensationen oder Wahrnehmungen in unserm Verstande sind, nenne ich sie Ideen. Wenn ich also zuweilen von diesen Ideen rede, als wären sie in den Dingen selbst, so möchte ich darunter jene Qualitäten in den Objekten verstanden wissen, die die Ideen in uns erzeugen. (...)

Definition des Begriffs IDEE in Abgrenzung zur QUALITÄT eines Gegenstandes

Beispiel Schneeball

VIII. Kapitel

Über das Unterscheiden

17. Ich erhebe nicht den Anspruch zu belehren; ich will nur untersuchen und kann deshalb lediglich nochmals erklären, dass die äußere und innere Sensation die einzigen für mich erkennbaren Wege sind, auf denen Erkenntnisse in den Verstand gelangen. Sie allein sind, soviel ich sehen kann, die Fenster, durch die das Licht in diesen dunklen Raum eingelassen wird. Denn meines Erachtens ist der Verstand einem Kabinett gar nicht so unähnlich, das gegen das Licht vollständig abgeschlossen ist und in dem nur einige kleine Öffnungen gelassen wurden, um äußere, sichtbare Ebenbilder oder Ideen von den Dingen der Umwelt einzulassen. Wenn die in einen solchen *dunklen* Raum hineingelangenden Bilder nur dort bleiben würden und so geordnet lägen, dass man sie im gegebenen Fall auffinden könnte, so würde solch ein Kabinett hinsichtlich aller sichtbaren Objekte und ihrer Ideen dem menschlichen Verstande außerordentlich ähnlich sein. (...)

Vergleich: Verstand und dunkler Raum bzw. Fenster und sinnliche Wahrnehmung

XI. Kapitel

Über komplexe Ideen

1. Bisher haben wir diejenigen Ideen betrachtet, bei deren Aufnahme sich der Geist rein passiv verhält. Es sind die oben erwähnten, aus Sensation und Reflexion stammenden einfachen Ideen. Von diesen kann der Geist keine einzige selber schaffen, noch kann er irgendeine Idee haben, die nicht völlig aus ihnen bestünde. Während er sich aber bei der Aufnahme aller seiner einfachen Ideen durchaus passiv verhält, vollbringt er selbstständig verschiedene Handlungen, um aus seinen einfachen Ideen als dem Material und der Grundlage für alles Weitere die übrigen Ideen zu bilden. Diese Tätigkeiten, bei denen der Geist seine Macht über seine einfachen Ideen entfaltet, sind vornehmlich die folgenden drei:

In Bezug auf die einfachen Ideen ist der Geist passiv

In Bezug auf die komplexen Ideen wird der Geist auf dreifachem Wege aktiv:

1. Das Kombinieren, mehrerer einfacher Ideen zu einer zusammengesetzten. Auf diese Weise entstehen sämtliche *komplexe Ideen.*

• Ideen kombinieren

2. Die zweite Tätigkeit besteht darin, zwei Ideen, seien es einfache oder komplexe, so zusammenzustellen, dass man sie zu gleicher Zeit überblickt, ohne sie doch zu einer einzigen zu verschmelzen. Auf diese Weise erlangt der Geist alle seine *Ideen von Relationen.*

• Ideen simultan betrachten

3. Die dritte Tätigkeit besteht in der Trennung einer Idee von allen anderen Ideen, die sie in ihrer realen Existenz begleiten. Dies Verfahren nennen wir Abstraktion; dadurch werden alle *allgemeinen Ideen* des Geistes gebildet. (...)

• Ideen verallgemeinern

Wie die Beobachtung zeigt, dass einfache Ideen zu verschiedenen Kombinationen vereinigt existieren, so hat auch der Geist die Kraft, eine Anzahl einfacher Ideen vereint als eine einzige Idee anzusehen, und zwar nicht nur so, wie sie in den äußeren Objekten miteinander verbunden sind, sondern auch so, wie er sie selbst verknüpft hat. Ideen, die auf diese Weise durch die Vereinigung von mehreren einfachen Ideen gebildet wurden, nenne ich *komplexe*; zu ihnen gehören zum Beispiel Schönheit, Dankbarkeit, Mensch, Armee, Universum. Obgleich diese Ideen Verbindungen aus verschiedenen einfachen Ideen oder aus komplexen Ideen sind, die ihrerseits wieder aus einfachen bestehen, wird jede dieser Ideen dennoch vom Geist, wenn es ihm gefällt, für sich als ein einheitliches Ganzes betrachtet und mit einem einzigen Namen bezeichnet. (...)

Beispiele für komplexe Ideen

3. Wie immer die *komplexen Ideen* auch zusammengesetzt und zerlegt sein mögen, gleichviel, ob ihre Anzahl unendlich und ihre Mannigfaltigkeit endlos sein mag, in der sie das Denken der Menschen erfüllen und beschäftigen, so lassen sie sich doch, wie ich glaube, sämtlich unter die folgenden drei Klassen einordnen:

Es gibt drei Klassen von komplexen Ideen:

1. *Modi* [wie z. B. Dreieck, Dankbarkeit, Mord]
2. *Substanzen* [wie z. B. Mensch, Pferd, Gold, Apfel]
3. *Relationen* [wie z. B. Vater und Sohn, groß und klein, Ursache und Wirkung]

• Modi
• Substanzen
• Relationen

XII. Kapitel

Über unsere komplexen Ideen von Substanzen

1. Der Geist, der, wie ich schon erklärt habe, mit einer großen Zahl von einfachen Ideen versehen ist, die ihm teils durch die Sinne, so wie sie sich an den Dingen der Außenwelt vorfinden, teils durch Reflexion über seine eigenen Operationen zugeführt werden, beobachtet auch, dass eine bestimmte Anzahl dieser einfachen Ideen stets zusammen auftritt. Man vermutet daher, dass sie einem einzigen Ding zugehören. Und da die Worte den gewöhnlichen Auffassungen angepasst und für die schnelle Mitteilung gebraucht werden, so belegt man solche in einem Gegenstand vereinigten einfachen Ideen mit einem einzigen Namen. Aus Unachtsamkeit neigen wir hinterher dazu, etwas als eine einzige einfache Idee zu bezeichnen und zu betrachten, was in Wirklichkeit eine Verknüpfung zahlreicher Ideen ist. Wir können uns nämlich, wie gesagt, nicht vorstellen, wie diese einfachen Ideen für sich bestehen *können*; deshalb gewöhnen wir uns daran, irgendein *Substrat* vorauszusetzen, in dem sie bestehen, aus dem sie hervorgehen. Dies nennen wir deshalb *Substanz*. (...)

Das wiederholte, gemeinsame Auftreten von Ideen → Idee einer Substanz

Beispiele für Substanzen

4. Wenn wir demnach von irgendeiner besonderen Art körperlicher Substanzen, zum Beispiel vom Pferd, Stein usw. reden oder daran denken, so ist zwar unsere Idee von jeder einzelnen von ihnen nur eine Zusammenfassung oder Verbindung der verschiedenen einfachen Ideen von sinnlich wahrnehmbaren Qualitäten, die wir an dem als Pferd oder Stein bezeichneten Dinge vereinigt vorzufinden gewöhnt sind. *Weil wir es uns aber nicht vorstellen können, wie sie selbstständig oder eine in der anderen sollten bestehen können,* so nehmen wir an, dass sie in einem gemeinsamen Gegenstand existieren und von ihm getragen werden. Diese Stütze bezeichnen wir mit dem Namen Substanz, obgleich wir offenbar keine klare oder deutliche Idee von dem Ding haben, das wir uns als Träger denken. *XXIII. Kapitel*

Aus Mangel an Vorstellungskraft erfinden wir die Idee der Substanz = unbekannter Träger von Eigenschaften

Über Ursache und Wirkung und andere Relationen

1. Unsere Sinne nehmen einen ständigen Wechsel der Dinge wahr. Dabei drängt sich uns die Beobachtung auf, dass manche Einzeldinge, die sowohl Qualitäten als auch Substanzen sind, zu existieren beginnen. Weiter stellen wir fest, dass sie ihre Existenz einer bestimmten Einwirkung eines anderen Wesens verdanken. Aus dieser Beobachtung gewinnen wir unsere Ideen von *Ursache* und *Wirkung. Dasjenige, was eine einfache oder komplexe Idee erzeugt,* bezeichnen wir mit dem allgemeinen Namen *Ursache; das, was erzeugt wird,* nennen wir *Wirkung*. So finden wir zum Beispiel, dass in der Substanz, die wir Wachs nennen, unter der Einwirkung eines bestimmten Wärmegrades regelmäßig Flüssigkeit erzeugt wird; eine einfache Idee also, die vorher nicht im Wachs vorhanden war; die einfache Idee der Wärme nennen wir hierbei in Relation zu der Flüssigkeit im Wachs deren Ursache; die Flüssigkeit selbst nennen wir die Wirkung. (...) *XXVI. Kapitel*

Das Beobachten von zeitnahen, wechselnden Zuständen → Idee von Ursache + Wirkung

Beispiel: Wärme + hartes Wachs → flüssiges Wachs

Über Identität und Verschiedenheit

Eine weitere Gelegenheit zum Vergleichen ergibt sich für den Geist aus dem Dasein der Dinge selbst. Wir betrachten *ein Ding als zu einer bestimmten Zeit und an einem bestimmten Ort existierend* und vergleichen es dann mit *sich selbst, wie es zu anderer Zeit existiert;* danach bilden wir die Ideen der *Identität* und *Verschiedenheit*. Wenn wir sehen, dass sich ein Ding in einem bestimmten Augenblick an einem bestimmten Ort befindet, so sind wir sicher (sei es, was es wolle), dass es eben dieses Ding ist und nicht ein anderes, das zu derselben Zeit an einer anderen Stelle existiert, wie ähnlich und ununterscheidbar beide Dinge in jeder anderen Hinsicht auch sein mögen. Darin also besteht Identität, wenn sich die Ideen, denen sie zugeschrieben wird, ganz und gar nicht von dem unterscheiden, was sie im Augenblick unserer früheren Betrachtung, mit ihrem gegenwärtigen Dasein verglichen, gewesen sind. (...)

XXVII. Kapitel

Das Beobachten einer bestimmten Sache an einem bestimmten Ort zu einer bestimmten Zeit → Idee der Identität

Über die Grade unseres Wissens

Die intuitive, unmittelbare Gewissheit = klarste und sicherste Erkenntnis

1. Unser gesamtes Wissen besteht – wie gesagt – darin, dass der Geist seine eigenen Ideen beobachtet. Hierin liegt die höchste Erleuchtung und die größte Gewissheit, deren wir mit unseren Anlagen und unserer Art zu erkennen fähig sind. (...) Beobachten wir einmal unser eigenes Verhalten beim Denken; wir werden dann feststellen, dass der Geist zuweilen die Übereinstimmung oder Nichtübereinstimmung zweier Ideen *unmittelbar durch sie selbst wahrnimmt,* ohne Vermittlung einer dritten. Wir können dies – so denke ich – als *intuitives Erkennen* bezeichnen. (...) Auf diese Weise nimmt der Geist wahr, dass *weiß* nicht *schwarz* ist, dass ein *Kreis* kein *Dreieck,* dass *drei* mehr als *zwei* und gleich *eins plus zwei* ist. Derartige Wahrheiten nimmt der Geist auf den ersten Blick wahr, der den betreffenden Ideen gilt; er nimmt diese Wahrheiten durch die reine Intuition, ohne Vermittlung irgendeiner anderen Idee wahr. Diese Art der Erkenntnis ist die klarste und sicherste, die der menschlichen Unzulänglichkeit möglich ist. (...)

Beispiele für intuitive Gewissheit: 2 = 1 + 1

Die mittelbare, demonstrative Gewissheit beruht auf einer Schlussfolgerung

2. Der nächste Grad des Wissens besteht darin, dass der Geist die Übereinstimmung oder Nichtübereinstimmung beliebiger Ideen zwar wahrnimmt, jedoch nicht unmittelbar. (...) [Das] nennen wir schlussfolgern. Nehmen wir an, der Geist will wissen, ob die drei Winkel eines Dreiecks mit zwei rechten an Größe übereinstimmen oder nicht. (...) In diesem Fall muss der Geist andere Winkel ermitteln, denen die drei Winkel seines Dreiecks gleich sind. Wenn er dann jene gleich zwei rechten findet, so weiß er, dass auch diese gleich zwei rechten sind.

Demonstrative Gewissheit beruht auf Beweisen = Ausfindigmachen von Zwischenideen

3. Diese vermittelnden Ideen, die dazu dienen, die Übereinstimmung zweier anderer erkennbar zu machen, bezeichnet man als *Beweise.* Wenn auf solche Art Übereinstimmung oder Nichtübereinstimmung klar und deutlich wahrgenommen wird, spricht man von einer *Demonstration,* weil dem Verstand gleichsam demonstriert und dem Geist sichtbar gemacht wird, dass sich etwas so und so verhält. Die Fähigkeit des Geistes, solche Zwischenideen (die die Übereinstimmung oder Nichtübereinstimmung anderer Ideen aufdecken sollen) schnell ausfindig zu machen und sie richtig anzuwenden, ist meines Erachtens das, was man Scharfsinn nennt. (...) *IV. Buch, II. Kapitel*

Über die Realität des Wissens

Realität der Erkenntnis = Übereinstimmung zwischen Ideen + Realität der Dinge

3. Es ist offensichtlich, dass der Geist die Dinge nicht unmittelbar, sondern auf dem Umwege über die Ideen erkennt, die er von ihnen besitzt. Daher ist unser Wissen nur insoweit real, als zwischen unseren Ideen und der Realität der Dinge eine Übereinstimmung besteht. (...) Ich bin (...) der Meinung, dass es zwei Arten von Ideen gibt, deren Übereinstimmung mit den Dingen wir als gewiss betrachten können.

4. *Erstens:* Dazu gehören einmal die einfachen Ideen, die der Geist – wie bereits gezeigt – unter keinen Umständen selbst in sich erzeugen kann.

13.4 Realität des Wissens (Locke)

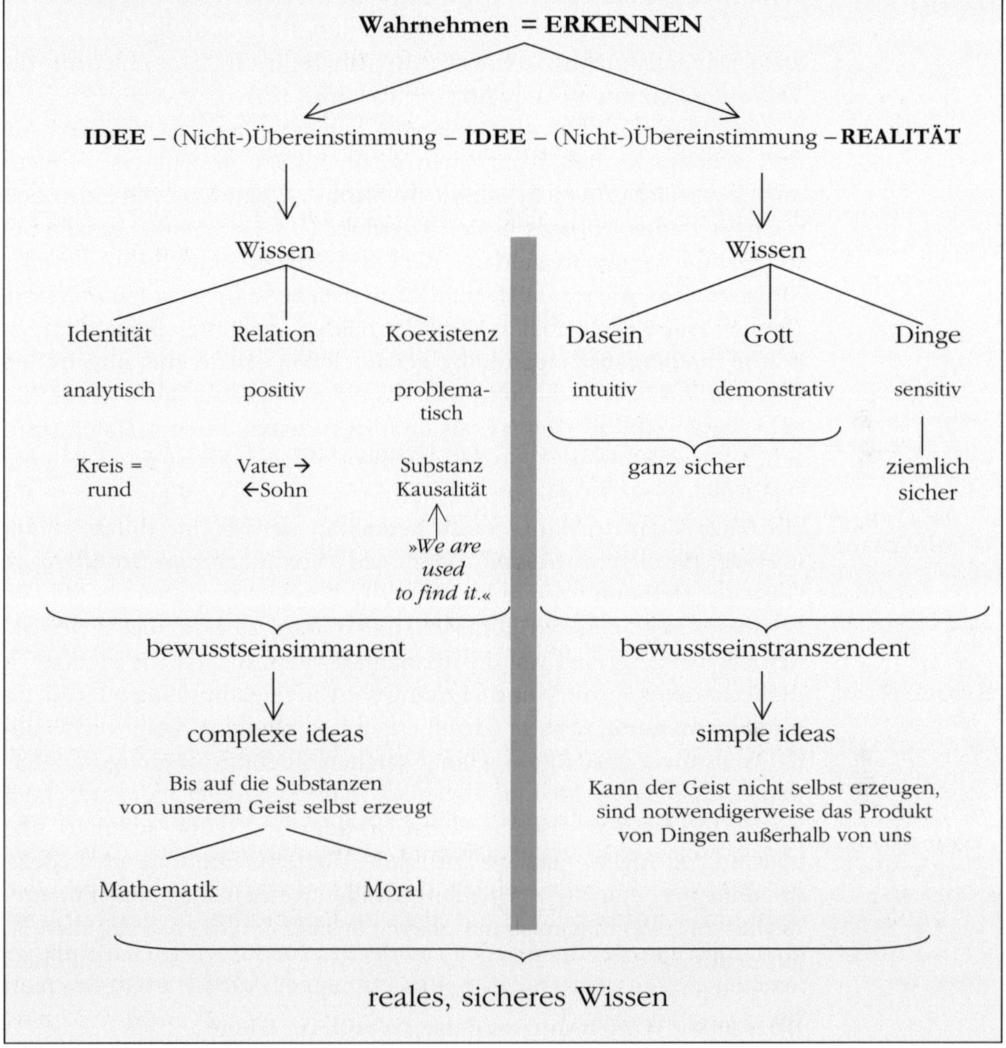

Alle einfachen Ideen stimmen tatsächlich mit den Dingen überein

Sie müssen daher notwendigerweise das Produkt von Dingen sein, die auf natürlichem Wege auf den Geist einwirken; sie erzeugen in ihm diejenigen Wahrnehmungen, für die sie die Weisheit und der Wille unseres Schöpfers bestimmt und eingerichtet hat. Daraus ergibt sich, dass die einfachen Ideen keine Fiktionen unserer Einbildungskraft sind, sondern die natürlichen und regelmäßigen Erzeugnisse von Dingen außerhalb von uns, die tatsächlich auf uns einwirken. (...)

Alle komplexen Ideen, außer den Ideen der Substanzen, sind ihre eigenen Urbilder

5. *Zweitens:* Alle unsere komplexen Ideen, *ausgenommen die der Substanzen,* sind Urbilder, die der Geist selbst geschaffen hat. Sie sollen also keineswegs Abbilder von etwas anderem sein; noch wollen sie sich auf die Existenz von irgendetwas Bestehendem beziehen, das ihr Original wäre. Daher kann ihnen nichts von der Übereinstimmung fehlen, die die Voraussetzung einer realen Erkenntnis bildet. (...)

6. Zweifellos wird man ohne weiteres zugeben, dass unser Wissen von den mathematischen Wahrheiten nicht nur ein gesichertes, sondern auch ein reales und nicht nur die inhaltslose Einbildung von eitlen und nichtssagenden Hirngespinsten darstellt. (...) Der Mathematiker betrachtet die Regelmäßigkeit und die Eigenschaften eines Rechtecks oder Kreises nur so, wie sie als Ideen in seinem eigenen Geist vorhanden sind. Denn es ist möglich, dass er keine der beiden erwähnten Figuren im Leben je mathematisch, das heißt genau richtig existierend, angetroffen hat. Dennoch sind seine Kenntnisse von den Regelmäßigkeiten oder Eigenschaften, die zu einem Kreis oder irgendeiner anderen mathematischen Figur gehören, nichtsdestoweniger selbst dann, wenn es sich um real existierende Dinge handelt, wahr und gewiss, weil reale Dinge für alle Sätze jener Art nur insoweit betrachtet werden und durch sie nur insoweit bezeichnet werden sollen, wie sie wirklich den Urbildern im Geist des Mathematikers entsprechen. (...)

Das mathematische Wissens = real, auch in Bezug auf existierende Dinge

Moralische Erkenntnisse sind ebenso real wie mathematische

7. Hieraus folgt, dass die moralischen Erkenntnisse einer realen Gewissheit ebenso fähig sind wie die mathematischen. Gewissheit ist nämlich nichts anderes als die Wahrnehmung der Übereinstimmung oder Nichtübereinstimmung unserer Ideen; ebenso ist Demonstration nichts anderes als die Wahrnehmung einer solchen Übereinstimmung mit Hilfe anderer Ideen oder Medien. Unsere moralischen Ideen aber sind, ebenso wie die mathematischen, selbst Urbilder und damit adäquate und vollständige Ideen. Folglich wird jede Übereinstimmung oder Nichtübereinstimmung, die wir bei ihnen finden werden, eine reale Erkenntnis hervorbringen, ganz genau so, wie das bei den mathematischen Figuren der Fall ist. *IV. Kapitel*

Über unser Wissen von der Existenz anderer Dinge

Intuition → Wissen um eigenes Dasein, Vernunft → Existenz Gottes

1. Das Wissen von unserem eigenen Dasein besitzen wir durch Intuition. Die Existenz eines Gottes[1] lässt uns (...) die Vernunft klar erkennen. (...)

1 IV. Buch, X. Kapitel 1.–6.: »Gott hat uns zwar keine angeborenen Iden von sich selbst gegeben (...); um nun aber zu zeigen, dass wir imstande sind *zu wissen,* (...), dass es einen Gott gibt, und *wie wir* zu dieser Gewissheit *gelangen können,* brauchen wir meines Erachtens nicht weiter zu gehen als bis *zu uns selbst* (...). [Der Mensch] weiß bestimmt, dass er existiert und dass er etwas ist. (...) Ferner weiß der Mensch durch intuitive Gewissheit, dass das reine Nichts ebenso wenig ein reales Sein hervorbringen (...) kann. (...) So führt uns unsere Vernunft von der Betrachtung unserer selbst (...) zu der sicheren und offenkundigeren Wahrheit, *dass es ein ewiges, allmächtiges und allwissendes Wesen gibt.* Dabei spielt es keine Rolle, ob man es nun Gott nennen will. (...)«

3. Die Kenntnis, die wir durch unsere Sinne von der Existenz von Dingen außer uns erhalten, ist zwar nicht ganz so gewiss wie unsere intuitive Erkenntnis oder wie die Deduktion unserer Vernunft, welche sich mit klaren, abstrakten Ideen unseres eigenen Geistes befasst, doch ist sie eine Gewissheit, die den Namen *Wissen* verdient. (...)

Objektive Erkenntnis ist auch gewiss

4. I. Es ist klar, dass solche Wahrnehmungen in uns durch äußere Ursachen erzeugt werden, die auf unsere Sinne einwirken. Denn im Geist solcher Menschen, denen die *Organe* irgendeines Sinnes fehlen, können die diesem Sinn zugehörenden Ideen niemals erzeugt werden. (...) Es liegt auf der Hand, dass sie nicht von den Organen selbst erzeugt werden; denn sonst würden die Augen des Menschen im Dunkeln Farben erzeugen und seine Nase im Winter Rosenduft riechen; dagegen stellen wir vielmehr fest, dass niemand den Wohlgeschmack der Ananas kennenlernen kann, wenn er nicht nach Indien geht, wo sie wächst, und sie kostet.

Organmangel → Fehlen entsprechender Ideen

Beispiel Ananasgeschmack

5. II. Zuweilen beobachte ich, dass i*ch ein Entstehen dieser Ideen in meinem Geist nicht vermeiden kann.* (...) Wenn ich (...) am Mittag meine Augen der Sonne zuwende, so kann ich die Ideen, die das Licht oder die Sonne dann in mir erzeugt, nicht fernhalten. (...)

Bestimmte Dinge drängen sich uns auf

8. Nehmen wir nun an, jemand wollte trotz alledem so skeptisch sein, dass er seinen Sinnen misstraut und behauptet, alles, was wir während unseres ganzen Lebens sehen und hören, fühlen und schmecken, denken und tun, sei nur eine Aufeinanderfolge trügerischer Eingebungen eines langen Traumes ohne jede Realität. Er würde infolgedessen die Existenz aller Dinge und unser gesamtes Wissen von den Dingen in Zweifel ziehen. Ihn müsste ich dann ersuchen, zu erwägen, ob auch er – wenn alles nur ein Traum ist – nicht nur träumt, dass er diesen Zweifel erhebt. Dann aber wäre nicht viel daran gelegen, dass ihm ein Wachender antwortet. Immerhin möge er, wenn er will, träumen, dass ich ihm folgende Antwort erteile: Die Gewissheit (...) ist, wenn wir das Zeugnis unserer Sinne dafür besitzen, nicht nur so groß, wie es unsere Veranlagung gestattet, sondern auch so groß, wie unsere Verhältnisse es erfordern. (...) Wer eine brennende Kerze sieht und die Wirkung ihrer Flamme festgestellt hat, indem er den Finger hineinhielt, wird kaum daran zweifeln, dass hier etwas außer ihm existiert, das ihm Schaden zufügt und ihm heftigen Schmerz verursacht. Das stellt eine ausreichende Sicherheit dar, wenn niemand für das, was seine Handlungen leiten soll, eine größere Gewissheit verlangt als diejenige, die seinen Handlungen selbst zukommt. Wenn es unserm Träumer gefällt, zu prüfen, ob die Gluthitze eines Glasschmelzofens etwa nur das flüchtige Bild in der Einbildung eines Schlaftrunkenen sei, indem er seine Hand hineinsteckt, so wird er vielleicht zu einer Gewissheit erweckt werden, die größer ist, als er gewünscht hat; er wird dann wohl nicht länger daran zweifeln, dass jene Glut etwas mehr ist als bloße Einbildung. Somit ist diese Augenschein-

Skeptischer Zweifel: Ist alles nur geträumt?

Einwände
- *Kerzenflamme → wirklichem Schmerz → Kerze = reale Ursache*
- *Glasschmelzofen → Verbrennungen → Glut = real*

lichkeit so groß, wie wir sie uns nur wünschen können, da sie für uns ebenso gewiss ist wie unsere Empfindungen von Freude und Schmerz, das heißt wie unser Glück und Unglück. Darüber hinaus aber haben wir weder am Wissen noch am Sein ein Interesse. Eine solche Gewissheit von der Existenz der Dinge außer uns genügt uns, um uns bei der Erlangung des Guten und bei der Vermeidung des Üblen, das von den Dingen verursacht wird, zu leiten. Nur zu diesem Zwecke eben ist es für uns wichtig und bedeutsam, mit jenen Dingen bekannt zu sein.

Der Zweck der objektiven Gewissheit ist die Moral

Zusammenfassung:

Nur existierende Dinge → Wahrnehmung → Idee

Das gegenwärtige Zeugnis der Dinge = Maßstab für Objektivität

9. Noch einmal also: Wenn unsere Sinne tatsächlich unserem Verstand eine Idee zuführen, so dürfen wir überzeugt sein, dass *in diesem Augenblick* wirklich ein Ding außer uns existiert, welches auf unsere Sinne einwirkt, sich vermittels ihrer unserem Wahrnehmungsvermögen bemerkbar macht und tatsächlich jene Idee erzeugt, die wir dann wahrnehmen. Wir können dem Zeugnis unserer Sinne nicht so weit misstrauen, dass wir bezweifeln, ob solche *Gruppen* von einfachen Ideen, wie unsere Sinne sie uns vereinigt gezeigt haben, auch wirklich gemeinsam existieren. Dieses Wissen reicht so weit wie das gegenwärtige Zeugnis unserer Sinne, die sich mit einzelnen Objekten, die auf sie einwirken, beschäftigen, jedoch nicht weiter. (...) *XI. Kapitel*

13.5 Zusammenfassung und Kritik

John Locke verfolgt mit seinem Hauptwerk ›An Essay Concerning Human Understanding‹ (Versuch über den menschlichen Verstand) aus dem Jahre 1689 das erklärte Ziel, »Ursprung, Gewissheit und Umfang der menschlichen Erkenntnis zu untersuchen«. Damit formuliert er eine ganz neuartige Aufgabenstellung für die Philosophie und begründet damit zugleich die moderne Erkenntnistheorie.

Er denkt und argumentiert als Empirist und geht deshalb auch im Gegensatz zu René Descartes[1] nicht davon aus, dass wir ›angeborene Ideen‹ brauchen, um zu einer objektiven Erkenntnis zu gelangen. Für John Locke ist der menschliche Geist zunächst wie ein ›unbeschriebenes Blatt‹ Papier, auf dem wir mit Hilfe der sinnlichen Wahrnehmung äußerer Objekte und der Beobachtung innerer ›Operationen des Geistes‹ einfache Ideen festhalten. Es gibt also nur zwei Erkenntnisquellen für das ›gesamte Material des Denkens‹. Und was auf diesem Wege nicht in unseren geistigen ›Denkraum‹ gelangt, davon haben wir auch keine Vorstellung. Wer noch nie eine Ananas gegessen hat, kann aus ihrem Anblick nicht auf ihren Geschmack schließen.

1 Vgl. dazu René Descartes, Meditationen 12.2

Während sich unser Geist bei der Aufnahme der einfachen Ideen nur passiv verhält, (wobei diese nicht identisch sind mit der Qualität der Dinge, die diese Ideen in uns hervorrufen,) ist er beim Erzeugen der komplexen und allgemeinen Ideen aktiv, erfindet aber dabei selbst keine neuen Vorstellungsinhalte. Die komplexen Ideen lassen sich nach Locke in drei Klassen einordnen: Modi, Substanzen und Relationen. Diese verdanken sich bestimmten Operationen des Geistes (Kombination, Zusammenschau, Abstraktion) und sind abhängig von unseren Erfahrungen.

Wenn eine bestimmte Zahl von einfachen Ideen immer wieder zusammen auftritt, bezeichnen wir diese mit einem einzigen Namen (z. B. Stein, Pferd, Mensch) und ›stützen‹ diesen Ideenzusammenhang mit der Vorstellung einer einheitlichen Substanz. Ähnlich verfahren wir nach Locke, wenn es um den Zusammenhang von Ursache und Wirkung geht. Aus der regelmäßigen, zeitlichen Aufeinanderfolge von zwei Ereignissen leiten wir den Schluss ab, dass das zweite Ereignis »seine Existenz einer bestimmten Einwirkung« des ersten Ereignisses verdankt.

Und wenn sich »ein Ding in einem bestimmten Augenblick an einem bestimmten Ort befindet« und zu einem späteren Zeitpunkt dieselben Eigenschaften an einem anderen Ort aufweist, schließen wir aus dieser Tatsache auf die Identität des entsprechenden ›Gegenstandes‹.

Was die Grade unseres Wissens angeht, unterscheidet John Locke zwischen der unmittelbaren, intuitiven Gewissheit, der (Nicht-)Übereinstimmung von Ideen, und der mittelbaren, demonstrativen Gewissheit, der logisch zwingenden Schlussfolgerung von einer Idee zu einer anderen, zum Beispiel bei einem mathematischen Beweis.

Bezüglich der Frage der Objektivität unseres Wissens kommt John Locke zu folgendem Ergebnis: Intuitiv gewiss ist für ihn das Wissen »von unserem eigenen Dasein« und die Existenz eines Gottes, die wir mit Hilfe unserer Vernunft demonstrativ beweisen können.

Die einfachen Ideen der natürlichen Dingen außerhalb unseres Geistes sind sehr gewiss, weil wir sie unmöglich selbst erfunden haben können. Ihre gegenwärtigen Auswirkungen auf unser Wahrnehmungsvermögen, z. B. die Hitze einer Flamme, lassen nach Locke keinerlei Zweifel an dem Vorhandensein eines entsprechenden Dings außerhalb von uns aufkommen.

Und auch die komplexen Ideen – mit Ausnahme der Substanzen – sind real gewiss, weil sie gar nicht den Anspruch auf Übereinstimmung mit Dingen außerhalb unseres Bewusstseins erheben. Dazu gehören auch die mathematischen und moralischen Ideen.

John Lockes Erkenntnistheorie ist in vielerlei Hinsicht bemerkenswert und fragwürdig zugleich:

- Er macht im Gegensatz zu René Descartes den Menschen wirklich zum Dreh- und Angelpunkt der Erkenntnis. Nicht das, was wir ›klar und deutlich‹ erkennen, ist wahr, sondern nur das, was wir selbst erfahren haben, kann den Anspruch auf reale Gewissheit beanspruchen.
- Die beiden Quellen der Erkenntnis, Sinnlichkeit und Verstand, werden bei Locke nicht mehr grundsätzlich getrennt. Mit Hilfe einer ›erkenntnisgeschichtlichen, einfachen Methode‹ (»historical, plain method«) will er nachweisen, wie der Verstand mit Hilfe der Sinnlichkeit (Sinnes- und Selbstwahrnehmung) zu seinen Ideen kommt. Dabei bleibt offen, woher denn unser Geist die Fähigkeiten (›Operationen‹) hat, um komplexe und generelle Ideen zu bilden.
- Obwohl Locke erkennt, dass die Substanzbegriffe möglicherweise nur dem Namen nach gültig sind (»we are used to find«), hält er trotzdem an ihnen fest. Erst sein englischer Landsmann David Hume (1711–1776) erklärt sich die von uns angenommene Identität einer Sache rein psychologisch als überlebensnotwendige Folge der Gewohnheit.
- John Locke argumentiert nicht streng empiristisch. In seinem Gottesbeweis beruft er sich – unabhängig von aller Erfahrung[1] – auf die allgemeine Gültigkeit des Kausalitätsprinzips, das heißt die notwendige Verbindung von Ursache und Wirkung.
- John Locke argumentiert als nativer Realist. Es steht für ihn außer Frage, dass es eine denkunabhängige Außenwelt gibt und dass wir sie im Sinne einer einfachen Abbildtheorie erkennen können. Die Frage: Wie wirklich ist die Wirklichkeit? stellt er sich nicht.
- Ohne die ›Essays‹ von John Locke hätte David Hume keinen Anlass gehabt, die empiristische Erkenntnistheorie konsequent zu Ende zu denken[2], was wiederum den deutschen Philosophen Immanuel Kant (1724–1804) dazu veranlasste, in seiner ›Kritik der reinen Vernunft‹ darzulegen, dass wir bestimmte, denknotwendige Voraussetzungen (wie die Vorstellung von Raum und Zeit oder den Begriff der Kausalität) brauchen, um überhaupt mit Hilfe unserer Sinne ein Erfahrung machen zu können[3].

1 Vgl. dazu Anmerkung 1 auf Seite 156.
2 Für David Hume gibt es statt Wahrheit nur noch Wahrscheinlichkeit und statt Tatsachen nur noch den Glauben an Tatsachen.
3 Damit vertritt Immanuel Kant eine Position zwischen Empirismus und Rationalismus: »Gedanken ohne Inhalte sind leer, Anschauungen ohne Begriffe sind blind.« – Kritik der reinen Vernunft, B7

13.6 Test*

1. Mit Hilfe seiner ›Untersuchungen über den menschlichen Verstand‹ will Locke
   ❑ beweisen, dass es angeborene Denkprinzipien gibt
   ❑ Gott beweisen
   ❑ die Verstandeskräfte untersuchen
   ❑ Metaphysik als Wissenschaft begründen
2. Alle einfachen Ideen unseres Geistes stammen nach Locke
   ❑ von Gott ❑ aus der Erfahrung
   ❑ aus dem Verstand ❑ aus der Phantasie
3. Wie heißen die beiden einzigen Erkenntnisquellen nach Locke?
   1. .... 2. ....
4. Auf welchen Wegen gelangen wir nach Locke zu Ideen?
   ❑ mit Hilfe eines Sinnes
   ❑ mit Hilfe verschiedener Sinne
   ❑ mit Hilfe der Reflexion
   ❑ mit Hilfe von Sinneswahrnehmung und Reflexion
5. Womit vergleicht Locke den menschlichen Verstand?
   ❑ mit einer Burg ❑ mit einer Höhle
   ❑ mit einem Kabinett ❑ mit einem Turm
6. Wie heißen die drei Klassen von komplexen Ideen nach Locke?
   1. .... 2. .... 3. ....
7. Wie entdecken wir nach Locke den Zusammenhang von Ursache und Wirkung?
   ❑ durch Zufall ❑ durch Nachdenken
   ❑ durch Ableitung ❑ durch Beobachtung
8. Woher haben wir nach Locke die Gewissheit unserer eigenen Existenz?
   ❑ durch demonstrative Gewissheit ❑ durch sensitive Gewissheit
   ❑ durch intuitive Gewissheit ❑ durch diskursive Gewissheit

* Eintragungen gegebenenfalls nur auf einer Kopie der Seite vornehmen.

Wissenschaftliche Verfahrensweisen

14.1 (Sir) Karl Raimund Popper – Leben

* 28. Juli 1902, Wien
† 17. September 1994, London

Karl Raimund Popper war als Wissenschaftstheoretiker und Sozialphilosoph ein scharfsichtiger Denker und entschiedener Befürworter des klaren, verständlichen Wortes. Er gehört zu den einflussreichsten Philosophen des letzten Jahrhunderts.
Als Sohn eines jüdischen Rechtsanwalts legte er sein Abitur erst im zweiten Anlauf ab. Außerdem ließ er sich zum Tischlergesellen ausbilden.
Nach seiner Promotion arbeitete er zwischen 1930 und 1937 als Volksschullehrer. In dieser Zeit verfasste er eines seiner grundlegenden Werke: ›Die Logik der Forschung‹, das die moderne Wissenschaftstheorie maßgeblich beeinflusste.
Um sich dem Zugriff des Nationalsozialismus zu entziehen, emigrierte Popper 1937 nach Neuseeland. 16 Verwandte von ihm wurden von den Nazis ermordet. In Neuseeland entstanden seine sozialphilosophischen Werke.
Zwischen 1946 und 1969 war Karl Popper – 1965 von der Queen zum Ritter geschlagen – Professor für Philosophie an der London School of Economics and Political Science.
1961 führte sein Eröffnungsvortrag auf dem Tübinger Soziologen-Kongress zum sogenannten ›Positivismusstreit‹. Er plädierte in seinem Vortrag dafür, auch in den Geisteswissenschaften die Methode der Falsifikation zu verwenden und auf diesem Wege ›intellektuelle und wissenschaftliche Revolutionen‹ in die Wege zu leiten; nicht aber mit Hilfe von nicht überprüfbaren Sozialutopien.
Zusammen mit dem Gehirnforscher Paul Eccles verfasste er in den 80-er Jahren das Buch ›Das Ich und sein Gehirn‹.
Popper charakterisierte sich selbst als ›liberales Rasiermesser‹.

14.2 Karl Popper
Logik der Forschung/Objektive Erkenntnis (1934/1973)

Das Problem der Induktion

Die empirischen Wissenschaften können nach einer weit verbreiteten, von uns aber nicht geteilten Auffassung durch die so genannte induktive Methode charakterisiert werden (…). Als induktiven Schluss oder Induktionsschluss pflegt man einen Schluss von besonderen Sätzen, die z.B. Beobachtungen, Experimente usw. beschreiben, auf allgemeine Sätze, auf Hypothesen oder Theorien zu bezeichnen.

Erfahrungswissenschaften arbeiten mit der Methode der Induktion: Schluss von Einzelaussagen auf allgemein gültige Theorien

Nun ist es aber nichts weniger als selbstverständlich, dass wir logisch berechtigt sein sollen, von besonderen Sätzen, und seien es noch so viele, auf allgemeine Sätze zu schließen. Ein solcher Schluss kann sich ja immer als falsch erweisen: Bekanntlich berechtigen uns noch so viele Beobachtungen von weißen Schwänen nicht zu dem Satz, dass *alle* Schwäne weiß sind. Die Frage, ob und wann induktive Schlüsse berechtigt sind, bezeichnet man als Induktionsproblem.

Die Methode der Induktion ist und bleibt fragwürdig: Jede so gewonnene Theorie kann durch ein Gegenbeispiel widerlegt werden

14.3 Induktion und Falsifikation (Popper)

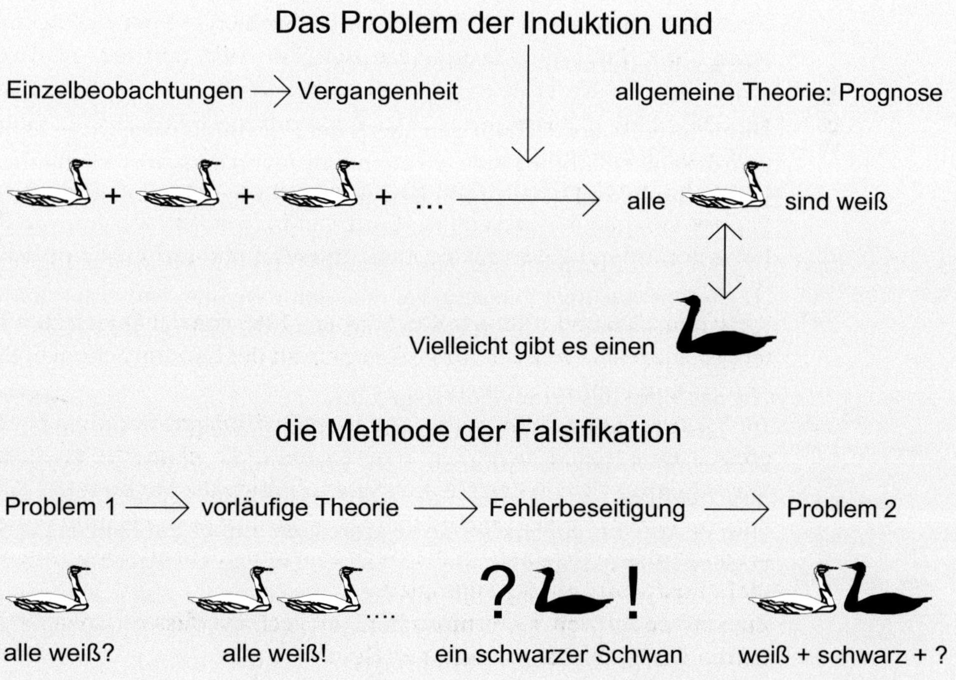

Erfahrungen beziehen sich immer auf Einzelbeobachtungen bzw. Einzelsätze, die diese besonderen Erfahrungen ausdrücken

Man kann das Induktionsproblem auch als die Frage nach der Geltung der allgemeinen Erfahrungssätze, der empirisch-wissenschaftlichen Hypothesen und Theoriensysteme, formulieren. Denn diese Sätze sollen ja »aufgrund von Erfahrung gelten«; Erfahrungen (Beobachtungen, Ergebnisse von Experimenten) können wir aber vorerst nur in besonderen Sätzen aussprechen. Spricht man von der »empirischen Geltung« eines allgemeinen Satzes, so meint man, dass seine Geltung auf die von besonderen Erfahrungssätzen zurückgeführt, also auf induktive Schlüsse gegründet werden kann. Die Frage nach der Geltung der Naturgesetze ist somit nur eine andere Form der Frage nach der Berechtigung des induktiven Schlusses. (...)

Wenn das Induktionsprinzip (Schluss von einzelnen Erfahrungen auf allgemein gültige Theorien) in Frage gestellt wird, wird damit die Wahrheit wissenschaftlicher Theorien in Frage gestellt

Nach Auffassung der Induktionslogiker ist ein solches Induktionsprinzip für die wissenschaftliche Methode von größter Bedeutung: »... dieses Prinzip entscheidet über die Wahrheit wissenschaftlicher Theorien. Es aus der Wissenschaft streichen zu wollen, hieße nichts anderes, als die Entscheidung über Wahrheit und Falschheit der Theorien aus der Wissenschaft herauszunehmen. Aber es ist klar, dass dann die Wissenschaft nicht mehr das Recht hätte, ihre Theorien von den willkürlichen Gedankenschöpfungen der Dichter zu unterscheiden.« [Reichenbach] (...)

Dieses Problem hat schon der englische Philosoph David Hume (1711–76) erkannt

Dass [mit der Verwendung des Induktionsprinzips] Widersprüche zumindest schwer vermeidbar sind, steht wohl (seit Hume) außer Zweifel. (...)

Die beiden Induktionsprobleme Humes

Hume interessierte sich für den Status der *Erkenntnis* oder, wie er es ausgedrückt hätte, für die Frage, ob irgendetwas von dem, was wir glauben – und wenn ja, was –, mit hinreichenden Gründen *gerechtfertigt* werden kann.

Die zwei Erkenntnisprobleme von David Hume

Er warf zwei Probleme auf: ein logisches (H_L) und ein psychologisches (H_{PS}). Eine wichtige Tatsache ist, dass seine beiden Antworten auf die beiden Probleme in einem gewissen Gegensatz zueinander stehen.

Humes logisches Problem: Lassen gemachte Erfahrungen sichere Prognosen zu?

Humes logisches Problem ist folgendes:

H_L. Ist es gerechtfertigt, von [wiederholten] Einzelfällen, die uns in der Erfahrung vorliegen, auf noch nicht vorliegende erfahrbare Einzelfälle zu schließen?

Humes Antwort darauf fällt negativ aus, selbst dann, wenn man nur mit Wahrscheinlichkeiten rechnet

Humes Antwort auf H_L: Nein, wie groß auch immer die Zahl der vorliegenden Fälle sein mag.

Hume zeigte auch, dass die logischen Verhältnisse *völlig unverändert* bleiben, wenn in H_L der Schluss als *wahrscheinlich* bezeichnet wird oder wenn auf *wahrscheinliche* Erfahrungen geschlossen wird.

Humes psychologisches Problem lautet:

H_{PS}. Warum erwarten und *glauben* trotzdem alle vernünftigen Menschen, dass noch nicht vorliegende Erfahrungen den vorliegenden entsprechen werden? Das heißt: Warum haben wir Erwartungen, in die wir großes Vertrauen setzen?

Humes psychologisches Problem: Obwohl Prognosen fragwürdig sind, müssen wir, um überleben zu können, aus Gewohnheit an sie glauben

Humes Antwort auf H_{PS}: aus »Gewohnheit«; das heißt, weil wir durch *Wiederholung* und den Mechanismus der Ideenassoziation daran gewöhnt sind. Ohne diesen Mechanismus, so meint Hume, würden wir kaum überleben.

Wichtige Folgerungen aus Humes Ergebnissen

Solange Humes Problem nicht gelöst wird, gibt es keinen Unterschied zwischen Vernunft und Wahnsinn

(...) Russell schreibt über Humes Behandlung der Induktion: »Humes Philosophie ... ist der Bankrott der Vernunft des 18. Jahrhunderts«, und: »Daher ist es wichtig herauszufinden, ob es im Rahmen einer ganz oder teilweise *empirischen* Philosophie eine Antwort auf Hume gibt. Wenn nicht, *dann gibt es keinen erkenntnistheoretischen Unterschied zwischen Vernunft und Wahnsinn*. Der Verrückte, der sich für ein Rührei hält, ist nur deshalb abzulehnen, weil er sich in der Minderheit befindet ...« (...)

Die deduktive Überprüfung der Theorien

Kann die deduktive Methode das Problem der Induktion lösen?

Die Methode der kritischen Nachprüfung, der Auslese der Theorien, ist nach unserer Auffassung immer die folgende: Aus der vorläufig unbegründeten Antizipation, dem Einfall, der Hypothese, dem theoretischen System, werden auf logisch-deduktivem Weg Folgerungen abgeleitet; diese werden untereinander und mit anderen Sätzen verglichen, indem man feststellt, welche logischen Beziehungen (z. B. Äquivalenz, Ableitbarkeit, Vereinbarkeit, Widerspruch) zwischen ihnen bestehen. (...)

Die deduktive Methode leitete aus Theorien Einzelprognosen ab: Treffen sie ein, gilt die Theorie als wahr; treffen sie nicht ein, gilt die Theorie als widerlegt

Aus dem System werden (unter Verwendung bereits anerkannter Sätze) empirisch möglichst leicht nachprüfbare bzw. anwendbare singuläre Folgerungen (»Prognosen«) deduziert und aus diesen insbesondere jene ausgewählt, die aus bekannten Systemen nicht ableitbar sind bzw. mit ihnen in Widerspruch stehen. Über diese – und andere – Folgerungen wird nun im Zusammenhang mit der praktischen Anwendung, den Experimenten usw., entschieden. Fällt die Entscheidung positiv aus, werden die singulären Folgerungen anerkannt, *verifiziert,* so hat das System die Prüfung vorläufig bestanden; wir haben keinen Anlass, es zu verwerfen. Fällt eine Entscheidung negativ aus, werden Folgerungen *falsifiziert,* so trifft ihre Falsifikation auch das System, aus dem sie deduziert wurden.

Einwand: Das positive Eintreffen von einzelnen Prognosen kann die Theorie nur vorläufig bewahrheiten: gegenteilige Fälle sind nicht auszuschließen

Die positive Entscheidung kann das System immer nur vorläufig stützen; es kann durch spätere negative Entscheidungen immer wieder umgestoßen werden. Solange ein System eingehenden und strengen deduktiven Nachprüfungen standhält und durch die fortschreitende Entwicklung der Wissenschaft nicht überholt wird, sagen wir, dass es sich *bewährt.* (...) Auch durch ihre verifizierten Folgerungen können Theorien niemals als »wahr« oder auch nur als »wahrscheinlich« erwiesen werden.

Die Methode der Wissenschaft

Poppers Lösung des Induktionsproblems:

Ich habe das, was ich als die selbst korrigierende Methode der Wissenschaft ansehe, schon so oft beschrieben, dass ich mir hier kurz fassen kann: *Die Methode der Wissenschaft ist die Methode der kühnen Vermutungen und der erfinderischen und ernsthaften Versuche, sie zu widerlegen.* (...)

Da endgültige Wahrheit einer Theorie nicht zu beweisen ist, sollte man alles daransetzen, sie durch noch so unwahrscheinliche Fälle zu widerlegen

Wir können uns nie absolute Sicherheit verschaffen, dass unsere Theorie nicht hinfällig ist. Alles, was wir tun können, ist nach dem Falschheitsgehalt unserer besten Theorien zu fahnden. Das tun wir, indem wie sie zu widerlegen versuchen, das heißt, indem wir sie im Lichte unseres ganzen objektiven Wissens und mit aller Erfindungskraft streng prüfen. Es ist natürlich immer möglich, dass die Theorie falsch ist, auch wenn sie alle Prüfungen besteht; das ist bei unserem Streben nach Wahrheitsähnlichkeit zu bedenken. *Doch wenn unsere Theorie alle diese Prüfungen besteht, dann haben wir wohl guten Grund zu der Vermutung,dass sie – den (wie wir wissen) größeren Wahrheitsgehalt hat als ihr Vorgänger – wohl keinen größeren Falschheitsgehalt hat.* Und wenn wir die neue Theorie gerade auf den Gebieten, auf denen ihre Vorgängerin scheiterte, nicht widerlegen können, dann können wir das als einen objektiven Grund für *die Vermutung* anführen, *dass die neue Theorie eine bessere Annäherung an die Wahrheit ist als die alte.*

Gelingt das nicht, ist ihr Wahrheitsgehalt als relativ sicher anzusehen

Das logische Induktionsproblem: Reformulierung und Lösung

(...) Ich formuliere das Humesche Induktionsproblem folgendermaßen:

Popper gibt Hume zunächst Recht: Das Induktionsproblem ist so nicht zu lösen → Wahrheit einer allgemeinen Theorie

L_1. Lässt sich die Behauptung, eine erklärende allgemeine Theorie sei wahr, mit »empirischen Gründen« rechtfertigen, das heißt dadurch, dass man bestimmte Prüfaussagen oder Beobachtungssätze (die sozusagen »auf der Erfahrung beruhen«) als wahr annimmt?

Meine Antwort ist die gleiche wie die Humes: nein; noch so viele wahre Prüfaussagen könnten die Behauptung nicht rechtfertigen, eine erklärende allgemeine Theorie sei wahr.

Es gibt aber ein zweites logisches Problem L_2, eine Verallgemeinerung von L_1. Es geht aus L_1 hervor, indem man »sei wahr« durch »sei wahr oder sei falsch« ersetzt:

Wenn man aber Humes Induktionsproblem umformuliert, lässt sich manchmal zeigen, dass die allgemeine Theorie falsch ist

L_2. Lässt sich die Behauptung, eine erklärende allgemeine Theorie sei wahr oder sei falsch, mit »empirischen Gründen« rechtfertigen? Das heißt, kann die Annahme, bestimmte Prüfaussagen seien wahr, entweder die Behauptung rechtfertigen, eine allgemeine Theorie sei wahr, oder die Behauptung, sie sei falsch?

Hierauf gebe ich eine positive Antwort: Ja, die *Annahme, bestimmte Prüfaussagen seien wahr, rechtfertigt manchmal die Behauptung, eine erklärende allgemeine Theorie sei falsch.*

Diese Antwort gewinnt große Bedeutung, wenn wir die Situation bedenken, in der das Induktionsproblem entsteht. Ich denke an eine Situation,

14.4 Reformulierung des Induktionsproblems (Popper)

Humes Problem:
INDUKTION

P
Tatsache
Es regnet.

Q
Tatsache
*Die Straße **wird** nass.*

***Hume**: „Das **Gegenteil** jeder Tatsache ist immer **möglich**!“*

P → Q ⇦ ???
allgemeine Theorie
Wenn es regnet → wird die Straße nass.

Hume: nicht zwingend notwendig!

Poppers Lösung:
FALSIFIKATION

- [P → Q]
allgemeine Theorie
Wenn es regnet → wird die Straße nass.

Popper: Die Widerlegung einer Theorie bedeutet die Annäherung an die Wahrheit!

P
Tatsache
*Es **hat** geregnet.*

- Q
Tatsache
*Die Straße ist **nicht** nass.*

***Popper**: „Die Methode der Wissenschaft ist die Methode der kühnen Vermutungen und (...) **ernsthaften** Versuche, sie zu **widerlegen**.“*

Wenn ich beweisen kann: Es hat geregnet (P) und die Straße ist **nicht** nass (- Q), dann muss die erklärende allgemeine Theorie **falsch** sein: - [P → Q]

Implikation – Wahrheitstafel der Aussagenlogik

P	Q	P → Q
wahr	wahr	wahr
wahr	**falsch**	**falsch**
falsch	wahr	wahr
falsch	falsch	wahr

in der *mehrere erklärende Theorien* miteinander als Lösungen eines Erklärungsproblems konkurrieren – beispielsweise eines wissenschaftlichen Problems; wir müssen, oder möchten, uns für eine von ihnen entscheiden. Russell meint ja, ohne eine Lösung des Induktionsproblems könnten wir nicht zwischen einer (guten) wissenschaftlichen Theorie

Die Möglichkeit der Falsifikation bietet wichtige Entscheidungshilfe im Falle konkurrierender Theorien

und einer (schlechten) Wahnidee *unterscheiden*. Auch Hume dachte an konkurrierende Theorien: »Angenommen, jemand ... stelle Behauptungen auf, denen ich nicht zustimme, ... Silber sei leichter schmelzbar als Blei, oder Quecksilber sei schwerer als Gold ... «

Diese Problemsituation – Entscheidung zwischen Theorien – legt eine dritte Reformulierung des Induktionsproblems nahe:

3. Reformulierung des Induktionsproblems:

L_3. Können solche »empirischen Gründe« jemals rechtfertigen, einige von mehreren konkurrierenden allgemeinen Theorien anderen unter dem Gesichtspunkt der Wahrheit oder Falschheit *vorzuziehen*?

Eine einzelne Prüfaussage kann die Falschheit einer Theorie offenbaren

Im Lichte meiner Antwort auf L_2, ergibt sich die Antwort auf L_3 unmittelbar: Ja, manchmal, wenn wir Glück haben. Es kann vorkommen, dass unsere Prüfaussagen einige, aber nicht alle konkurrierenden Theorien widerlegen, und da wir eine wahre Theorie suchen, werden wir dann diejenigen vorziehen, die sich nicht als falsch erwiesen haben.

Realismus in der Logik

Auch die Logik kennt die Methode der Falsifikation: Rückübertragung von der Falschheit der Konklusion auf eine der beiden Prämissen

(...) Meine Theorie ist kurz die folgende. Ich betrachte die Logik als die Theorie der Deduktion oder Ableitbarkeit, oder wie immer man es nennen will. Zur Ableitbarkeit oder Deduktion gehört wesentlich *die Übertragung der Wahrheit und die Rückübertragung der Falschheit*: In einem gültigen Schluss wird die Wahrheit von den Prämissen auf die Konklusion übertragen. Das lässt sich besonders bei so genannten »Beweisen« ausnutzen. Aber die Falschheit wird auch von der Konklusion auf (mindestens) eine der Prämissen zurückübertragen, und das wird bei Widerlegungen ausgenutzt, besonders in kritischen Diskussionen. (...)

Nun möchte ich zwei hauptsächliche Verwendungen der Logik unterscheiden, nämlich (1) ihre Verwendung in den beweisenden Wissenschaften – das heißt den mathematischen Wissenschaften – und (2) ihre Verwendung in den empirischen Wissenschaften.

In den empirischen Wissenschaften wird die Logik fast ausschließlich zur Widerlegung benutzt

In den beweisenden Wissenschaften wird die Logik hauptsächlich bei Beweisen angewandt – zur Übertragung der Wahrheit –, in den empirischen Wissenschaften dagegen fast ausschließlich kritisch – zur Rückübertragung der Falschheit. Natürlich gibt es auch die angewandte Mathematik, in der man die Beweise der reinen Mathematik implizit verwendet, doch die Rolle der Mathematik in den empirischen Wissenschaften ist in verschiedener Hinsicht etwas zweifelhaft. (...) In den empirischen Wissenschaften wird also die Logik hauptsächlich zur Kritik benutzt, das heißt zur Widerlegung. (Man erinnere sich an mein Schema $P_1 \rightarrow VT \rightarrow FB \rightarrow + P_2$.[1])

1 ›P‹ steht für Problem, ›VT‹ für vorläufige Theorie, ›FB‹ für Fehlerbeseitigung

14.5 Kübeltheorie und Kontrollpeilungen (Popper)

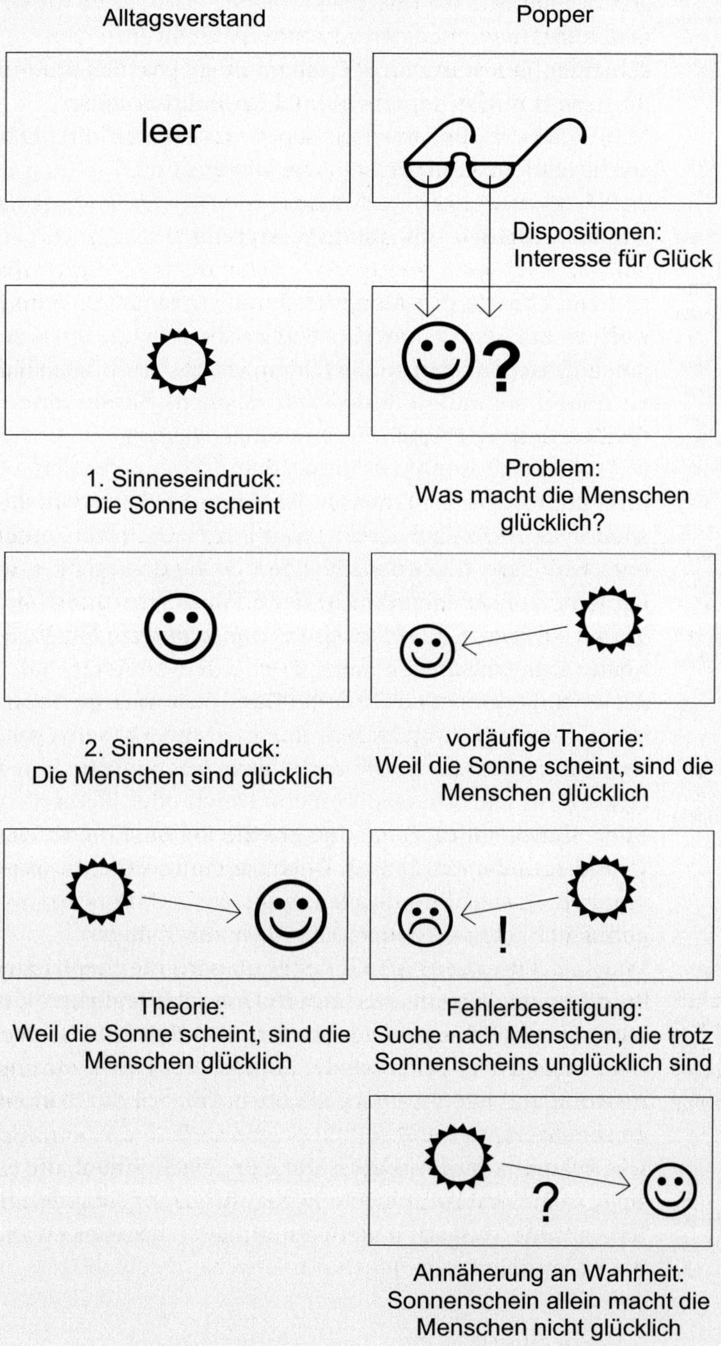

Im Sinne einer kritischen Wissenschaftstheorie sollte man nur die starke, zweiwertige Logik (wahr ¨Æ falsch) anwenden

Ich möchte nun Folgendes behaupten. Will man die Logik kritisch verwenden, so sollte man eine möglichst starke Logik verwenden, sozusagen die stärkste, die uns zur Verfügung steht; denn die Kritik soll *streng* sein. Dazu muss man den gesamten Apparat einsetzen, aus allen Rohren schießen. Jeder Schuss ist wichtig. Es macht nichts, wenn man zu kritisch ist: Dann wird man eben auf Gegenkritik stoßen.
Man sollte also (in den empirischen Wissenschaften) die volle oder klassische oder zweiwertige Logik anwenden. (...)

Der Alltagsverstand erklärt sich den Vorgang der Erkenntnis mit Hilfe der Kübeltheorie des Geistes:
* *zunächst ist unser Geist leer*
* *durch die Sinne sammeln wir alle Informationen*

Die Kübeltheorie des Alltagsverstandes

(...) Die Theorie des Alltagsverstands ist einfach. Wenn jemand etwas noch Unbekanntes über die Welt wissen möchte, muss er nur seine Augen aufmachen, ebenso die Ohren, um insbesondere solche Geräusche zu hören, die andere Menschen machen. Unsere Sinne sind also die *Quellen unserer Erkenntnis*, ihre Eingangspforten in unser Bewusstsein. (...) In der Philosophie ist diese Theorie eher unter dem würdigeren Namen der tabula-rasa-Theorie des Geistes bekannt: unser Geist ist eine *leere Schiefertafel*, auf der die Sinne ihre Nachrichten eingraben! (...) 'Die entscheidende These der Kübeltheorie ist, dass wir so gut wie alles, was wir lernen, durch den Eintritt der Erfahrung in unsere Sinnesöffnungen lernen, so dass *alle Erfahrung aus Informationen bestehen, die wir durch unsere Sinne erhalten haben.* (...)

Die hauptsächlichen Fehler der Kübeltheorie:
* *Suche nach Gewissheit*
* *Sinnesdaten als sichere Erkenntnisgrundlage*

An der Erkenntnistheorie des Alltagsverstandes ist nahezu alles falsch. Vielleicht der Hauptfehler ist die Annahme, wir seien mit dem beschäftigt, was Dewey[1] *die Suche nach Gewissheit* nannte.
Diese führt zum Herauslösen von Daten oder Elementen, Sinnesdaten oder Sinneseindrücken oder unmittelbaren Erfahrungen als sicherer Grundlage aller Erkenntnis. Doch das sind sie nicht – sie existieren nicht einmal. Sie sind Erfindungen optimistischer Philosophen, die es fertig gebracht haben, sie den Psychologen aufzuhängen.

Tatsachen werden von uns mit Hilfe eines »Apparates« aus dem Chaos von Informationen herausgefiltert

Was sind Tatsachen? Als Kinder lernten wir die chaotischen Nachrichten entschlüsseln, die uns aus unserer Umwelt erreichten. Wir lernten, sie zu sortieren, die Mehrzahl von ihnen unbeachtet zu lassen und diejenigen herauszusuchen, die entweder für uns unmittelbar von biologischer Bedeutung sind oder in einer Zukunft, auf die wir durch einen Reifungsvorgang vorbereitet werden.

Unser angeborener Entschlüsselungsapparat arbeitet nach dem Prinzip von Versuch und Irrtum

Das Erlernen der Entschlüsselung der Nachrichten, die auf uns zukommen, ist äußerst kompliziert. Es beruht auf angeborenen Dispositionen[2]. Ich vermute, dass wir angeborenermaßen dazu neigen, Nachrichten auf ein zusammenhängendes und teilweise regelmäßiges oder geordnetes

1 Dewey, John (1859–1952), amerikanischer Philosoph
2 Disposition: Anlage, Veranlagung

System zu beziehen: die »Wirklichkeit«. Mit anderen Worten, unser subjektives Wissen von der Wirklichkeit besteht aus reifenden angeborenen Dispositionen. (...) Wie dem auch sei, wir lernen das Entschlüsseln durch *Versuch und Fehlerbeseitigung*; wir erlangen zwar eine hervorragende Fähigkeit, die entschlüsselte Nachricht als »unmittelbar« oder »gegeben« zu empfinden, aber es kommen immer wieder Fehler vor, die gewöhnlich durch besondere Mechanismen von großer Kompliziertheit und beträchtlicher Wirksamkeit korrigiert werden.

Die ganze Geschichte vom »Gegebenen«, von den wahren Daten, denen Gewissheit anhaftet, ist eine falsche Theorie, obwohl sie Teil des Alltagsverstands ist.

Dank vieler eingebauter, gut funktionierender Mechanismen unseres Entschlüsselungsapparates glauben wir an die Wahrheit unserer Wahrnehmungen

Es gibt aber keinen angeborenen Maßstab für Wahrheit

Ich gebe zu, dass wir vieles so empfinden, als wäre es uns unmittelbar gegeben, und als wäre es vollkommen gewiss. Das ist unserem hoch entwickelten Entschlüsselungsapparat zu verdanken mit seinen vielen eingebauten Kontrollmechanismen, die, um mit Winston Churchill[1] zu sprechen, »Kontrollpeilungen« vornehmen; dadurch werden sehr viele unserer Entschlüsselungsfehler beseitigt, so dass wir uns in den Fällen, in denen wir unmittelbar wahrnehmen, tatsächlich nur selten irren. Ich bestreite aber, dass diese wohl bearbeiteten Erfahrungen in irgendeinem Sinne mit »gegebenen« Maßstäben der Verlässlichkeit oder Wahrheit gleichgesetzt werden können. Sie bilden auch faktisch keinen Maßstab der »Unmittelbarkeit« oder »Gewissheit«, sie zeigen nicht, dass wir uns bei unseren unmittelbaren Wahrnehmungen nie irren können; wir sind bloß als biologische Systeme unglaublich leistungsfähig. (...)

1 (Sir) Winston Churchill (1874–1965), englischer Premierminister, vorher Erster Lord der Admiralität

14.6 Zusammenfassung und Kritik

Karl Popper gilt als Vertreter des kritischen Rationalismus. In seinem Hauptwerk ›Logik der Forschung‹ wendet er sich entschieden gegen die Auffassung der empirischen Wissenschaften, dass man aus vielen vergleichbaren Erfahrungssätzen induktiv auf die Wahrheit allgemein gültiger Sätze (Naturgesetze, Theorien) schließen könne (Methode der Verifikation).

Jede Form von wissenschaftlicher Vorhersage auf der Grundlage bisher gewonnener Erfahrungen kann nach Poppers Überzeugung nur vorläufig sein. Dass die Sonne bisher immer im Osten aufgegangen ist, macht es wahrscheinlich, dass sie auch morgen dort wieder aufgehen wird, aber mit letzter Sicherheit können wir dies nicht wissen.

So lange aber das Problem der Induktion nicht gelöst ist, kann man prinzipiell nicht zwischen wahren und falschen erfahrungswissenschaftlichen Theorien unterscheiden.

Deshalb schlägt Popper ein ganz anderes Verfahren vor, um den Wahrheitsgehalt einer Theorie zu überprüfen: die Methode der Falsifikation. Er formuliert das von David Hume aufgeworfene Induktionsproblem in der Weise um, dass man aufgrund von nicht eingetretenen Voraussagen aus logischen Gründen auf die Falschheit einer Theorie zurückschließen kann. (Wenn eine Straße nicht nass geworden ist, obwohl es geregnet hat, muss die allgemeine Aussage: »Wenn es regnet, wird die Straße nass« falsch sein.)

Popper sieht es deshalb als Aufgabe der Wissenschaften an, alle ihre Theorien einer harten Bewährungsprobe auszusetzen. Dies gelingt um so eher, je allgemeiner und ›kühner‹ eine Theorie formuliert wird und je mehr Fälle sie als unmöglich ausschließt (z. B.: »Alle Schwäne sind weiß!«). Dann nämlich genügt ein Gegenbeispiel (ein einziger schwarzer Schwan), um die Unwahrheit dieser Theorie zu beweisen.

So und nur so gelangt man nach Popper zu gut geprüften und bewährten allgemeinen Aussagen mit einem ›größeren Wahrheitsgehalt als ihre Vorgänger‹. Grundsätzlich gilt das Gleiche für das Verfahren der Falsifikation wie für das Verfahren der Verifikation: Es kann immer nur eine Annäherung an die Wahrheit im Sinne der größeren Wahrscheinlichkeit geben.

In der Auseinandersetzung mit der ›Kübeltheorie‹ des Alltagsverstandes setzt Popper seine Kritik am naiven Empirismus fort: Unser Geist ist kein leerer Behälter, in den die Sinne ihre Wahrnehmungen ›kippen‹, die dann zu Erfahrungen verarbeitet werden. Wir müssen schon über einen angeborenen Entschlüsselungsapparat für Tatsachen verfügen, sagt Karl Popper. Nur auf der Grundlage von schon bereits vorhandenen ›vorläufigen Theorien‹ über das, was wirklich ist, können wir überhaupt etwas erkennen. (Ein Kleinkind kann nur dann auf die Idee kommen, nach ei-

nem Ball zu greifen, wenn es schon ›instinktiv weiß‹, dass dieser Gegenstand eine räumliche Ausdehnung hat. Mit Hilfe von Versuch und Irrtum wird es dann merken, dass es einen nur gemalten Ball nicht in die Hand nehmen kann und so seine vorläufige Theorie kritisch überprüfen: Nicht alles, was den Eindruck erweckt, räumlich ausgedehnt zu sein, ist es auch.)
Popper hat später gefordert, seine Methode der Falsifikation auch auf die Geistes- und Sozialwissenschaften anzuwenden. Jede Theorie, jede Ideologie muss sich kritisch auf ihren Wahrheitsanspruch überprüfen lassen. Dies ist seiner Überzeugung nach am ehesten in demokratischen Gesellschaften möglich.

Noch zu seinen Lebzeiten ist Poppers Theorie stark kritisiert worden, vor allem im Wissenschaftsstreit der 60-er Jahre.
Bekannte Geistes- und Sozialwissenschaftler wie Theodor W. Adorno und Jürgen Habermas haben es – aus für sie guten Gründen – abgelehnt, die naturwissenschaftliche Methode der Falsifikation einfach auf die Gesellschaftswissenschaften anzuwenden. Nach ihrer Auffassung kann es keine wertfreien, rein beobachtenden Wissenschaften geben. Erkenntnis ist immer von einem (wenn auch oft nicht durchschauten) Interesse geleitet. Die so genannten exakten Naturwissenschaften würden außerdem Wahrheit mit Methode verwechseln. Und Geistes- und Sozialwissenschaften müssten das Recht auf Utopien haben.

14.7 Test*

1. Bei der induktiven Methode der empirischen Wissenschaften wird geschlossen
   ❑ von einem allgemeinen Satz auf einen anderen.
   ❑ von einem besonderen Satz auf einen anderen.
   ❑ von einem besonderen Satz auf einen allgemeinen.
2. Der induktive Schluss ist nach Popper
   ❑ überzeugend ❑ fragwürdig ❑ üblich ❑ sinnvoll
3. Das induktive Prinzip ist entscheidend für die
   ❑ Wahrscheinlichkeit von Theorie
   ❑ Wahrheit von Theorien
4. Nach Hume ist es logisch gerechtfertigt, von wiederholten Einzelfällen, die wir erfahren haben, auf andere Einzelfälle, die wir nicht erfahren haben, zu schließen.
   ❑ ja ❑ nein ❑ manchmal
5. Die Verifizierung von singulären Folgen, die aus Theorien logisch-deduktiv abgeleitet werden, beweist, dass die Theorie
   ❑ wahr ist. ❑ wahrscheinlich ist.
6. Nach Poppers Überzeugung ist die einzig überzeugende Methode der empirischen Wissenschaften
   ❑ die Verifikation. ❑ die Falsifikation.
7. Durch Poppers Umformulierung des logischen Induktionsproblems von David Hume ist es
   ❑ immer ❑ oft ❑ manchmal
   möglich festzustellen, dass eine erklärende allgemeine Theorie falsch ist, wenn sich bestimmte Prüfaussagen als wahr herausstellen.
8. Für Popper sind Tatsachen
   ❑ das Ergebnis von Sinneserfahrungen.
   ❑ unmittelbar gegeben.
   ❑ das Ergebnis von Entschlüsselungsstrategien.

* Eintragungen gegebenenfalls nur auf einer Kopie der Seite vornehmen.

Abituranforderungen

15.1 Philosophie-Operatoren

Die einheitlichen Prüfungsanforderungen in der Abiturprüfung (EPA), die von der Kultusministerkonferenz beschlossen wurden, definieren verbindlich, welche Leistungsanforderungen mit welchen Arbeitsaufträgen verbunden sind.

Anforderungsbereich I: Wiedergabe von Kenntnissen

Operatoren	*Definitionen*
Erarbeiten	den Argumentationsgang eines Textes, den Aufbau eines Bildes etc. herausarbeiten und strukturiert darstellen
Erfassen **Darstellen**	den Gedankengang oder die Hauptaussage eines Textes mit eigenen Worten und unter Verwendung der Fachsprache darlegen
Beschreiben	die Merkmale eines Bildes oder anderen Materials detailliert und kontextgebunden wiedergeben
Zusammenfassen	die Kernaussagen eines Textes komprimiert und strukturiert darlegen

Anforderungsbereich II: Anwenden von Kenntnissen

Operatoren	*Definitionen*
Einordnen	mit erläuternden Hinweisen in einen genannten Zusammenhang einfügen
Erläutern **Erklären**	einen Sachverhalt, eine These etc. ggf. mit zusätzlichen Informationen und Beispielen nachvollziehbar veranschaulichen
Prüfen	erkenntnismäßige und moralische Prämissen von Meinungen, Überzeugungen und Annahmen im Lichte einer Theorie prüfen
Vergleichen	Gemeinsamkeiten und Unterschiede von Denkansätzen bzw. Aussagen ermitteln und begründend darstellen
Untersuchen	unter gezielten Fragestellungen Strukturmerkmale und Zusammenhänge herausarbeiten und darstellen
Anwenden **In Beziehung setzen**	theoretische Ansätze, Methoden, logische Regeln auf Texte, Fälle oder Problemzusammenhänge anwenden

Anforderungsbereich III: Problemlösen und Werten

Operatoren	*Definitionen*
Begründen	den Geltungsanspruch und -bereich von Aussagen und Methoden untersuchen und logisch stringent auf Grundlagen zurückführen
Überprüfen	eine Meinung, Aussage, These, Argumentation nachvollziehbar und auf der Grundlage eigenen Wissens beurteilen
Erörtern **Diskutieren**	Problemstellungen, -fragen argumentativ erklären und prüfen und auf dieser Grundlage eine eigene Stellungnahme entwickeln
Beurteilen **Bewerten** **Stellung nehmen**	zu einem Sachverhalt nach ausgewiesenen Normen und Werten und unter Verwendung von Fachwissen und Fachmethoden eine eigene Position argumentativ gesichert vertreten

15.2 Argumentationsanalyse mit Hilfe performativer Verben

Entsprechend den einheitlichen Prüfungsanforderungen in der Abiturprüfung (EPA) im Bereich II (Anwendung von Kenntnissen) wird erwartet, dass ein Schüler in der Lage ist, »den Argumentationsgang und Argumentationsaufbau mit Hilfe ***performativer Verben*** *als einen Begriffsklärungweg [zu kennzeichnen], auf dem in aufeinander schlüssig folgenden Schritten die zentralen Begriffe herausgearbeitet werden«.*

Man kann die kleinste Einheit der menschlichen Sprache als **Sprechakt** definieren, in dem der Sprecher mit Hilfe so genannter **›performativer‹** Verben (englisch: to perform: vollziehen) direkt oder indirekt ausdrückt (= illokutionärer Akt), wie er das Gesagte (= lokutionärer Akt) **meint** und welche Reaktionen (= perlokutionärer Akt) er damit provozieren will.

illokutionär	**lokutionär**	**perlokutionär**
	»Der Mensch ist eine Maschine.«	
Ich ***behaupte***:	»Der Mensch ist eine Maschine.«	→ Widerspruch / Protest

↑ performatives Verb

Indem ich versuche, mit Hilfe **performativer** Verben die illokutionäre Rolle der Aussagen eines (philosophischen) Textes zu beschreiben, **entgehe** ich nicht nur der **Gefahr**, den Inhalt eines (philosophischen) Textes einfach bloß **nachzuerzählen**, sondern mache damit zugleich dem Leser meiner Textinterpretation deutlich, wie **ich** die Aussagen des Autors **verstanden** habe. Damit meine Deutung **aussagekräftig** wird, ist es unumgänglich, dass ich nicht nur die **illokutionäre** Rolle des jeweiligen Sprechakts **möglichst genau** bestimme, sondern zugleich auch seinen damit verbundenen **Inhalt** nenne.

suboptimal ⟶	⟶ **optimal**
Kant trägt hier ein Beispiel vor, das er anschließend erläutert.	Kant trägt hier das Beispiel eines **Lügners** vor, der nur deshalb **Erfolg** haben kann, weil das Gebot, die **Wahrheit** zu sagen, einen unbedingten **Wert** hat.
Kant meint hier etwas Richtiges.	Kant **vertritt hier die Meinung**, dass man auch aus eigennütziger Absicht etwas Gutes tun kann.
Nietzsche beantwortet die Frage negativ.	Nietzsche **verneint** die Möglichkeit, rein aus Mitleid handeln zu können.

Manchmal benutzt der Autor des Textes **selbst** die entsprechenden performative Verben (in Verbindung mit entsprechenden Konjunktionen, Adverbien usw.), um seine Aussageabsicht zu verdeutlichen, z.B.: Ich **behaupte**,… – **Daraus folgt**…
ACHTUNG! Nicht jede gestellte Frage ist eine echte. Ist sie **rhetorisch** gemeint, meint der Autor das Gegenteil des Gesagten: »Ist Mitleid am Ende nicht nur Selbstmitleid?« (Nietzsche: JA!)
Natürlich müssen bei einer Textwiedergabe bzw. der Analyse der Argumentationsstruktur nicht alle im Text enthaltenen Sprechakte genannt werden, sondern nur die **wesentlichen**! Dies sind vor allem diejenigen, die mehrere **Sätze übergreifen**: »Plato behauptet, dass das Gute und das Schöne identisch sind. Dies gelte auch für das Schöne und das Wahre.«
Die ausdrückliche Bestimmung der **perlokutionären** Sprechakte ist **nur** dann erforderlich, wenn die Absicht des Autors, auf Leser oder Hörer einzuwirken, in **besonderem** Maße deutlich oder wie bei dem Versuch der Manipulation **problematisch** wird. Dies geschieht in der Regel erst am **Ende** der Textwiedergabe: »Der Verfasser versucht den Leser mit seinen Überlegungen zum Mitleid so zu irritieren, dass er Schopenhauers Ansichten dazu als völlig verfehlt ansieht.«

Folgende **performative Verben** und **Redewendungen** sind besonders wichtig, um den **Sinn** einer philosophischen Aussage in seinem **argumentativen** Aufbau und Zusammenhang deutlich zu machen:

- beantworten
- begründen
- behaupten
- bekräftigen
- belegen
- bezweifeln
- definieren
- erläutern
- erwidern
- feststellen
- in Frage stellen
- Gedankenexperiment durchführen
- kritisieren
- Missverständnis ausräumen
- referieren
- relativieren
- (schluss-)folgern
- untermauern
- verallgemeinern
- an einem Beispiel veranschaulichen
- verstärken
- verweisen auf
- widerlegen
- Widerspruch aufzeigen
- wiederholen
- zustimmen

15.3 Argumentationsanalyse

Beispielaufgabe und Lösung

Aufgaben:
1. Nennen Sie das Problem und den Problemlösungsvorschlag des vorliegenden Textes!
2. Analysieren Sie seine Argumentationsstruktur mit Hilfe performativer Verben!

Von dem Gesichtspunkt her, eine größere Summe an Glück oder an »Gutem« zu bewirken, als jede andere Handlung bewirken könnte, wäre es häufig nützlich oder angebracht, die Rechte eines anderen zu verletzen. Ist es denn z. B. erwiesen, dass Sklaverei, d. h. ein Gesellschaftssystem, in dem eine Gruppe den Wünschen und Befehlen einer anderen unterworfen ist, insgesamt keine größere Summe von Glück hervorbringt oder hervorbringen kann als jedes andere Gesellschaftssystem? Man kann, von jeder utilitaristischen Position her, die Sie wollen, argumentieren, dass die Vorteile, die dieses System mit sich bringt - vorausgesetzt, die Zahl der Sklaven wird verhältnismäßig niedrig gehalten –, auch wo es bewusste Grausamkeiten impliziert, sowohl in ihrer Anzahl als auch in ihrem Umfang größer sein können als das Unglück, das es bewirkt. So ist es zumindest denkbar, dass die Gesamtsumme an Glück durch ein solches System erhöht werden könnte. Aber es ist nicht denkbar, dass man es rechtfertigen kann. Eine derartige soziale Struktur könnte nur durch eine Verschiedenheit dieser beiden Gruppen von Menschen, derer, die versklavt sind, und derer, die es nicht sind, gerechtfertigt werden, die sowohl für die verschiedene Behandlungsweise relevant ist als auch dazu hinreicht, sie zu rechtfertigen. Eine solche Verschiedenheit gibt es nicht. (...)

Wenn jemand es ablehnt, seine Steuern zu zahlen, mögen die Folgen seiner einzelnen Handlung vorteilhaft sein; sie mögen mehr Gutes als Schaden bewirken, und sie mögen vergleichsweise mehr Gutes bewirken, als wenn er sie zahlen würde. Dennoch wäre das nicht richtig, und zwar aufgrund dessen, was geschehen würde, wenn jeder sich weigern würde, seine Steuern zu zahlen; dass das eintritt, würde der Handelnde aber selbst nicht wollen. Wie ich schon vorher erwähnte, folgt daraus, dass die Konsequenzen nicht wünschenswert wären, wenn jeder in einer bestimmten Weise handeln würde, nicht, dass die Folgen davon, dass irgendjemand in dieser Weise handelte. Nicht richtig wäre, in jener Weise zu handeln, wenn er nicht sein Verhalten rechtfertigen kann; und seine Berufung auf die Folgen seiner besonderen Handlung wäre keine Rechtfertigung. Auch hier muss man ein Prinzip anführen und nicht

bloß Folgen. Aus dem Prinzip der Nützlichkeit folgt jedoch, dass die Handlung richtig ist, weil ihre Folgen gut sind.
Tatsächlich würde das in der Praxis kein Utilitarist sagen. Aber das ist kaum ein Argument für die Theorie. Mill z. B. sagt: In Fällen, in denen Leute aus moralischen Erwägungen verbieten, etwas zu tun, obgleich die Folgen davon im Einzelfall nützlich sein könnten (...), gehört die betreffende Handlung einer Klasse von Handlungen an, die, wenn sie allgemein praktiziert würde, im Allgemeinen nachteilig wäre, und (...) das ist der Grund für die Verpflichtung, sie zu unterlassen.
Das ist offenkundig eine Berufung auf das Argument der Verallgemeinerung. Aber nach dem Prinzip des Utilitarismus kann das einfach nicht »der Grund für die Verpflichtung, sie zu unterlassen«, sein. Nach diesem Prinzip wäre es überhaupt kein Grund für irgendeine Verpflichtung. Denn wenn »die Folgen im Einzelfall vorteilhaft sind«, so besagt das dasselbe wie, dass sie nützlich sind, und aus dem Prinzip der Nützlichkeit würde folgen, dass die Handlung richtig ist und man sie nicht unterlassen sollte. Um konsistent[1] zu sein, müsste ein Utilitarist argumentieren, dass die Folgen im Einzelfall nicht wirklich vorteilhaft wären, weil, wie man oft sagt, jemand, der in dieser Weise handelt, anderen ein schlechtes Beispiel abgeben würde. Da er andere dazu verführen würde, dasselbe zu tun; da andere als eine Folge seiner Handlung dasselbe tun würden, wären die Folgen seiner Handlung in Wirklichkeit nicht wünschenswert. Das mag in einigen Fällen so sein, aber als allgemeine Behauptung ist das sicher falsch. Man braucht nur auf Fälle von unrechten Handlungen hinzuweisen, von denen niemand etwas weiß. Diese Weise zu argumentieren, spannt wirklich den Wagen vor das Pferd (und es ist sicher nützlicher, das Pferd vor den Wagen zu spannen). Denn sie argumentiert, dass die Folgen im Einzelfall nicht wünschenswert sein müssen, weil die Handlung nicht richtig wäre. Aber dann funktioniert das Prinzip der Nützlichkeit nicht mehr als Beurteilungskriterium. Es ist lächerlich anzunehmen, irgendetwas, das irgendwer täte, hätte die Tendenz, jeden anderen dahin zu bringen, dasselbe zu tun. Das tut es nicht, und zwar ebenso wenig, wie es von sich aus die Tendenz hat, den Handelnden dahin zu bringen, es in Zukunft wieder zu tun. Aber genau das wird in dieser Weise zu argumentieren vorausgesetzt.

Marcus George Singer, Verallgemeinerung in der Ethik, Suhrkamp, Frankfurt a. M. 1975, Übersetzung von C. Langer und B. Wimmer, S. 232–236.

1 konsistent: logisch widerspruchsfrei

Lösung:
Im vorliegenden Textausschnitt **setzt** sich M.G. Singer ***kritisch*** mit zwei verschiedenen ***Problemen*** der utilitaristischen Begründung von Moral **auseinander**: *zunächst* mit der Frage, ob das Universalitäts-Prinzip das Unglück von Minderheiten rechtfertigen kann; anschließend mit den Widersprüchen, die sich zwischen dem Argument der Verallgemeinerung und dem Prinzip der Nützlichkeit ergeben. Singer **kommt** zu dem ***Ergebnis***, dass der Utilitarismus für beide Probleme keine überzeugenden Lösungen anbieten kann.
Im ersten Satz **stellt** Singer im Sinne des klassischen Utilitarismus **fest**, dass es im Sinne des Universalitäts-Prinzips (größtmögliches Glück für die größtmögliche Zahl) nicht nur in Einzelfällen ***folgerichtig*** ist, das Unglück anderer billigend in Kauf zu nehmen. Er **belegt** seine ***These*** mit dem ***Beispiel*** der Sklavenhaltergesellschaft, die gesamtgesellschaftlich betrachtet einen Glücksvorteil aus dem Leiden einer Minderheit zieht. Dieser utilitaristischen Kosten-Nutzen-Rechnung **macht** Singer den **Vorwurf**, dass sie mit einer grundsätzlich nicht zu rechtfertigenden ***Voraussetzung*** **argumentiere**: der Unterscheidung von Menschen in höher und niedriger gestellte Gruppen

Anschließend **deckt** Singer mit Hilfe eines ***Alltagsbeispiels*** einen ***Selbstwiderspruch*** in der utilitaristischen ***Beurteilung*** einer Handlung (dem Nichtzahlen von Steuern) **auf**, deren Folgen im Einzelfall ›mehr Gutes als Schaden bewirken‹. Mit ***Verweis*** auf John Stuart Mill **macht** er **deutlich**, dass ein Regel-Utilitarist eine solche Handlung unter Berufung auf das Argument der Verallgemeinerung ablehnen müsste, weil sie, wenn sie von jedermann praktiziert würde, der Gemeinschaft mehr schaden als nützen würde. Dieser Beurteilung **widerspricht** Singer jedoch mit dem für den Utilitarismus grundlegenden Prinzip der Nützlichkeit, das eine Handlung für richtig erklärt, wenn ihre Folgen von Vorteil sind. Er **stellt** die für einen überzeugten Utilitaristen notwendige **Annahme**, dass die Handlungsweise eines Einzelnen tatsächlich die Tendenz haben könnte, die Allgemeinheit zur Nachahmung zu verführen, als unrealistisch und lächerlich **dar** und **stützt** damit seine Argumentation.
Für Singer **ergibt sich** daraus die ***Konsequenz***, dass man das Prinzip der Nützlichkeit als moralischen Bewertungsmaßstab aufgeben muss, wenn man konsequent am fragwürdigen Argument der Verallgemeinerung festhalten will.

Tests: Lösungen

2.9 Test Kant

1. Welches Ziel verfolgt Kant mit der ›Grundlegung zur Metaphysik der Sitten‹?
   Kant will ein Moralgesetz/oberstes Prinzip der Moralität aufsuchen und festsetzen
2. Was zeichnet die besondere Güte des guten Willens gegenüber anderen Gütern aus?
   a) Der gute Wille ist die Bedingung für das Gutsein aller anderen Güter
   b) Der gute Wille ist ohne Einschränkung gut
3. Für Kant ist der gute Wille
   ❑ gut, weil er sich als gutes Mittel erweist
   ❑ gut, weil er gute Folgen hervorbringt
   ☑ durch sein Wollen gut
   ❑ gut, weil er für gut gehalten wird
4. Kant unterscheidet 3 Formen pflichtgemäßen Handelns:
   a) Pflichtgemäßes Handeln mit Neigung zum Guten
   b) Pflichtgemäßes Handeln ohne Neigung zum Guten + selbstsüchtige Absicht
   c) Pflichtgemäßes Handeln rein aus Pflicht
5. Worin kann nach Kant allein der Wert des guten Willens liegen?
   Allein in der allgemeinen Gesetzmäßigkeit
6. Nach Kant muss ich, wenn ich moralisch handeln will, wollen können, dass meine ... Maxime ... zum allgemeinen ... Gesetz ... wird.
7. Ein hypothetischer Imperativ hat nach Kant nur dann Gültigkeit, wenn ich seine ❑ Ursache ☑ Bedingung ❑ Wirkung kenne.
8. Der kategorische Imperativ wird nach Kant
   ❑ a posteriori ☑ a priori ❑ formell ❑ materiell bestimmt
9. Heteronomie bedeutet, dass
   ❑ ich meinen Willen selbst bestimme
   ☑ mein Wille durch fremde Gesetze bestimmt wird
   ❑ ich andere mit meinem Willen bestimme
10. Mit dem Begriff der Autonomie sind folgende Begriffe untrennbar verbunden:
    ❑ Glückseligkeit ☑ Freiheit ☑ Würde ❑ Marktpreis
11. Was ist ausgeschlossen, wenn man den Menschen als Zweck an sich selbst betrachtet?
    Dass der Mensch nur als Mittel betrachtet/gebraucht wird

3.5 Test Jonas

1. Hans Jonas fordert eine neue Verantwortungsethik, weil
   ☑ der Fortbestand der Menschheit auf dem Spiel steht.
   ☑ die Natur des Menschen selbst auf dem Spiel steht.
   ❑ Kants Ethik nicht mehr einlösbare Ansprüche stellt.
2. Alle bisherige Ethik konnte sich nach Jonas darauf berufen,
   ☑ dass die menschliche Natur ein für allemal feststeht.
   ❑ dass der Mensch von Natur aus gut ist.
   ☑ dass die Folgen menschlichen Handelns überschaubar sind.
3. Kants kategorischer Imperativ fordert nach Jonas, dass sich die moralische Vernunft nicht in ...... Selbstwidersprüche .... verwickelt.
4. Für Hans Jonas ist die Grundüberlegung von Kants Pflichtethik letztlich nicht moralisch, sondern logisch ....
5. Kants Pflichtethik schließt nach Jonas nicht aus,
   ☑ dass man das Glück der Gegenwart für die Zukunft aufopfert.
   ☑ dass man das Glück der Zukunft für die Gegenwart aufopfert.
6. Hans Jonas' neuer Imperativ lautet zum Beispiel:
   »Handle so, dass die Wirkungen deiner Handlungen nicht .... zerstörerisch . sind für .... zukünftige .... Möglichkeit echten menschlichen Lebens.«
7. Der neue Verantwortungs-Imperativ von Hans Jonas richtet sich vor allem ❑ an privates Verhalten ☑ an die öffentliche Politik
8. Nach der Auffassung von Hans Jonas kümmert sich der kantische Imperativ nicht ❑ um die Absichten ☑ um die Folgen des Handelns
9. Nach der Verantwortungsethik von Hans Jonas darf man
   ☑ das eigene Leben aufs Spiel setzen
   ❑ zukünftiges Leben aufs Spiel setzen

4.8 Test Bentham

1. Unter der Herrschaft welcher ›Gebieter‹ steht nach Bentham das menschliche Leben?
   a) Freude + b) Leid
2. Welches ›Gebäude‹ will Bentham mit dem Prinzip der Nützlichkeit errichten?
   Das Gebäude der Glückseligkeit
3. Welche Handlung nennt Bentham ›nützlich‹?
   Nützlich ist eine Handlung, die Glück vermehrt bzw. Leid vermindert
4. Wie will Bentham seine Moral begründen?
   ☑ rational ❑ emotional ☑ empirisch ❑ mathematisch
5. Für Bentham ist der Unterschied zwischen Quantität und Qualität der Lust ❑ von Bedeutung ☑ nicht von Bedeutung
6. Benthams Ethik interessiert sich
   ❑ für die Motive einer Handlung ☑ für die Folgen einer Handlung
7. Wie definiert Bentham die Gemeinschaft der Menschen?
   Die Gemeinschaft ist die Summe der Individuen
8. Mit Hilfe welchen Instruments will Bentham das moralisch Gebotene errechnen?
   Mit Hilfe des (hedonistischen) Glückskalküls
9. Den Wert einer Menge an Freude oder Leid kann man nach Bentham mit folgenden Faktoren messen:
   ☑ Dauer ❑ Sinnlichkeit ☑ Intensität ☑ Nähe/Ferne
   ☑ Gewissheit ☑ Folgenträchtigkeit ☑ Reinheit ❑ Wiederholung
10. Nach den Prinzipien (nennen!) des Utilitarismus ist eine Handlung dann moralisch richtig, wenn ihre Folgen (Konsequenz-Prinzip) für das Wohl/Glück (Hedonismus-Prinzip) aller Betroffenen (Universalitäts-Prinzip) von Nutzen (Utilitäts-Prinzip) sind.

5.5 Test Mill

1. Die einzig wünschenswerten Endzweck menschlichen Handelns sind für Mill:
   ☑ Lust ❑ Reichtum ❑ Liebe ☑ Freisein von Unlust ❑ Gesundheit
2. Für Mill
   ☑ sind die geistigen Freuden wichtiger als die körperlichen
   ❑ sind geistige und körperliche Freuden gleich wichtig
   ❑ sind die körperlichen Freuden wichtiger als die geistigen
3. Mill ☑ unterscheidet zwischen Glück und Zufriedenheit
   ❑ unterscheidet nicht zwischen Glück und Zufriedenheit
4. Über die Frage, welche Art von Glück einem anderen quantitativ und qualitativ vorzuziehen ist, entscheidet nach Mill
   ❑ der Einzelne ❑ die Mehrheit ❑ die Regierung ☑ der Erfahrene
5. Die Norm des Utilitarismus ist
   ❑ das größte Glück des Handelnden ☑ das größte Glück insgesamt
6. Die Moral des Utilitarismus kann definiert werden als die Gesamtheit der ...... Handlungsregeln ...... und ...... Handlungsvorschriften ......, durch deren Befolgung das größtmögliche Glück für ...... die gesamte Menschheit ...... erreichbar ist; und nicht nur für sie, sondern, soweit es die Umstände erlauben, für ...... die gesamte fühlende Natur. ......
7. Für die moralische Beurteilung einer Handlung
   ❑ ist nach Mill das Handlungsmotiv entscheidend
   ☑ sind nach Mill die nützlichen Folgen entscheidend
8. In der Regel muss der Einzelne bei seiner Entscheidung
   ☑ auf den privaten Nutzen, das Interesse bzw. Glück einiger weniger Personen achten
   ❑ das öffentliche Allgemeinwohl im Auge haben
9. Die fundamentale Sanktion des Utilitarismus ist nur möglich auf der Grundlage ❑ der gleichmäßigen Berücksichtigung der Interessen einiger Menschen ☑ der gleichmäßigen Berücksichtigung der Interessen aller Menschen

7.8 Test Hobbes

1. Hobbes geht bei der Beschreibung seines Naturzustands von der ....Gleichheit........ der menschlichen Fähigkeiten, nämlich 1. ......körperlichen...... + 2. ......geistigen...... aus.
2. Der Schwächere kann sich nach Hobbes prinzipiell mit jedem Stärkeren messen, und zwar mit Hilfe von ....List.......... und ....Solidarität..........
3. Nach Hobbes zielen die berechtigten Wünsche aller Menschen auf:
   ☑ Genuss ❑ Wissen ❑ Unsterblichkeit
   ❑ Zuwendung ❑ Nachkommen ☑ Selbsterhaltung
4. Im Naturzustand gibt es drei hauptsächliche Konfliktursachen:
   a) ....Konkurrenz.... b) ....Misstrauen.... c) ....Ruhmsucht....
5. Mit der Bewältigung dieser Konfliktursachen verfolgen die Menschen folgende Ziele:
   a) ....Gewinn.... b) ....Sicherheit.... c) ....Ansehen....
6. Das Resultat der Konflikte fasst Hobbes mit den Worten zusammen (lateinisch oder deutsch)
   Krieg aller (bellum omnium) gegen (contra) alle (omnes) bzw.
   Der Mensch (homo) ist dem Menschen (homini) ein Wolf (lupus est)
7. Die Menschen haben im Naturzustand nach Hobbes keine(n):
   ☑ Besitz ☑ Kultur ☑ Moral
8. Verbinden Sie folgende Begriffe sinnvoll im Sinne von Thomas Hobbes:
   Naturrecht → Freiheit
   natürliches Gesetz → Pflicht
9. Die Menschen leben nach Hobbes im Naturzustand in ständiger ...Angst/Todesfurcht... und können nur mit Hilfe der ....Vernunft.... einen Ausweg finden.
10. Der einzige Weg zur Errichtung eines Staates besteht für Hobbes darin, mit Hilfe eines ....Vertrages........ alle Macht auf den ....Leviathan........ zu ....übertragen........
11. Die Aufgabe des Leviathans ist es, mit Hilfe von ....Gewalt........ für inneren und äußeren ....Frieden........ zu sorgen.
12. Er ist in seinem Handeln nur verantwortlich gegenüber
    ❑ seinen Untertanen ☑ Gott ❑ seinen Ministern
    ☑ dem natürlichen Gesetz

8.7 Test Arendt

1. Was ist nach Arendt die Machtbasis für staatliche Gesetze?
❑ die Polizei ☑ das Volk ❑ die Regierung ❑ das Parlament
2. Worauf gründet sich nach Arendt letztlich die Macht?
☑ auf Meinung ❑ auf Gewaltmittel ❑ auf Autorität
3. Gegenüber der Macht ist die Gewalt immer
❑ das Primäre ☑ instrumental ❑ rational
4. In welchem Verhältnis stehen Macht und Gewalt für Arendt?
❑ Macht ist aus Gewalt ableitbar.
❑ Gewalt ist aus Macht ableitbar.
☑ Macht und Gewalt sind nicht auseinander ableitbar.
5. In welcher Formel kann man die Extremsituation der Gewalt zusammenfassen?
.... Einer .... gegen .... alle ....
6. Worin sieht Arendt die Gefahr ungeteilter bzw. unkontrollierter Macht?
Sie erzwingt .... Meinungsuniformität ....
7. Was ist nach Arendt das Ergebnis von Terrorherrschaft und anonymer Bürokratie?
❑ Gewalt ❑ Verrat ☑ Ohnmacht ❑ Angst
8. Bei welcher Form von Herrschaft ist bedingungsloser Gehorsam von entscheidender Bedeutung?
❑ Stärke ❑ Macht ❑ Gewalt ☑ Autorität
9. Das menschliche Handeln ist für Arendt untrennbar verbunden mit:
☑ Kreativität ☑ Aktion ☑ Solidarität ❑ Gewalt
10. Unser Handeln ist für Arendt die existentielle ›Antwort‹ auf unser Geborenwerden. Sie verbindet mit der Tatsache der Geburt die Fähigkeit .... etwas Neues zu beginnen (Geburt = Neu-Anfang) ....

9.5 Test Rawls

1. In Rawls' theoretisch angenommenem Naturzustand sind die Menschen
☑ frei ☑ gleich ❑ am Wohl aller interessiert ☑ vernünftig
2. Die Menschen legen die Grundsätze der Gerechtigkeit (als Fairness) hinter einem Schleier des Nichtwissens fest.
3. Rawls' Vorstellung vom Naturzustand ist nicht vereinbar mit dem
❑ Unterschiedsprinzip ❑ dem Ausgleichsprinzip
☑ dem Nutzenprinzip
4. Der erste der beiden ursprünglichen Grundsätze bezieht sich auf die
❑ Gleichheit an Besitz ☑ Gleichheit an Grundfreiheiten
❑ Gleichheit an Macht
5. Der zweite der beiden ursprünglichen Grundsätze bezieht sich auf den Ausgleich
☑ sozialer Ungleichheiten ☑ natürlicher Ungleichheiten
❑ wirtschaftlicher Ungleichheiten ❑ intellektueller Ungleichheiten
6. Im Verhältnis der beiden Grundsätze hat
☑ der erste Grundsatz Vorrang vor dem zweiten
❑ der zweite Grundsatz Vorrang vor dem ersten
7. Rawls' Theorie ist nicht vereinbar mit
❑ freier Marktwirtschaft ☑ dem Kastensystem ☑ der Aristokratie
8. Begabtere Menschen haben nach Rawls ein Recht auf alles, so lange sie nicht dem Prinzip der Gerechtigkeit als Fairness zuwiderhandeln.
9. Von der Natur benachteiligte Menschen haben nach Rawls ein Recht auf
☑ Sozialhilfe ❑ größere politische Macht ☑ auf zusätzliche Bildungsangebote
10. Rawls' Vertragstheorie ist vereinbar mit den Begriffen
☑ Objektivität ❑ Heteronomie ☑ Autonomie ❑ Ungleichheit

11.7 Test Platon

1. Das Wahrnehmbare und das Denkbare unterscheidet Platon durch die Begriffe ....Vielheit.... für Wahrnehmbares und ......Einheit..... für das Denkbare.
2. In Platons Höhlengleichnis stehen die Schatten für das, was wir
   ❑ fühlen ☑ mit den Sinnen wahrnehmen
   ❑ mit dem Verstand erkennen.
3. Die Gefangenen in Platons Höhle kann man am ehesten vergleichen mit
   ❑ Naturbeobachtern ☑ Fernsehzuschauern ❑ Wissenschaftlern
4. Wer in Platons Höhle von seinen Fesseln befreit wird,
   ❑ erkennt die Dinge, die hinter der Mauer vorbei getragen werden
   ☑ ist geblendet ❑ sieht das Höhlenfeuer
5. In der Oberwelt erkennt der von seinen Fesseln befreite Mensch zuerst
   ❑ die Dinge selbst ☑ ihre Schatten und Spiegelbilder ❑ die Sonne
6. Wenn diejenigen, die an die Oberwelt gelangt sind, in die Höhle zurückkehren,
   ❑ werden sie bewundert ☑ werden sie ausgelacht
   ❑ werden sie ignoriert
7. Die Dinge, die die von den Fesseln befreiten Menschen in der Oberwelt sehen, symbolisieren die ....Ideen..............
8. Die Abbilder der Urbilder sind:
   ☑ viele ❑ kompliziert ❑ unvergänglich ☑ vergänglich
   ❑ einzigartig ☑ veränderlich ❑ unveränderlich ☑ vieldeutig
9. Die Sonne in Platons Höhlengleichnis
   ☑ steht für den Ursprung aller Dinge ☑ repräsentiert das Gute
   ❑ steht für das Unerkennbare ☑ ist Ursache für das Erkennen
10. Geistes-Bildung ist für Platon ein Prozess
    ☑ der Umkehrung ❑ der Wissensvermittlung ❑ der Belehrung
11. Platons Sonnengleichnis soll deutlich machen, dass die Sonne als Sinnbild für das Höchste, was der Mensch erkennen kann, Ursache für das .....Sein..... und die ...Erkennbarkeit... der Dinge / Ideen ist.
12. Das mathematische Erkennen in Platons Liniengleichnis entspricht dem
    ❑ dem ersten Abschnitt ❑ dem zweiten Abschnitt
    ☑ dem dritten Abschnitt ❑ dem vierten Abschnitt

12.9 Test Descartes

1. Was wollte René Descartes mit Hilfe seiner ›Meditationen‹ finden:
❑ subjektive Gewissheit ❑ intersubjektive Gewissheit
☑ objektive Gewissheit ❑ mathematische Gewissheit
2. Descartes' methodischer Zweifel hat folgende Merkmale:
☑ Er ist eliminativ. ☑ Er ist radikal. ☑ Er ist korrektiv.
❑ Er ist spekulativ. ☑ Er ist systematisch. ❑ Er ist dialektisch.
3. Mit welchem Argument stellt Descartes die sinnliche Gewissheit in Frage?
Er tut dies mit Hilfe des .... Traum .... – Arguments.
4. Was ist für Descartes trotz allen Zweifels unbezweifelbar gewiss?
☑ das Zweifeln ❑ die Güte Gottes ❑ die Außenwelt ❑ die Mathemata
5. Was ist für Descartes die primäre Erkenntnisquelle?
❑ die Sinne ❑ die Gefühle ❑ die Meditation ☑ der Verstand
6. Welche Merkmale muss für Descartes eine wahre Erkenntnis haben?
❑ Sie muss klar und einfach sein.
❑ Sie muss einfach und deutlich sein.
☑ Sie muss klar und deutlich sein.
❑ Sie muss objektiv und klar sein.
7. Auf welchem Wege gelangt Descartes schließlich zur objektiven Erkenntnis?
❑ durch Abstraktion ❑ durch Intuition
❑ durch Induktion ☑ durch einen Gottesbeweis
8. Descartes argumentiert in seinen Meditationen
❑ empiristisch ❑ intuitiv ❑ sensitiv ☑ rationalistisch

13.6 Test Locke

1. Mit Hilfe seiner ›Untersuchungen über den menschlichen Verstand‹ will Locke
   ☐ beweisen, dass es angeborene Denkprinzipien gibt
   ☐ Gott beweisen
   ☑ die Verstandeskräfte untersuchen
   ☐ Metaphysik als Wissenschaft begründen

2. Alle einfachen Ideen unseres Geistes stammen nach Locke
   ☐ von Gott ☑ aus der Erfahrung
   ☐ aus dem Verstand ☐ aus der Phantasie

3. Wie heißen die beiden einzigen Erkenntnisquellen nach Locke?
   1. Sinneswahrnehmung (sensation) 2. Selbstwahrnehmung (reflection)

4. Auf welchen Wegen gelangen wir nach Locke zu Ideen?
   ☑ mit Hilfe eines Sinnes
   ☑ mit Hilfe verschiedener Sinne
   ☑ mit Hilfe der Reflexion
   ☑ mit Hilfe von Sinneswahrnehmung und Reflexion

5. Womit vergleicht Locke den menschlichen Verstand?
   ☐ mit einer Burg ☐ mit einer Höhle
   ☑ mit einem Kabinett ☐ mit einem Turm

6. Wie heißen die drei Klassen von komplexen Ideen nach Locke?
   1. Substanzen 2. Modi 3. Relationen

7. Wie entdecken wir nach Locke den Zusammenhang von Ursache und Wirkung?
   ☐ durch Zufall ☐ durch Nachdenken
   ☐ durch Ableitung ☑ durch Beobachtung

8. Woher haben wir nach Locke die Gewissheit unserer eigenen Existenz?
   ☐ durch demonstrative Gewissheit ☐ durch sensitive Gewissheit
   ☑ durch intuitive Gewissheit ☐ durch diskursive Gewissheit

14.7 Test Popper

1. Bei der induktiven Methode der empirischen Wissenschaften wird geschlossen
   ❑ von einem allgemeinen Satz auf einen anderen.
   ❑ von einem besonderen Satz auf einen anderen.
   ☑ von einem besonderen Satz auf einen allgemeinen.
2. Der induktive Schluss ist nach Popper
   ❑ überzeugend ☑ fragwürdig ❑ üblich ❑ sinnvoll
3. Das induktive Prinzip ist entscheidend für die
   ❑ Wahrscheinlichkeit von Theorie
   ☑ Wahrheit von Theorien
4. Nach Hume ist es logisch gerechtfertigt, von wiederholten Einzelfällen, die wir erfahren haben, auf andere Einzelfälle, die wir nicht erfahren haben, zu schließen.
   ❑ ja ☑ nein ❑ manchmal
5. Die Verifizierung von singulären Folgen, die aus Theorien logisch-deduktiv abgeleitet werden, beweist, dass die Theorie
   ❑ wahr ist. ☑ wahrscheinlich ist.
6. Nach Poppers Überzeugung ist die einzig überzeugende Methode der empirischen Wissenschaften
   ❑ die Verifikation. ☑ die Falsifikation.
7. Durch Poppers Umformulierung des logischen Induktionsproblems von David Hume ist es
   ❑ immer ❑ oft ☑ manchmal
   möglich festzustellen, dass eine erklärende allgemeine Theorie falsch ist, wenn sich bestimmte Prüfaussagen als wahr herausstellen.
8. Für Popper sind Tatsachen
   ❑ das Ergebnis von Sinneserfahrungen.
   ❑ unmittelbar gegeben.
   ☑ das Ergebnis von Entschlüsselungsstrategien.

Textverzeichnis

13–26: Immanuel Kant, Grundlegung zur Metaphysik der Sitten, hrsg. von Theodor Valentiner, Reclam, Stuttgart 1961.
26: Immanuel Kant, Kritik der praktischen Vernunft, in: Kants Werke, Akademie-Ausgabe, Band V, Walter de Gruyter, Berlin 1968, S. 33, 161 f.
32–35: Hans Jonas, Das Prinzip Verantwortung. Versuch einer Ethik für die technologische Zivilisation, © Insel-Verlag, Frankfurt am Main [7]1989, S. 7, 15, 28, 35 ff.
40–48: Jeremy Bentham, Eine Einführung in die Prinzipien der Moral und Gesetzgebung. Original: An Introduction to the Principles of Morals and Legislation, London 1789 (verbesserte Auflage 1823), Kap. I-V,3, übersetzt von Annemarie Pieper nach dem Text der kritischen Ausgabe von H. L. A. Hart, London 1970, erschienen im Rahmen der Collected Works of Jeremy Bentham, hrsg. von J. H. Burns, zitiert nach: Einführung in die utilitaristische Ethik, hrsg. von Otfried Höffe, Tübingen/Basel 3., aktual. Aufl. 2003, S. 55–83, © 2003 A. Francke Verlag.
52–59: John Stuart Mill, Der Utilitarismus, Übersetzung, Anmerkungen und Nachwort von Dieter Birnbacher, Reclam-Verlag, Stuttgart 1985, S. 7 ff.
66–79: Thomas Hobbes, Leviathan oder Stoff, Form und Gewalt eines kirchlichen und bürgerlichen Staates, hrsg. und eingeleitet von Irving Fetscher, übersetzt von Walter Euchner, Neuwied und Berlin 1966, © Luchterhand Verlag München, einem Unternehmen der Verlagsgruppe Random House GmbH. Zit. n. der Lizenzausgabe Suhrkamp Taschenbuch Verlag 2004, stw 462, S. 94 ff., 136 ff., 255.
84–95: Hannah Arendt, Macht und Gewalt, aus dem Englischen von Gisela Uellenberg, Piper Verlag, München-Zürich [20]2011, S.12, 36, 42, 44 ff., 51 ff., 56, 57 ff.
100–107: John Rawls, Eine Theorie der Gerechtigkeit, aus dem Amerikanischen von Hermann Vetter, © der deutschsprachigen Ausgabe Suhrkamp Verlag, Frankfurt am Main 1979, stw 271, S. 27 ff., 46, 81 ff., 121 ff., 223 f., 560.
114–124: Platon, Sämtliche Dialoge, Band V, Der Staat, hrsg. von Otto Apelt, Hamburg, 2004, © Felix-Meiner Verlag, S. 261 ff.
128–142: René Descartes, Meditationen über die Erste Philosophie, aus dem Lateinischen übersetzt und hrsg. von Gerhart Schmidt, Stuttgart 1971, Philipp Reclam-Verlag, S. 17 ff.
147–158: John Locke, Versuch über den menschlichen Verstand, Band I und II, Felix Meiner Verlag, Hamburg 1981, S. 22 ff. – ohne Übersetzerangabe.
163–164 Z. 23: Karl Raimund Popper, Logik der Forschung, Mohr Siebeck, Tübingen [11]2005, S. 3 f.
164 Z. 25–165 Z. 17: Karl Raimund Popper, Bemerkungen eines Realisten zur Logik, Physik und Geschichte, in: Karl Raimund Popper, Objektive Erkenntnis. Ein evolutionärer Entwurf, Hoffmann und Campe Verlag, Hamburg 1973, S. 15 ff.
165 Z. 19–44: Karl Raimund Popper, Logik der Forschung, Mohr Siebeck, Tübingen [11]2005, S. 8 f.
166 Z. 1–21: Karl Raimund Popper, Vermutungswissen: Meine Lösung des Problems der Induktion, in: Karl Raimund Popper, Objektive Erkenntnis. Ein evolutionärer Entwurf, Hoffmann und Campe Verlag, Hamburg 1973, S. 95 f.
166 Z. 23–168 Z. 14: Karl Raimund Popper, Bemerkungen eines Realisten zur Logik, Physik und Geschichte, in: Karl Raimund Popper, Objektive Erkenntnis. Ein evolutionärer Entwurf, Hoffmann und Campe Verlag, Hamburg 1973, S. 19 f.
168 Z. 16–170 Z. 8: Karl Raimund Popper, Objektive Erkenntnis. Ein evolutionärer Entwurf, Hoffmann und Campe Verlag, Hamburg 1973, S. 332 f.
170 Z. 10–171: Karl Raimund Popper, Zwei Seiten des Alltagsverstandes, in: Karl Raimund Popper, Objektive Erkenntnis. Ein evolutionärer Entwurf, Hoffmann und Campe Verlag, Hamburg 1973, S. 74 ff.
178–179: Marcus George Singer, Verallgemeinerung in der Ethik. Zur Logik moralischen Argumentierens, Übersetzung von C. Langer und B. Wimmer, © der deutschsprachigen Ausgabe Suhrkamp Verlag, Frankfurt am Main 1975, S. 232–236.

Alle Übersichten in den zitierten Texten stammen von Michael Wittschier.

Abbildungsverzeichnis

Umschlag oben links + 146: mauritius images / ib / H.-D. Falkenstein – **Umschlag oben rechts + 113:** mauritus images / United Archives – **Umschlag Mitte links + 162:** ullstein bild – Ingrid von Kruse – **Umschlag Mitte rechts + 12:** ullstein bild – Bild + News – **Umschlag unten links + 83:** mauritus images / United Archives – **Umschlag unten rechts + 51:** Glow Images / Heritage ImagesRM – **27:** akg-images – **31:** picture alliance / dpa – Roland Witschel / © dpa – Bildarchiv – **38:** mauritius images / United Archives – 39: mauritius images / United Archives – **64:** akg-images / North Wind Picture – **65:** akg-images – **99:** Frederic Reglain / Gamma-Rapho via Getty Images – **127:** Glow Images / Heritage ImagesRM